Inglês

Domine a Gramática do Dia a Dia
para Fluência em Inglês — *Rápido!*

Danielle Pelletier

Rio de Janeiro, 2019

Inglês Fácil e Passo a Passo

Impresso no Brasil — 2019 — Edição revisada conforme o Acordo Ortográfico da Língua Portuguesa de 2009.

Publique seu livro com a Alta Books. Para mais informações envie um e-mail para autoria@altabooks.com.br

Obra disponível para venda corporativa e/ou personalizada. Para mais informações, fale com projetos@altabooks.com.br

Produção Editorial	**Produtor Editorial**	**Marketing Editorial**	**Vendas Atacado e Varejo**	**Ouvidoria**
Editora Alta Books	Juliana de Oliveira Thiê Alves	marketing@altabooks.com.br	Daniele Fonseca Viviane Paiva comercial@altabooks.com.br	ouvidoria@altabooks.com.br
Gerência Editorial Anderson Vieira	**Assistente Editorial** Ian Verçosa	**Editor de Aquisição** José Rugeri j.rugeri@altabooks.com.br		

Equipe Editorial	Adriano Barros Bianca Teodoro Illysabelle Trajano	Kelry Oliveira Keyciane Botelho Larissa Lima	Leandro Lacerda Maria de Lourdes Borges Paulo Gomes	Thales Silva Thauan Gomes

Tradução	**Copidesque**	**Revisão Gramatical**	**Revisão Técnica**	**Diagramação**
Edite Siegert	Samantha Batista	Priscila Gurgel Thamiris Leiroza	Fellipe Fernandes Cavallero da Silva Doutor em Letras - PUC-Rio	Joyce Matos

Erratas e arquivos de apoio: No site da editora relatamos, com a devida correção, qualquer erro encontrado em nossos livros, bem como disponibilizamos arquivos de apoio se aplicáveis à obra em questão.

Acesse o site www.altabooks.com.br e procure pelo título do livro desejado para ter acesso às erratas, aos arquivos de apoio e/ou a outros conteúdos aplicáveis à obra.

Suporte Técnico: A obra é comercializada na forma em que está, sem direito a suporte técnico ou orientação pessoal/exclusiva ao leitor.

A editora não se responsabiliza pela manutenção, atualização e idioma dos sites referidos pelos autores nesta obra.

Dados Internacionais de Catalogação na Publicação (CIP) de acordo com ISBD

P388i Pelletier, Danielle

Inglês fácil e passo a passo: domine a gramática do dia a dia para fluência em inglês / Danielle Pelletier ; traduzido por Edite Siegert. - Rio de Janeiro : Alta Books, 2019.
416 p. : il. ; 17cm x 24cm. – (Fácil e Passo a Passo).

Tradução de: Easy english step-by-step
ISBN: 978-85-508-0363-0

1. Línguas. 2. Idioma. 3. Inglês. 4. Gramática. I. Siegert, Edite. II. Título. III. Série.

2018-1039 CDD 425
CDU 811.111

Elaborado por Vagner Rodolfo da Silva - CRB-8/9410

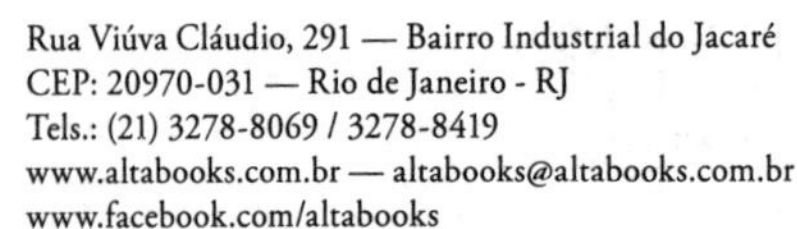

Para todos os professores que tive, obrigada!
Para todos meus alunos, do passado e do presente,
vocês em ensinaram muita coisa.
Sou eternamente grata.
Para todos que usarem este livro, bom aprendizado!

Sumário

2 Hábitos, Costumes e Rotinas

3 Comida: Compras e Restaurantes

4 Andando pela Cidade

6 Fazendo Amigos

7 Saúde e Medicina

8 Compras e Vestuário

Prefácio

Seja bem-vindo ao **Inglês Fácil e Passo a Passo**! Este livro é para estudantes iniciantes não nativos que querem melhorar suas habilidades de comunicação em inglês.

- **Estudantes de inglês:** você mora e trabalha em um país de língua inglesa? Quer morar em um país de língua inglesa? Este livro vai ajudá-lo a ter confiança enquanto usa o inglês para atividades do dia a dia, como cumprimentar, conhecer pessoas e pedir informações. Você também aprenderá a ler e escrever, e desenvolverá noções gramaticais.
- **Professores:** este livro usa um método prático para ensinar inglês a falantes não nativos. Explicações gramaticais de fácil compreensão são ilustradas em tabelas e reforçadas com múltiplos exemplos e vários exercícios para oferecer o máximo de prática. Expressões comuns do dia a dia são colocadas no contexto de conversas realistas para que os alunos se familiarizem e pratiquem seu uso tanto em sala de aula quanto fora dela. Use este livro para ensinar fala, pronúncia, gramática, leitura e escrita aos alunos iniciantes (e um pouco mais avançados) de forma descomplicada. *Inglês Fácil e Passo a Passo* fornece a instrução, a prática e os exercícios de técnicas de comunicação necessárias para que seus alunos falem inglês com confiança e competência no dia a dia.

Sobre Este Livro

A melhor forma de usar este livro é avançar pelos capítulos em sequência. O conteúdo e habilidades em cada capítulo se baseiam nos anteriores. Assim, comece pelo Capítulo 1 e termine com o Capítulo 8. O livro está organizado por temas, cada um focando uma área da vida.

- **Temas de capítulos:** cada capítulo foca um tema, como atividades diárias, compra de comida, transporte, recreação, saúde e compra de roupas. Em cada uma dessas área da vida, é apresentada e praticada uma linguagem útil e autêntica que pode ser usada de imediato.
- **Funções:** você aprenderá uma linguagem real que falantes nativos de inglês usam em cada uma dessas áreas da vida. Neste livro, você estudará modos de pedir e dar informações e expressar pensamentos e emoções. Por exemplo, descubra como iniciar uma conversa, perguntar como fazer coisas, fazer um pedido em um restaurante, pedir informações, expressar simpatias e aversões, falar com o médico e concordar ou discordar educadamente.
- **Conversação:** cada capítulo inclui uma conversa entre duas pessoas. Cada conversa oferece uma série de expressões, vocabulário, definições e expressões idiomáticas necessários para se comunicar bem em diferentes situações. Como bônus, há arquivos de áudio para download gratuito disponíveis de algumas dessas conversas. Pratique técnicas de escuta, conversação e pronúncia com esses arquivos de áudio. Baixe os áudios em: (Altabooks.com.br — procure pelo título do livro ou ISBN).
- **Dicas de pronúncia:** dicas de pronúncia úteis são dadas em cada capítulo. Há arquivos de áudio disponíveis para download gratuito de algumas dessas dicas para uso durante sua prática de pronúncia do inglês. Baixe os áudios em: (Altabooks.com.br — procure pelo nome do livro ou ISBN).
- **Gramática:** cada capítulo ensina um ou mais tempos verbais e outas estruturas gramaticais como pronomes, contrações e artigos. A gramática é a base na qual o idioma é usado. Ao entender a gramática, você poderá fazer escolhas melhores ao falar e escrever.
- **Leitura:** habilidades de leitura são essenciais para morar e trabalhar em um país de língua inglesa, então cada capítulo tem uma passagem de leitura. Você aprenderá habilidades que o ajudarão a ler com eficiência e compreender o parágrafo, ao mesmo tempo em que descobre novo vocabulário. Praticar a leitura fortalecerá suas técnicas de escrita.
- **Verbos frasais:** verbos frasais são expressões informais que falantes nativos de inglês usam em conversas. Entender e usar verbos frasais o ajudará a participar de conversas com mais naturalidade.
- **Escrita:** você aprenderá a escrever frases e parágrafos, e também a usar a pontuação. Praticar a escrita também fortalece suas habilidades de leitura.
- **Exercícios:** os vários exercícios em todo o livro permitem que você pratique cada técnica que aprender e o ajudam a aprender mais depressa. Faça cada exercício e verifique as respostas no Gabarito no final do livro.

Quando você achar respostas erradas, reveja a lição e tente descobrir como corrigir as respostas. Essa estratégia fortalecerá sua habilidade de se corrigir, o que é essencial no aprendizado de um idioma.

- **Linguagem corporal:** muitos capítulos mostram como usar a linguagem corporal e gestos apropriados ao falar em diferentes situações. Usar a linguagem corporal adequada irá ajudá-lo a se comunicar com naturalidade e eficiência em países de língua inglesa.
- **Testes dos capítulos:** há um teste no fim de cada capítulo, então, faça cada um deles! Esses testes o ajudam a revisar e lembrar as técnicas que aprendeu. Responda às dez perguntas e então confira as respostas no Gabarito. Quando achar respostas erradas, reveja a lição e tente descobrir como corrigir as respostas.
- **Saia e Pratique:** depois do teste de cada capítulo há uma seção com lição de casa. Encontre atividades para fazer por aí — fora da sala de aula e longe de sua mesa. Essas seções lhe dão a oportunidade de **usar** os conteúdos que aprendeu. As atividades são um ótimo meio de adquirir confiança. A confiança vem com a *prática*. Então, saia e use seu inglês!
- **Um pouco sobre criar confiança:** este livro fornece as habilidades necessárias para usar o inglês para se comunicar bem na vida e no trabalho. Para desenvolver essas habilidades, você precisa usar o inglês que está aprendendo *lá fora, pelo mundo*. O livro não pode fazer isso por você. Essa tarefa é sua. Para desenvolver a confiança, você precisa usar o inglês. Talvez você cometa erros, mas está tudo bem! Espere cometer alguns erros. Isso faz parte do aprendizado e da prática. Pratique, erre, e pratique mais. Então, pratique de novo. A prática vai criar confiança. E a prática leva à perfeição.
- **Gabarito:** o gabarito no final do livro mostra respostas para a maior parte dos exercícios do livro *Primeir*o faça os exercícios, depois confira as resposta no Gabarito. Se errar algum, reveja a seção do capítulo correspondente para entender a resposta certa. Esta é uma estratégia de aprendizado prático.
- **Apêndice:** o Apêndice no fim do livro lhe dá mais informações úteis. Ele mostra como escrever letras maiúsculas e minúsculas; fornece uma lista de vogais, consoantes, símbolos fonéticos e padrões de tons para conversação; descreve diferentes categorias do discurso, verbos estativos, irregulares, palavras interrogativas WH; e oferece listas de regras de ortografia, preposições e sinais de pontuação. Reveja o Apêndice com frequência.

Dicas para Ajudá-lo a Aprender Inglês Depressa

Para melhorar suas habilidades em inglês, pratique *todos os dias*. Veja algumas sugestões para praticar no dia a dia. Aumente o tempo de prática à medida que as habilidades se tornarem mais fáceis. (Dicas para praticar sozinho e dicas para quando você tiver a oportunidade de viajar.)

Ouvir

- Assista a programas ou filmes na TV em inglês e com legendas em inglês (também conhecidas como closed captions) de 15 a 45 minutos todos os dias — na TV, internet ou smartphone.
- Ouça talk shows e noticiário no rádio ou na internet de 15 a 30 minutos todos os dias no carro, em casa ou no smartphone.
- Ouça livros em áudio e leia os livros ao mesmo tempo.
- Ouça pessoas falando inglês em cafés, no trabalho, no ponto de ônibus — em todos os lugares. Tudo bem se você não entender muito no início. Quanto mais ouvir, mais aprenderá e mais depressa seu inglês melhorará.

Fala e Pronúncia

- Crie motivos para falar inglês: faça perguntas no mercado, no restaurante e no trabalho. Faça duas perguntas todos os dias. Quando estiver mais confiante, faça mais perguntas.
- Ligue para uma loja e pergunte o preço de um produto. Esse é um bom modo de conferir suas habilidades de escuta e fala. Quando estiver mais fluente, essa tarefa ficará mais fácil.
- Pratique dicas de pronúncia em voz alta no chuveiro, no carro e quando estiver sozinho em casa ou no trabalho. Cante em inglês! Você pode começar a praticar cantando seu número de telefone. Veja mais informações sobre como cantar seu número de telefone no Capítulo 6.
- Pratique dicas de pronúncia em silêncio a qualquer momento em público — andando na rua, no ônibus ou no trem, ou enquanto espera em uma fila. Até cantar mentalmente é uma estratégia eficaz para praticar a pronúncia.

Leitura e Vocabulário

- Leia parte do jornal todos os dias. Escolha uma seção de que gosta, como esportes, negócios ou moda, e leia de 10 a 20 minutos por vez.
- Leia em voz alta as placas de rua que vir.
- Leia cardápios em restaurantes para aprender vocabulário sobre comida.
- Leia um livro infantil todos os dias. Se tiver filhos, leia com eles!
- Tenha um caderno ou cartões com o vocabulário novo. Reveja as palavras e expressões todos os dias.
- Use cada palavra nova cinco vezes para aprendê-la bem.

Escrita e Gramática

- Pratique escrever o alfabeto (letras maiúsculas e minúsculas) em seu caderno.
- Escreva cinco frases no caderno todos os dias. Use um ponto no final de cada frase.
- Escreva cinco perguntas no seu caderno todos os dias. Use o ponto de interrogação no final de cada pergunta.
- Nessas frases, use a gramática e os tempos verbais que aprendeu em cada capítulo.
- Confira a concordância sujeito-verbo em cada frase.

Arquivos de Áudio Complementares

Inglês Fácil e Passo a Passo oferece arquivos de áudio complementares que incluem algumas das conversas e dicas de cada capítulo. Pratique as habilidades de escuta, fala e pronúncia com esses arquivos de áudio. Baixe os áudios em: (Altabooks.com.br — procure pelo título do livro ou ISBN).

Este símbolo indica as tabelas e as conversações que são citadas nos áudios (os demais áudios podem ser compreendidos sem necessidade de visualização textual).

1

Conhecendo Pessoas

Neste capítulo, você vai aprender:

Fala

- Como cumprimentar pessoas
- Como iniciar uma conversa
- Como jogar conversa fora
- Como falar sobre o tempo
- Como se apresentar

Vocabulário, Leitura e Escrita

- Adjetivos sobre seu estado e as condições climáticas
- Advérbios usados com adjetivos
- Verbos frasais
- Como ler bem
- Como começar e terminar uma frase

Gramática

- Como usar pronomes pessoais
- Como usar o verbo BE (formas afirmativas e negativas com contrações)

Linguagem Corporal

- Como dar um aperto de mão
- Assentindo
- Como acenar para dizer olá e adeus
- Como apontar com educação
- Como fazer contato visual ao conhecer alguém

Começaremos cumprimentando e conhecendo pessoas. Neste capítulo você praticará expressões, vocabulário e linguagem corporal para cumprimentos, apresentações e papos informais. Para melhorar suas habilidades de leitura, você estudará três etapas para ler bem. Para praticar a escrita, aprenderá a começar e terminar frases adequadamente.

Cumprimentando Pessoas

Cumprimentamos as pessoas quando as vemos. Sempre cumprimentamos pessoas que conhecemos. Às vezes, cumprimentamos pessoas que não conhecemos. **Greet** (*cumprimentar*) alguém é dizer olá de um jeito amigável. Há muitas formas de cumprimentar alguém. Que expressões você usa? Faça uma lista delas.

________________ ________________ ________________

________________ ________________ ________________

________________ ________________ ________________

Veja alguns cumprimentos comuns.
Read them aloud.

To **read aloud** significa ler para que todos ouçam.

Hello. (*Olá.*)	Hi there. (E aí?)	How are you doing? (*Como você está?*)	Long time no see! (*Há quanto tempo!*)
Hello there. (E aí?)	Hey. (*Ei.*)	How are you? (*Como vai?*)	Good morning. (*Bom dia.*)
Howdy. (*Ôpa*)	Hey there. (*E aí?*)	What's up? (*O que me conta?*)	Good afternoon. (*Boa tarde.*)
Hi. (*Oi.*)	Hey, how are you doing? (*Ei, como você está?*)	What's happening? (*Como estão as coisas?*)	Good evening. (*Boa noite.*)

Dica

Para cumprimentar em diferentes momentos do dia, use essas dicas de horário:

Good morning: use antes do meio-dia (12:00)

Good afternoon: use de 12:01 até aproximadamente 17:00.

Good evening: use de aproximadamente 17:00 até meia-noite (00:00)

Dica Cultural: *Howdy* é usado só na América do Norte.
Dica de Pronúncia: A maioria das pessoas une as palavras. Uma frase de três palavras pode soar como uma palavra longa. Por exemplo, "How are you?" pode soar como "Howaya?" e "What's up?" pode soar como "Wassup?"
Dica: "Good night" *não* é usado para cumprimentar. Ele *não* significa "hello". Significa "Good-bye" ou "Have a good sleep" (Durma bem) / "I am going to bed" (Vou para a cama).

Cumprimentos Formais e Informais

Alguns cumprimentos são formais, e outros, informais. **Formal greetings** são mais educados e usados com pessoas a quem queremos mostrar respeito, como chefes e professores. **Informal greetings** são casuais e usados com amigos e pessoas com quem nos sentimos à vontade.

Nota Cultural

Nos Estados Unidos, homens e mulheres costumam se cumprimentar do mesmo jeito: eles usam o mesmo cumprimento e trocam um aperto de mão quando se conhecem. Veja Conhecendo Pessoas, Etapa 3.

Exercício 1.1

Que cumprimentos listados anteriormente são formais e quais são informais? Alguns cumprimentos são neutros, e podem ser usados em quase todas as situações. Anote cada cumprimento na coluna adequada.

Formal	Informal	Neutro
________	________	________
________	________	________
________	________	________
________	________	________
________	________	________
________	________	________

Exercício 1.2

Veja as seguintes situações e decida se o cumprimento é adequado ou inadequado para ela. Siga o exemplo. Quando o cumprimento for inadequado, sugira um melhor.

Um **appropriate greeting** é adequado para a situação e um **inappropriate greeting** é inadequado para a situação.

EXEMPLO São 17:00. Gabrielle está na escola e cumprimenta um amigo. Ela diz, "Good morning!"

"Good morning" é inadequado porque 17:00 é à tarde e não de manhã.

Appropriate Inappropriate *Inappropriate.*
Cumprimentos melhores: Hey! How are you? How's it going? What's up?

1. São 10:00. Brenda está no trabalho e cumprimenta o supervisor. Ela diz, "Hey, what's up?"

   Appropriate Inappropriate ____________________

2. São 13:45. Jason é um aluno na cantina da escola. Ele vê seu bom amigo José e o cumprimenta dizendo, "What's happening?"

   Appropriate Inappropriate ______________________

3. São 21:00. Harry acaba de chegar ao emprego noturno e vê o supervisor. Ele o cumprimenta dizendo, "Good night."

   Appropriate Inappropriate ______________________

***Dica* Cultural**

Use a linguagem formal com um superior, como chefes ou professores. Use a linguagem neutra e informal com colegas. Use a linguagem informal com amigos.

Exercício 1.3

Leia as seguintes situações e crie cumprimentos adequados. Siga o exemplo, usando as regras da nota anterior.

EXEMPLO São 10:00. Mohammed está no trabalho e vê um colega. Como ele diz oi?

Good morning. / Hello there! / How are you? / How are you doing?

1. São 16h. Brenda está no trabalho e cumprimenta o supervisor. Que expressões ela pode usar para dizer oi?

   ____

2. São 12:30. Dan vê o amigo Sunil. Como ele diz oi?

   ____

3. São 19:00. Klara cumprimenta o professor em uma aula noturna. Como ela diz oi?

   ____

4. São 8:00. Maura vê o amigo Isaac. Como ela o cumprimenta?

   ____

5. São 9:00. Belinda vê a chefe no trabalho. Como ela a cumprimenta?

   ____

Conversa: Cumprimentando Pessoas

Read the following conversations aloud.

DAN: Hey, Sunil. What's up? (Ei, Sunil, o que me conta?)

SUNIL (amigo): Nothing. What's happening with you? (*Nada. O que você manda*?)

DAN: Oh, not much. Just having some lunch. (*Ah, nada de mais. Só estou almoçando.*)

MARGARET (professora): Good evening, Klara (*Boa noite, Klara.*).

KLARA (aluna): Hello! (*Olá*!)

MARGARET: How is everything? (Como vão as coisas?)

KLARA: Good, thank you. Uh, I have a question about the homework. (*Bem, obrigada. Ah, tenho uma pergunta sobre a lição de casa.*)

MARGARET: Yes? (*Sim*?)

BELINDA: Good morning, Laura. (Bom dia, Laura.)

LAURA (chefe): Good morning, Belinda. And how are you today?(*Bom dia, Belinda. Como você está hoje*?)

BELINDA: Fine, thank you. (*Bem, obrigada.*)

MAURA: Isaac! How's it going? (Isaac! *Como está indo*?)

ISAAC (amigo): Hey, Maura. Not bad. What about you? (*Ei, Maura. Nada mal. E você*?)

MAURA: All right. Where are you going? (*Tudo certo. Onde você está indo*?)

ISAAC: To class. (*Para a aula.*)

MAURA: Me too. (*Eu também.*)

Veja algumas respostas a perguntas comuns em cumprimentos. Veja Grammar: Adjetivos para informações sobre adjetivos para estados de saúde.

perguntas	*início* opcional	*Respostas (Use Adjetivos para estados de saúde)*	Exemplos
How are you? (*Como vai você*?)	I'm . . (*Eu vou/ estou...*).	great (*ótimo*)/ excellent (*excelente*)/ very good (*muito bem*)/ good (*bem*) / fine (*ótimo*) / pretty good* (*bem legal*) / okay (*bem*) / all right (*tudo certo*) / not bad (*nada mal*)* well (*bem*)** / very well (*muito bem*)**	I'm great! (*Estou ótimo*!)
How are you doing? (*Como você está*?)	I'm doing . . . (*Estou indo...*)		I'm doing okay. (*Estou indo bem.*)
How are things? (*Como andam as coisas*?)	Things are . . (*Está tudo ...*).		Things are pretty good. (*Está tudo muito bem.*)
How's it going? (*Como está indo*?)	It's going . . . (*Está indo...*)	And you? / What about you? (*E você?/Que me diz de você*?)	It's going well. (*Está indo bem.*)

What's happening?* (*Como estão as coisas?*)	Not much* (*Não muito.*) / Nothing* (*Nada*) / Nothing much (*Nada de mais*).	Nothing much* (*Nada de mais.*)
What's been happening?* (*O que tem acontecido?*)	And you? / What about you? (*E você?/Que me diz de você?*)	
What's new?* (*O que há de novo?*)		
What's going on?* (*O que está acontecendo?*)		
What's been going on?* (*O que vem acontecendo?*)		

*Informal.

**Usado só com *How's it going?* e *How are you doing?*

Dica

Costumamos fazer perguntas ao cumprimentar alguém, mas *não* iniciamos conversas longas nesse momento. Dê respostas breves e positivas.

Exercício 1.4

Complete as seguintes frases com cumprimentos e conversas adequados. Use várias expressões.

1. São 7:00. Brenda chega ao trabalho e vê seu supervisor, Donald.

   Brenda o cumprimenta: ______________________________

   Donald cumprimenta Brenda com uma pergunta: ______________________________

   Brenda responde: ______________________________

2. São 13:45. Jason é um aluno na cantina da escola. Ele vê o amigo José.

   Jason cumprimenta José: ______________________________

   José responde com um cumprimento e uma pergunta: ______________________________

   Jason responde: ______________________________

3. São 21:00. Harry acaba de chegar ao emprego noturno e vê seu supervisor, Miguel.

   Miguel cumprimenta Harry com uma pergunta: ______________________________

   Harry responde e faz uma pergunta: ______________________________

   Miguel responde: ______________________________

4. São 10:00. Mohammed está no trabalho e vê a colega, Shannon, no corredor.

Mohammed a cumprimenta: ______________________

Shannon responde e faz uma pergunta: ______________________

Mohammed responde: ______________________

Dizendo até Logo

Quando saímos ou outros saem, dizemos good-bye. Há muitas formas de fazer isso. Que expressões você usa para dizer good-bye? Faça uma lista delas.

______________	______________	______________
______________	______________	______________
______________	______________	______________

Veja algumas formas comuns de dizer good-bye. Read them aloud.

Good-bye (*Até logo*).	See you later/soon(*Te vejo mais tarde/logo*).	Later. (Até.) (*informal*)
Bye (*Tchau*).	See you (day/time)Monday /next week (Te vejo [dia/hora] segunda-feira / *semana que vem*).	Talk to you later. (*Nos falamos depois.*)
Bye-bye. (*informal*)	See you. (*informal*)	Take care. (*Se cuida.*)

Use estas frases para dizer good-bye para uma pessoa que acaba de conhecer. Read them aloud.

It was nice meeting you. (Foi bom conhecer você)	Nice meeting you. (Legal te conhecer.)
Great meeting you. (Foi ótimo conhecer você.)	Good meeting you. (Foi bom conhecer você.)
It was a pleasure meeting you. (Foi um prazer conhecer você.)	A pleasure meeting you. (Prazer em conhecê-lo.)

Aceno de Olá e Até logo

Quando vemos alguém que conhecemos e estamos longe demais para falar, geralmente acenamos. **To wave** é agitar a mão ou o braço de um lado a outro com a palma virada para a pessoa. Há diferentes formas de acenos. Você pode apenas acenar com a mão próxima ao corpo.

Ou pode acenar com todo o braço estendido acima da cabeça. Quanto mais longe a pessoas estiver, maior será o aceno.

Conhecendo Pessoas

Às vezes, você estará com pessoas desconhecidas. Por exemplo, você pode estar perto de um desconhecido na escola, no trabalho ou em uma festa. Como conhecer essa pessoa nova? Como se apresentar? O que você diz quando conhece alguém? Pense em alguns exemplos.

____

____

As Seis Etapas para Conhecer Alguém

Quando conhecemos alguém novo, geralmente seguimos estas seis etapas:

1. Make eye contact (*Faça contato visual*).
2. Make small talk (*Jogue conversa fora*).
3. Introduce yourself (*Apresente-se*).
4. Look for a connection (*Procure pontos em comum*).
5. Learn about each other (*Troque informações pessoais*).
6. End the conversation (*Termine a conversa*).

Geralmente seguimos essas etapas na escola e em reuniões sociais. No trabalho, às vezes não seguimos todas as seis etapas. Às vezes, conhecemos os pontos em comum e pulamos o Step 4. Vamos aprender mais sobre essas etapas.

Step 1: Make Eye Contact (*Faça contato visual*)

É comum to make eye contact com alguém que vemos pela primeira vez. **To make eye contact** significa que duas pessoas olham diretamente nos olhos uma da outra. Geralmente, fazemos contato visual e, então, begin speaking (*começamos a falar*). Muitas vezes, we smile (*sorrimos*). Às vezes, falamos e fazemos contato visual ao mesmo tempo. Os steps 1 e 2 muitas vezes ocorrem ao mesmo tempo.

Dica Cultural

Na América do Norte, espera-se e aceita-se o contato visual durante uma conversa. Ao ouvir, muitas vezes observamos a boca da outra pessoa e, ao falar, olhamos diretamente nos olhos da pessoa.

Step 2: Begin the Conversation with Small Talk and Be Positive (*Comece com um Bate-papo e Seja Positivo*)

Você pode começar uma conversa com **Small talk, que** são conversas informais simples sobre **nonpersonal** e **noncontroversial topics**. Ao conversar sobre banalidades, fale de modo positivo. *Não* faça observações negativas.

Nonpersonal topics são temas gerais sobre ideias e coisas; eles *não* falam de pessoas específicas. **Controversial topics (***temas controversos***)** são tabus ou provocam discussão. Exemplos de assuntos controversos incluem dinheiro, política e religião. **Noncontroversial** topics (*temas não controversos*) são aqueles que as pessoas podem discutir sem brigar.

***Dica* Cultural: Making Small Talk**

Assuntos comuns para jogar conversa fora na América do Norte incluem:

- O tempo — *Nice weather we're having.* (Que tempo bom.) *Beautiful day, isn't it?* (Dia lindo, não é?)
- O ambiente, como o local, as bebidas, a comida e a música — *Great music!* (Que música boa!)
- Tecnologia moderna — *Is that the newest smartphone?* (Esse é aquele celular novo?)
- Filmes ou programas de TV atuais — *Have you seen...* (Você assistiu...) *(nome do filme ou programa de TV)?*
- Qualquer assunto relevante à situação, como a lição de casa, se você estiver em sala de aula — *Did you do the homework?* (Você fez a lição de casa?) — *ou a música e a comida da festa* — *The food is really good.* (A comida está muito boa.)

Assuntos comuns para bate-papo no Reino Unido incluem:

- O tempo — *Nice weather we're having. Beautiful day, isn't it?*
- Algo que vocês têm em comum — *Have you been standing here long?* (Você está parado aqui faz tempo?) — se você estiver parado atrás de alguém em uma fila.

Step 3: Introduce Yourself— Smile and Shake Hands (*Apresente-se — Sorria e Troque um Aperto de Mãos*)

Para se apresentar, say your name (diga seu nome) . Use as expressões a seguir:

I'm (*diga seu nome*).

(*Diga seu nome.*)

Menos comum: My name is (*diga o nome*).

***Dica* Cultural: Giving Your Name**

Na América do Norte, dizemos só o primeiro nome em situações informais. Nos negócios ou em situações formais, damos nome e sobrenome.

Ao se apresentar, troque um aperto de mão. Siga as regras a seguir.

Dica Cultural: Como Apertar as Mãos (Shake Hands) na América do Norte

Ofereça a mão direita. Fique a meio metro de distância da outra pessoa e estenda o braço. Seu cotovelo deve ficar perto do corpo. Coloque a palma da mão com firmeza na mão da pessoa e sacuda para cima e para baixo umas duas vezes, devagar. Segure a mão da pessoa, nem firme nem leve demais e solte. Olhe nos olhos da pessoa e sorria enquanto estiver apertando as mãos.

Em geral, é indelicado *não* aceitar a mão que outra pessoa está oferecendo. Porém, se você não quer apertar as mãos por causa de sua crença religiosa, sorria e balance a cabeça com as duas mãos nas costas enquanto se apresenta. Se estiver resfriado, você pode sorrir e dizer, "I'm sorry. I have a cold." (*Desculpe-me, estou resfriado.*)

Regras de Handshake na América do Norte	Regras de Handshake no Reino Unido
Mulheres e homens tomam a iniciativa para o aperto de mão.	Mulheres devem tomar a iniciativa ao cumprimentar homens.
Apertos de mão devem ser firmes.	Apertos de mão devem ser leves.
Troque um aperto de mão ao conhecer alguém e *geralmente* ao deixar alguém que acaba de conhecer.	Troque um aperto de mãos ao conhecer alguém e *sempre* quando deixar alguém.

Step 4: Look for a Connection or Common Interest — Ask Informative Questions (*Procure uma Conexão ou um Interesse em Comum — Faça Perguntas Informativas*)

Depois de conhecer alguém, continue a conversa fazendo perguntas. (Aprenda mais sobre asking questions para manter uma conversa no Capítulo 6. Além da seção "BE: Formando Perguntas WH" mais adiante neste capítulo, há mais sobre informative questions nos Capítulos 2, 3, 5 e 7.) Uma **connection** se refere a como as pessoas se conhecem por meio de lugares ou outras pessoas como amigos, colegas de trabalho, parentes e vizinhos. Por exemplo, Maribel trabalha com Lee. Eles estão conectados pelo trabalho. Ter um **common interest** significa que duas ou mais pessoas gostam da mesma coisa. Por exemplo, Carlos e Jane gostam de filmes de ficção científica. Então, seu common interest é por filmes de ficção científica.

Dois Tipos de Perguntas

Informative questions (perguntas informativas) são as que começam com WH — palavras e frases como *who, what, when, where, why, how, what kind, which one, how many* e *how much*. Essas perguntas pedem mais informações sobre um assunto. Veja alguns exemplos de informative questions: *How do you know Susan?* (Como conheceu Susan?) / *Who do you know here?* (Quem você conhece aqui?) / *Where are you from?* (De onde você é?)

Yes/no questions (*perguntas de sim/não***)** exigem uma resposta de sim ou não. Elas começam com palavras como o verbo BE e verbos auxiliares como *do, did, have, has, had, should, can, could, will* e *would*. Veja alguns exemplos de yes/no questions: *Do you know Susan?* (Você conhece Susan?)/ *Have you been here long?* (Faz tempo que você chegou?)/ *Is the food good?* (A comida está boa?)

Step 5: Learn About Each Other —Ask Information and Yes/No Questions (*Troque Informações Pessoais*)

Depois de encontrar uma connection, aprenda mais sobre a pessoa. Porém, não peça nem dê muitos detalhes. Esse nível de conversa mais profunda pode ocorrer mais tarde, mas geralmente não no primeiro dia. Por exemplo, não há problema em dizer em que bairro você mora, mas não dê seu endereço completo.

Exemplo de Perguntas a Fazer

To get to know someone é aprender sobre essa pessoa ao se comunicar com ela.

Veja alguns assuntos e perguntas informativas comuns para conhecer alguém (to get to know someone) nos Estados Unidos. Read each question aloud. Fale com clareza e devagar.

- **País de origem:** *Where are you from?* (De onde você é?)
- **Bairro ou área residencial:** *Where do you live?* (Onde você mora?) / *Do you live around here?* (Você mora por aqui?)
- **Seu trabalho:** *What do you do?* (O que você faz?)/ *Where do you work?* (Onde você trabalha?)
- **Áreas de interesse como passeios, restaurantes ou atividades de lazer:** *What do you do for fun?* (O que você faz para se divertir?)/ *What's your favorite restaurant?* (Qual é seu restaurante preferido?)

Nos Estados Unidos, muitas vezes falamos de trabalho quando conhecemos alguém. Esse é considerado um tema neutro. Não há problema em perguntar sobre o trabalho, mas não pergunte sobre cargos e títulos. *Não* discuta trabalho no Reino Unido; é considerado um tema particular, e as pessoas valorizam muito sua privacidade. É indelicado fazer perguntas pessoais. Uma **personal question** (*pergunta pessoal***)** é aquela sobre a vida privada ou doméstica. *Não* pergunte onde a pessoa mora ou o que faz para viver.

Step 6: End the Conversation Politely and with a Smile (*Termine a Conversa Educadamente e com um Sorriso*)

Awkward é algo **incômodo** e, às vezes, desconfortável.

Terminar uma conversa pode ser awkward, então é útil saber como fazê-lo educadamente. Diga que gostou de conhecer a pessoa. Depois, dê um breve motivo para terminar a conversa. Veja alguns motivos comuns e aceitáveis para terminar a conversa: encontrar uma pessoa, usar o banheiro, pegar comida ou bebida, ou sair do evento. Na América do Norte, apertos de mão são opcionais em situações sociais e esperados nas profissionais. No Reino Unido, sempre aperte as mãos quando terminar uma conversa e sair.

Exercício 1.5

Responda em inglês: quais são as seis etapas para conhecer alguém novo?

1. ______________________ 4. ______________________

2. ______________________ 5. ______________________

3. ______________________ 6. ______________________

Conversa: Conhecendo Pessoas[1]

Vamos ver um exemplo de conversa entre duas pessoas em uma festa. Elas não se conhecem e estão se conhecendo (meeting) pela primeira vez. A conversa inclui todas as seis etapas. Read the conversation aloud.

Conversation	*Guia de conversação*
DONNA (making eye contac with Brad[1]): The food is good.[2]	1. **Step 1: Make eye contact.** Sorria e olhe para a outra pessoa. 2. **Step 2: Begin the conversation with small talk and be positive.** Outras expressões de abertura incluem *Great party/food, isn't it?* (Boa festa/comida, não é?)/ *What a nice party.* (Que festa legal.)/ *Enjoying the party?* (Gostando da festa?) Ou você pode falar sobre o tempo.
BRAD: Yeah, it is.[3]	3. *Yeah* é uma expressão informal que significa "sim". É educado concordar com alguém. Você também pode usar expressões como *It is!* (É mesmo!)/ *Isn't it?* (Não é?)/ *You're right.* (Você tem razão.)/ *Yum!* (Humm!) **Yum** e **yummy** são expressões informais que significam que algo tem gosto bom. **Dica:** Se alguém não está interessado em falar, pode ignore (ignorar) ou sorrir brevemente e não dizer nada. Se isso acontecer, você pode decidir se continua ou para de falar. **Ignore** alguém é não olhar nem falar com a pessoa.

1 Essa "conversation" é narrada na Faixa 01 dos áudios do livro (Baixe os áudios em altabooks.com.br - procure pelo título do livro ou ISBN).

Conversation	*Guia de conversação*
DONNA: Have you tried the cake?[4] It's delicious.[5]	4. Para continuar a conversa sobre comida, você pode fazer uma pergunta usando a expressão *Have you tried the [nome da comida/bebida]?* subindo o tom de voz. O **tom** mede a altura da voz de uma pessoa. O som da voz de uma pessoa fica mais alto com o aumento do tom ou mais baixo com a diminuição dele. Veja a tabela de entonação no Apêndice para mais informações. Veja as dicas de pronúncia para aprender a usar a entonação adequadamente. **Dica de Pronúncia:** o tom ascendente mostra que você está esperando por uma resposta. 5. Em seguida, comente o sabor. Fale sobre o que tem gosto bom. **Dica:** Não fale sobre o que não está gostoso.
BRAD: No.[6] What kind is it?[7]	6. Responda a pergunta afirmativa ou negativamente. Se a resposta for afirmativa, concorde com o interlocutor: *Yes, I have. It **is** delicious.* (Sim, eu experimentei. **Está** delicioso.) **Dica de Pronúncia:** Enfatize *is* para mostrar concordância. **Enfatizar** uma palavra significa que sua pronúncia é mais forte. 7. Se a resposta for negativa, faça mais perguntas sobre a comida: *Is it homemade?* (É feita em casa?) / *Is it vegetarian/vegan?* (É vegetariana/vegana?) / *Have you tried the apple pie?* (Você experimentou a torta de maçã?)
DONNA: Chocolate.[8]	8. Responda amigavelmente. Se não souber a resposta, diga o seguinte: *I'm not really sure.* (Não tenho certeza.)/ *I don't know what it's called.* (Eu não sei o nome.)/ *I don't know. I've never had it before.* (Eu não sei. Nunca comi isso antes.)
BRAD: It looks delicious.[9]	9. Responda para continuar a conversa: *Maybe I'll try it.* (Talvez eu experimente.) / *I should try it.*(Eu deveria experimentar.) / *I love cake.* (Adoro bolo.)/ *Cake is my favorite!* (Bolo é meu preferido!)/ *I'm allergic to chocolate, so maybe I'll pass on the cake.* (Sou alérgico a chocolate, então acho que vou recusar o bolo.) **Pass on** significa recusar alguma coisa.
DONNA (smiling): I'm Donna.[10] (Extends hand to shake.[11])	10. **Step 3: Introduce yourself — smile and shake hands.** Apresente-se dizendo seu primeiro nome e estendendo a mão para um cumprimento. **Dica:** É menos comum dizer, "My name is . . ." (*Meu nome é...*) 11. Veja a Nota Cultural anterior sobre apertos de mão.
BRAD (smiling): Brad.[10] Nice to meet you, Donna. (Shakes Donna's hand.[11])	Se seu nome for longo ou incomum nesse país, diga-o devagar. Talvez você precise repeti-lo ou até soletrá-lo — por exemplo, "I'm Rasheed. R-a-s-h-e-e-d."

(continuação)

Conversation	*Guia de conversação*
DONNA: Very nice to meet you,[12] Brad.[13]	12. Outras expressões que você pode usar ao conhecer alguém incluem *It's very nice to meet you,* (Muito prazer em conhecê-lo,) *(nome). / Nice to meet you,* (Prazer em conhecê-lo,) *(nome). / So nice to meet you,* (É tão bom conhecer você,) *(nome). / It's good to meet you.*(É bom conhecê-lo.) / *Good to meet you.*(Bom conhecer você.) / *It's a pleasure to meet you,* (É um prazer conhecer você,) *(nome). / It's a pleasure meeting you,* (É um prazer conhecê-lo,) *(nome).* 13. **Dica:** Repita o nome da pessoa durante a apresentação para ser educado e para se lembrar do nome.
BRAD: Who do you know here?[14]	14. **Step 4: Look for a connection or common interest — ask informative questions.** Brad está procurando por uma conexão com Donna. Outras expressões que ele pode usar incluem: *So, what's your connection to this event?* (Então, qual é sua ligação com esse evento?) / *Do you know* (Você conhece)*(nome da pessoas/anfitrião)?*
DONNA: Oh, I know Susan.[15] She's sitting over there (points at Susan[16]). We're neighbors.[15] How about you?[17]	15. Explique sua conexão brevemente. Seja simpático. Na América do Norte, use apenas o primeiro nome. No Reino Unido, use nome e sobrenome. 16. Aponte com educação. (Veja as ilustrações sobre apontar no Capítulo 6.) 17. Continue a conversa com uma pergunta, como *What about you?* (E quanto a você?) / *And you?* (E você?) / *And what's your connection to this party?*(E qual é sua conexão com esta festa?)
BRAD: I came with Juan. He's the host of this party.[15]	
DONNA: How do you know Juan?[18]	18. Pergunte sobre a conexão. Uma expressão comum para esta pergunta é *How do you know* (Como você conhece)*(nome)?*
BRAD: We work together.[15]	
DONNA: Oh.[19] So, what do you do?[20]	19. Para mostrar que está ouvindo, diga, "Oh," "Ah," "Mm," ou "Hm," ou nod your head ocasionalmente. **To nod** é balançar a cabeça para cima e para baixo. Isso mostra concordância e compreensão. 20. **Step 5: Learn about each other — ask information and yes/no questions.** Continue a conversa fazendo outras perguntas informativas. *What do you do?* (O que você faz?) é uma pergunta sobre o trabalho da pessoa. **Nota Cultural:** No Reino Unido, não faça perguntas sobre trabalho.
BRAD: I work in health care. I work with nurses.[21]	21. Responda de maneira breve e genérica. Não entre em detalhes.

Conversation	***Guia de conversação***
DONNA: That sounds interesting.[22] Do you like it?[23]	22. Comente para mostrar interesse. Outra expressão para mostrar interesse é *Oh, really?* (Ah, é mesmo?) 23. Faça outra pergunta para continuar a conversa, como *How do you like it?* (Você gosta bastante disso?) / *Have you been doing this long?* (Faz tempo que trabalha com isso?)
BRAD: It's okay.[24] What about you? What do *you* do?[25]	24. Responda à pergunta. Se a resposta for negativa, fale sobre ela com neutralidade. **Importante:** Não fale sobre fatos negativos quando conhecer alguém em uma situação social. 25. Faça uma pergunta parecida para continuar a conversa. Dê ênfase ao *you*.
DONNA: I just moved here.[24]	
BRAD: Oh, where did you move from?[26]	26. Mudar de um país diferente normalmente gera perguntas: *Where did you move from?* (De onde você veio?) / *How long have you been here?* (Há quanto tempo está aqui?) / *How do you like it?* (Você está gostando?) / *Did you come with family?* (Você veio com sua família?)
DONNA: Shanghai.	
BRAD: How do you like it here?[26]	
DONNA: I like it. But sometimes I miss my friends.[27]	27. Responda com sinceridade, mas sem ser negativo. Continue sendo positivo.
BRAD: I bet.[28]	28. Mostre empathy ou compreensão. Ter **empathy** é ter a capacidade de se identificar com outra pessoa. Você pode nod ou usar outras expressões, incluindo: *I would too.* (Eu também sentiria.) / *That's understandable.* (É compreensível.) / *I'm sure you do.* (Tenho certeza que sente.) / *Sure* (Claro.).
DONNA: Well, it's been very nice talking with you, Brad.[29] I'm going to go find Susan.[30] (Extends hand to shake and smile.)	29. **Step 6: End the conversation with a smile.** Para terminar a conversa, diga que você gostou de ter conhecido a pessoa. 30. Dê uma razão breve para terminar a conversa, como *Excuse me, I must find the restroom.* (Com licença, vou procurar o banheiro.) / *Pardon me, but I need to get something to drink.* (Com licença, mas preciso pegar uma bebida.)
BRAD (nodding and smiling[31]): Nice meeting you too, Donna.[32] (Shakes her hand[33])	31. Nodding é um jeito comum de mostrar concordância e compreensão. 32. Responda com educação dizendo que foi um prazer conhecer a pessoa. 33. Quando alguém estende a mão, é falta de educação não aceitá-la. Veja a Nota Cultural anterior sobre apertos de mão.

***Dica* Cultural: Introducing Yourself (Apresentando-se)**

Na América do Norte e no Reino Unido, é comum apresentar-se às pessoas que você não conhece ao estar em uma mesma situação. Não é comum apresentar-se a estranhos em público.

Regras Gerais na América do Norte	Regras Gerais no Reino Unido
Geralmente dizemos apenas nosso primeiro nome em reuniões sociais. Por exemplo, *I'm Donna* (Eu sou Donna.). *Em reuniões profissionais, dizemos nome e sobrenome. Geralmente, não se usam títulos em situações profissionais. Por exemplo, se alguém é PhD, não vai usar Drª McRobie*. Em vez disso, dirá nome e sobrenome: *Katherine McRobie*.	No Reino Unido, você deve dar seu nome e sobrenome. Por exemplo, *I'm Donna Greene*. (Eu sou Donna Greene.) Só use títulos e sobrenomes ao conhecer alguém quando ele o convidar a usar seu primeiro nome. Por exemplo, Donna pode dizer, "It's nice to meet you, Mr. Smith." (*Prazer em conhecê-lo, sr. Smith.*)

***Dica* Cultural: Pointing (*Apontando*)**

Não é educado apontar para as pessoas. É especialmente indelicado apontar alguém usando o **index finger** (*indicador*). Para apontar com educação, use a mão aberta com a palma virada um pouco para cima.

Agora que você leu a conversa entre duas pessoas que se conhecem em uma festa, vamos revisar.

Exercício 1.6

Releia a conversa entre Donna e Brad em voz alta. Depois, responda as seguintes perguntas. Use o Guia de Conversação para ajudá-lo. Responda em inglês.

1. Qual é a primeira etapa ao conhecer alguém?

 ____

2. Qual é a segunda etapa ao conhecer alguém?

 ____

3. Donna iniciou uma conversa com Brad. Que small talk topic ela usou?

 ____

4. Donna fez uma pergunta comum sobre comida. Como começa essa pergunta?

 ____

5. Qual é o meio mais comum de se apresentar? Escolha a resposta correta:

 My name is . . . / I'm . . .

6. Você deve trocar um handshake ao conhecer alguém? Escolha a resposta correta:

   Yes   No

7. Para onde você deve olhar ao apertar a mão de alguém?

   ____

8. O que é uma connection?

   ____

9. Que tipo de perguntas você pode fazer para aprender mais sobre a outra pessoa?

   ____

10. Quais são alguns motivos comuns e aceitáveis para terminar uma conversa?

   ____

Agora que você sabe como conhecer alguém, vamos revisar os appropriate topics for small talk.

Exercício 1.7

Leia as situações a seguir. Escolha os melhores small talk topics para cada situação. Revise os appropriate topics na seção do Capítulo 6, "Estratégia de Comunicação: Small Talk". Siga o exemplo.

EXEMPLO Você está no ponto de ônibus.

a. The weather (*o tempo*)

b. Politics (*política*)

c. The bad bus driver (*o motorista de ônibus ruim*)

A melhor resposta é the weather, porque politics é controversial (tabu) e o motorista de ônibus ruim é negativo.

1. Você está na **cafeteria** (*refeitório*) do trabalho.

   a. Your terrible boss (*o seu chefe horrível)*

   *b. Your family (*sua família)

   c. The food in the cafeteria (a comida do refeitório)

2. Você está na **registration line** (*fila de matrícula*) da escola.

   a. The weather

   b. The registration process (*o processo de matrícula*)

   c. The long line (*a fila longa*)

3. Você está no seu community center (*centro comunitário*).
   a. Misbehaving children (*crianças malcomportadas*)
   b. The weather
   c. Lack of money (*falta de dinheiro*)

Exercício 1.8

Complete as conversas com expressões adequadas para conhecer alguém.

1. No refeitório do trabalho, Alex está sentada a uma mesa com alguém que não conhece.

   ALEX (makes eye contact): The pizza is really good here.

   MARION: Is it? I haven't had it. The salad is pretty good.

   ALEX (extends her hand): ______________________________

   MARION (shakes hands): ______________________________

2. Você está no park perto de seu community center. Há uma pessoa nova sentada no banco.

   VOCÊ (make eye contact): It's a beautiful day, isn't it?

   SHARON: Yes, it really is.

   VOCÊ (extend your hand): ______________________________

   SHARON (shakes your hand): ______________________________

3. Você está na registration line da escola.

   LARRY (makes eye contact): ______________________________

   VOCÊ: ______________________________

   LARRY (extends his hand): ______________________________

   VOCÊ (shake his hand): ______________________________

Gramática: Pronomes Pessoais

Às vezes, usamos um pronoun (*pronome*) no lugar de um noun (*substantivo*). Um **noun** é uma pessoa, um lugar ou uma coisa. Um **pronoun** substitui um noun. Um **subject pronoun** substitui um noun na posição do subject (sujeito) na frase. O **subject** normalmente fica no início de uma frase; ele costuma ficar antes do verbo. Você conhece algum subject pronoun? Anote os que você conhece.

______________ ______________ ______________

______________ ______________ ______________

______________ ______________ ______________

Estude a seguinte tabela de subject pronouns. Read them aloud.

Subject Pronouns

	Singular	Plural
Primeira pessoa	I *(Eu)*	We *(Nós)*
Segunda pessoa	You *(Você)*	You *(Vocês)*
Terceira pessoa	He (masc.) *(Ele)*	They *(Eles)*
	She (fem.) *(Ela)*	They *(Elas)*
	It *(Ele/ela/isso)*	They *(Eles/elas)*

Dica: *He* se refere ao subject masculino; *she* se refere ao subject feminino. Esses são os únicos pronouns com gênero específico. Todos os outros podem ser usados para qualquer gênero. *It* se refere a coisas e animais. *They* pode se referir a coisas e pessoas. Quando *they* se refere a pessoas, pode ser a homens, mulheres, ou a uma combinação de ambos. *They* também pode se referir a coisas que não têm gêneros específicos.

Nota Cultural: Nos Estados Unidos, *he*, *she*, e *they* também se referem a animais de estimação.

Veja algumas frases de exemplo.

> *I* like English. (Eu *gosto de inglês.*) / *You* are my friend. (Você *é meu amigo.*) / *He* is strong. (Ele *é forte.*) / *She* is funny. (Ela *é engraçada.*)
>
> *It* is sunny. (O dia *está ensolarado.*) / *We* are family. (Nós *somos família.*)/ *You* make delicious cake. (Você *faz um bolo delicioso.*)/ *They* work together. (Eles *trabalham juntos.*)

NOTA: Em inglês, use somente um noun *ou* um pronoun como sujeito. *Nunca* use os dois.

INCORRETO: ***Mr. Jones ~~he~~*** *lives here.* / ***He ~~Mr. Jones~~*** *lives here.*

CORRETO: *Mr. Jones lives here. / He lives here.*

Exercício 1.9

Escolha o subject pronoun correto para cada frase. Consulte a tabela de pronouns anterior para ajudá-lo e siga o exemplo. Pratique a pronúncia: read the correct senteces aloud twice.

Twice significa duas vezes.

EXEMPLO Taylor (fem.): She He It <u>She</u> works at the library.

1. Jack and Jill (masc. + fem.): We They You _______ attend college.
2. Fred and I (masc. + masc.): We They You _______ go to the movies on Fridays.
3. Solomon (masc.): She He It _______ has two children.
4. Sienna (fem.): She He It _______ goes to school on Tuesday nights.
5. My car (neutro): She He It _______ drives well.
6. Beau and Nancy (masc. + fem.): We They You _______ exercise every morning.

Exercício 1.10

Complete as seguintes frases com o subject pronoun. Estude as pessoas na conversa e siga o exemplo.

Professor Williams (masc)	Mr. Somers (masc.)	Dr. Velling (fem.)
Aidan (masc.)	Ms. Brown (fem.)	Noda (fem.)
Sasha (masc.)	Emma (fem.)	

EXEMPLOS Professor Williams → Sasha: <u>You</u> are in my class.
Sasha → Mr. Somers (sobre Noda): <u>She</u> is my wife.

1. Aidan → Ms. White (sobre Emma e Noda): _______ are my coworkers.
2. Emma → Noda (sobre Professor Williams): _______ is my professor.
3. Dr. Velling → Ms. Brown (sobre Mr. Somers): _______ is my patient.
4. Dr. Velling → Mr. Somers (sobre Mr. Somers): _______ need to exercise more.
5. Professor Williams → Sasha (sobre Sasha): _______ passed the class!
6. Noda → Emma (sobre Noda e Emma): _______ should go shopping.
7. Noda → Mr. Somers (sobre Sasha): _______ is my husband.
8. Ms. Brown → Mr. Somers (sobre Ms. Brown): _______ work at the bakery.

Pratique a pronúncia: read the correct sentences aloud twice.

Dica: *Mr.* é masculino: é usado para homens solteiros ou casados. *Miss*, *Mrs.*, e *Ms.* são usados para mulheres: *Miss* = solteira; *Mrs.* = casada; e *Ms.* = estado civil desconhecido. Outros títulos como *Dr.* e *Professor* são usados para homens e mulheres.

Dica Cultural: Na América do Norte, *Mr.*, *Miss*, *Mrs.*, e *Ms.* raramente são usados em situações sociais. Esses títulos são usados principalmente por crianças ao falar com professores na escola ou com idosos na comunidade. Títulos raramente são usados nos negócios ou entre adultos.

Exercício 1.11

Estude as pessoas a seguir e crie frases usando subject pronouns. Siga os exemplos. (male = masculino e female = feminino)

Roberto (male student)	Muhab (male engineer)	Roger (male mechanic)
Jessica (female student)	Maya (female chef)	Rani (female dog walker)
Yin (female author)	Somsak (male police officer)	

NOTA: Maya e Roger are married (*são casados*).

EXEMPLOS Jessica → Rani (sobre Muhab) <u>*He is an engineer.*</u>
Roger → Muhab (sobre Yin) <u>*She is an author.*</u>

1. Yin → Maya (sobre Roger) ______________________
2. Roberto → Roger (sobre Roberto e Jessica) ______________________

3. Roger → Yin (sobre Roger and Maya) ____________
4. Muhab → Maya and Yin (sobre Rani) ____________
5. Rani → Jessica (sobre Rani) ____________
6. Somsak → Muhab (izsobre Somsak) ____________
7. Roberto → Yin (sobre Yin) ____________
8. Jessica → Roberto (sobre Muhab) ____________
9. Maya → Somsak (sobre Roger) ____________
10. Yin → Maya and Roger (sobre Maya and Roger) ____________

Agora que você aprendeu os subject pronouns, vamos estudar o verbo BE.

Gramática: Verbo BE

Em inglês, muitas vezes usamos o verbo BE (ser/estar) para descrever pessoas, lugares e coisas. Nesta seção, praticaremos o uso do verbo BE. Read the following senteces aloud.

I *am* a student. *(Eu* sou *um estudante.)* / His hair *is* brown. *(O cabelo dele* é *castanho.)* / Sue and Bob *are* at work. *(Sue e Bob* estão *no trabalho.)* / It *is* broken. *(Isso* está *quebrado.)*

I *am* fine. *(Eu* estou *bem.)* / Sue *is* excited. *(Sue* está *empolgada.)* / We *are* great! *(Nós* estamos *ótimos!)* / They *are* tall. *(Eles* são *altos.)* / Abe *is* a doctor. *(Abe* é *um médico.)*

BE: Forma Afirmativa

Para escrever o verbo BE na forma afirmativa, use a tabela a seguir. Read the example sentences aloud.

pronome pessoal	forma verbo BE	Exemplo de frases
I	am	I am fine. (*Eu estou bem.*)
You/We/They	are	You are fine. (*Você está* bem.) / We are fine. (*Nós estamos bem.*) / They are fine. (*Eles/elas estão bem.*)
He/She/It	is	He is fine. (*Ele está* bem.) / She is fine. (*Ela está bem./* It is fine. (*Ele/ela/isso está bem.*)

Exercício 1.12

Escolha a forma correta do verbo BE nas frases a seguir. Use a tabela anterior para se orientar e siga o exemplo.

EXEMPLO The hospital am/are/is big. *is*

1. The cafeteria (am/are/is) noisy. ______
2. Ronnie (am/are/is) a nurse. ______
3. I (am/are/is) hungry. ______
4. Jimmy and Young (am/are/is) students. ______
5. Mrs. White (am/are/is) a teacher. ______
6. We (am/are/is) cousins. ______
7. She (am/are/is) at work. ______
8. It (am/are/is) red and blue. ______
9. The books (am/are/is) heavy. ______
10. English (am/are/is) useful. ______

Pratique a pronúncia: read the correct sentences aloud.

Exercício 1.13

Complete as frases a seguir com a forma afirmativa correta do verbo BE. Siga o exemplo e reveja a tabela do verbo BE.

EXEMPLO Sandra *is* my neighbor.

1. I ______ okay.
2. Salvatore ______ my coworker.
3. We ______ friends.
4. Alvin and Sam ______ brothers.
5. Sarah ______ an employee there.
6. Dierk and I ______ neighbors.
7. He ______ fine.
8. It ______ rainy today. (*Hoje* ___ *dia chuvoso.*)
9. Joan and Mei ______ at school now.
10. I ______ busy this week.

Pratique a pronúncia: read the correct sentences aloud.

Afirmativo: Contração do verbo BE

Em inglês, muitas vezes usamos contrações combinando duas palavras. Quando palavras são combinadas, elas são abreviadas com um **apóstrofo** ('). Veja a tabela a seguir para ver como formar contrações com um apóstrofo e o verbo BE. Read the example sentences aloud.

BE: Contração Afirmativa (Subject Pronoun + verbo BE)

Pronome Pessoal	FORMA Verbo BE	Contração = pronome pessoal + BE	Exemplos de Frases
I	am	I'm	I'm fine.
You/We/They	are	You're / We're / They're	You're fine. / We're fine. / They're fine.
He/She/It	is	He's / She's / It's	He's fine. / She's fine. / It's fine.

Exercício 1.14

Crie frases usando as palavras a seguir. Use a forma correta do verbo BE. Depois forme a frase de novo usando um subject pronoun e uma contração. Siga o exemplo, e use a tabela anterior para ajudá-lo. Leia as frases corretas em voz alta.

EXEMPLO Jenny / BE / my coworker. Jenny is my coworker. She's my coworker.

1. Tomas / BE / my supervisor.

____

____

2. Gerald and I / BE / great today.

____

____

3. My sisters / BE / here.

____

____

4. Mary and Will / BE / my friends.

____

____

5. Today / BE / a great day!

____

____

BE: A Forma Negativa

Para formar o verbo BE no negativo, use as duas tabelas seguintes. Read the example sentences aloud.

BE: Contrações Negativas (BE + Negativo)

pronome pessoal	FORMA Verbo BE	Negativo	Contração = Verbo BE + Negativo	Exemplos de Frases
I	am	not		Sem contração
You/We/They	are	not	aren't	You aren't sad. / We aren't sad. / They aren't sad.
He/She/It	is	not	isn't	He isn't sad. / She isn't sad. / It isn't sad.

BE: Contrações Negativas (Subject Pronoun + BE)

pronome pessoal	FORMA Verbo BE	Contração = Sujeito + Verbo BE	Negativo	Exemplos de Frases
I	am	I'm	not	I'm not tall.
You	are	You're	not	You're not tall.
We	are	We're	not	We're not tall.
They	are	They're	not	They're not tall.
He	is	He's	not	He's not tall.
She	is	She's	not	She's not tall.
It	is	It's	not	It's not tall.

Exercício 1.15

Leia as frases a seguir. Escolha a contração negativa correta do verbo BE. Siga o exemplo.

EXEMPLOS Joseph (am not/isn't/aren't) an engineer. _isn't_
They ('m not/'s not/'re not) coworkers. _'re not_

1. Audrey (am not/isn't/aren't) a ballerina. ____________
2. We (am not/isn't/aren't) in that class. ____________
3. Josephine (am not/isn't/aren't) blonde. ____________
4. My parents (am not/isn't/aren't) here. ____________
5. Sandra and Ella (am not/isn't/aren't) cousins. ____________
6. You ('m not/'s not/'re not) brunette. ____________
7. I ('m not/'s not/'re not) a baker. ____________
8. She ('m not/'s not/'re not) short. ____________
9. We ('m not/'s not/'re not) siblings. ____________
10. He ('m not/'s not/'re not) serious. ____________

Exercício 1.16

Forme frases usando os dois tipos de contrações mostrados nas tabelas anteriores. Use um pronome pessoal na segunda frase. Siga o exemplo.

EXEMPLO Joan and Deb / BE / not / sisters. Joan and Deb aren't sisters. / They're not sisters.

1. Marty and Joe / BE / not / cousins.

2. You / BE / not / a mechanic.

3. Cheryl and I / BE / not / siblings.

4. Mr. Jones / BE / not / happy.

5. My computer / BE / not / old.

6. Mrs. Weatherby / BE / not / strict.

7. The road / BE / not / straight.

8. I / BE / not / a teacher.

9. Francisco / BE / not / a student.

10. Rose / BE / not / sleepy.

____

____

Pratique a pronúncia: read the correct sentences aloud.

Exercício 1.17

Crie duas frases sobre você usando o verbo BE no afirmativo. Depois crie duas frases sobre você usando o verbo BE no negativo

Verbo BE Afirmativo	Verbo Be Negativo
1. ____________	3. ____________
2. ____________	4. ____________

Exercício 1.18

Crie frases afirmativas usando pronomes pessoais. Siga o exemplo.

Verbo BE Afirmativo (Sem Contração)	Verbo BE Afirmativo (com Contração)
EXEMPLO They: *They are students.*	They: *They're students.*
1. She: ____________	7. She: ____________
2. He: ____________	8. He: ____________
3. It: ____________	9. It: ____________
4. You: ____________	10. You: ____________
5. We: ____________	11. We: ____________
6. They: ____________	12. They: ____________

Exercício 1.19

Agora crie frases negativas usando pronomes pessoais. Siga o exemplo.

Verbo BE negativo (Sem Contração)	Verbo BE negativo (com Dois Tipos de Contrações)
EXEMPLO They: *They are not students.*	They: *They're not students.* / *They aren't students.*
1. She: ____________	7. She: ____________ ____________
2. He: ____________	8. He: ____________ ____________
3. It: ____________	9. It: ____________ ____________
4. You: ____________	10. You: ____________ ____________
5. We: ____________	11. We: ____________ ____________
6. They: ____________	12. They: ____________ ____________

BE: Formando Yes/No Questions

Quando conhecemos pessoas, fazemos perguntas. Nós usamos **yes/no questions** para obter informações e elas podem ser respondidas com yes ou no. Veja como formar essas perguntas na tabela a seguir. Read the example sentences aloud.

Verbo BE	sujeito ou pronome pessoal	Resto da Frase	Exemplos de Frases
Am	I	a student?	Am I a student? (*Eu sou um estudante?*)
Are	you/we/they	happy?	Are they happy? (*Eles são felizes?*)
Is	he/she/it	okay?	Is it okay?(*Isso está o.k.?*)

Dica de Pronúncia

Use a entonação ascendente no final de cada yes/no question. Essas perguntas indicam incerteza. Assim, usamos o tom ascendente para mostrar que esperamos uma resposta. (Veja mais informações na tabela de entonação no Apêndice.)

Você pode responder uma yes/no question com uma resposta longa, usando o tempo verbal completo e todas as partes da frase; você pode dar uma resposta curta que inclua só parte da estrutura verbal; ou você pode dar uma resposta rápida usando apenas *yes* ou *no*. Todas essas respostas são aceitáveis. O tipo de resposta mais comum é a curta. Veja os exemplos a seguir.

YES/NO QUESTION: Is she happy today?

Respostas Afirmativas

RESPOSTA LONGA: *Yes, she **is** happy today. / Yes, she**'s** happy today.*

RESPOSTA CURTA: *Yes, she **is**.*

RESPOSTA RÁPIDA: *Yes.*

Respostas Negativas

RESPOSTA LONGA: *No, she **is not** happy today. / No, she **isn't** happy today. / No, she**'s not** happy today.*

RESPOSTA CURTA: *No, she **is not**. / No, she **isn't**. / No, she**'s not**.*

RESPOSTA RÁPIDA: *No.*

BE: Respostas Curtas para Yes/No Questions

Veja algumas regras que usamos em respostas curtas em yes/no questions.

Regras

- Omita o verbo principal em respostas curtas.
- Não contraia *am* e *not*.
- Não contraia respostas afirmativas curtas.

Dica de Pronúncia: Em respostas afirmativas longas, enfatize o verbo BE quando não houver contração: *Yes, she* **is** *happy today*. Também enfatize o verbo BE em respostas afirmativas curtas: *Yes, she* **is**. Em respostas negativas longas e curtas, enfatize a contração negativa ou *not*: *No, she is* **not** *happy today. / No, she* **isn't**. **Nota**: Não enfatize as respostas rápidas.

Yes ou No + vírgula	sujeito ou pronome pessoal	FORMA Verbo BE	Negativo	Contração* negativa
Yes,	I	am.		~~Yes, I'm.~~
No,	I	am	not.	No, I'm not.
Yes,	you/we/they	are.		~~Yes, they're.~~
No,	you/we/they	are	not.	No, they aren't. No, they're not.
Yes,	he/she/it	is.		~~Yes, he's.~~
No,	he/she/it	is	not.	No, he isn't. No, he's not.

*Sem contração em respostas afirmativas.

Atenção

Às vezes, uma resposta rápida pode ser percebida como brusca ou rude. Sempre dê respostas rápidas em tom educado. Ao dar uma resposta negativa, muitas vezes você pode dar mais informações como explicação. Por exemplo, você pode dizer, "No, I'm not happy today. I'm sick. (*Não, não estou feliz hoje. Estou doente.*)"

Quando a resposta for negativa, às vezes, você pode omiti-la e usar a palavra *actually* em seu lugar. Por exemplo, você pode dizer, "Actually, I'm sick today." (*Na verdade, estou doente hoje.*)

Exercício 1.20

Forme yes/no questions com o verbo BE usando as palavras dadas. Depois crie respostas longas, curtas e rápidas para cada pergunta. Responda às perguntas afirmativamente (yes) ou negativamente (no) conforme indicado. Use um pronome pessoal e contrações para as respostas curtas. Siga os exemplos dados.

EXEMPLO 1 Verb BE / Barbara / a teacher? (yes)

PERGUNTA: *Is Barbara a teacher?*

RESPOSTA LONGA: *Yes, she is a teacher.*

RESPOSTA CURTA: *Yes, she is.*

RESPOSTA RÁPIDA: *Yes.*

EXEMPLO 2 Verb BE / Ted and Sally / married? (no)

PERGUNTA: *Are Ted and Sally married?*

RESPOSTA LONGA: *No, they aren't married. / No, they're not married.*

RESPOSTA CURTA: *No, they aren't. / No, they're not.*

RESPOSTA RÁPIDA: *No.*

1. Verbo BE / Alejandrina / an employee? (yes)

   PERGUNTA: ______________________________

   RESPOSTA LONGA: ______________________________

   RESPOSTA CURTA: ______________________________

   RESPOSTA RÁPIDA: ________

2. Verbo BE / Dean / late? (no)

   PERGUNTA: ______________________________

   RESPOSTA LONGA: ______________________________

   RESPOSTA CURTA: ______________________________

   RESPOSTA RÁPIDA: ________

3. Verbo BE / Jenna / your sister? (yes)

   PERGUNTA: ______________________________

   RESPOSTA LONGA: ______________________________

   RESPOSTA CURTA: ______________________________

   RESPOSTA RÁPIDA: ________

4. Verbo BE / you / a student / at the community college? (no)

   PERGUNTA: ______________________________

   RESPOSTA LONGA: ______________________________

   RESPOSTA CURTA: ______________________________

   RESPOSTA RÁPIDA: ________

5. Verbo BE / you / a student / at the nursing school? (yes)

   PERGUNTA: ______________________________

   RESPOSTA LONGA: ______________________________

   RESPOSTA CURTA: ______________________________

   RESPOSTA RÁPIDA: ________

BE: Formando WH Questions

Quando conhecemos pessoas, fazemos perguntas. Usamos **WH questions**, ou **informative questions**, para saber as horas, local, e os modos e motivos para uma ação. WH questions começam com palavras ou frases interrogativas com WH como *who*, *what*, *when*, *where*, *why*, *how*, *what kind*, *which one*, *how long*, *how many*, e *how much*. (Para uma lista de palavras interrogativas WH consulte o Apêndice.) A tabela a seguir mostra como formar essas perguntas informativas. Read the example sentences aloud.

palavra/Frase interrogativa wh	Verbo BE	sujeito ou pronome pessoal	Resto de Frase	Exemplos de Frases
When	am	I	at school?	When am I at school? (*Quando estou na escola?*)
Where	are	you/we/they	right now?	Where are they right now? (*Onde eles estão agora?*)
Why	is	he/she/it	sad?	Why is she sad? (*Por que ela está triste?*)

Dica de Pronúncia

Geralmente usamos o tom descendente no final de WH questions. Porém, se você não ouviu ou compreendeu alguma informação e precisa que seja repetida, use o tom ascendente. Veja a tabela de entonação no Apêndice para mais informações.

Você pode responder WH questions usando o verbo BE de diferentes formas. Você pode dar uma resposta longa, que é uma frase completa e, normalmente, usa pronomes pessoais e contrações com o verbo BE. Você também pode dar uma resposta curta apenas com informações essenciais que respondam à pergunta.

Exercício 1.21

Forme WH questions com o verbo BE usando as palavras dadas. Forme respostas longas e curtas. Siga os exemplos.

EXEMPLO 1 Where / Verb BE / Felipa / today? (at school)

PERGUNTA: *Where is Felipa today?*

RESPOSTA LONGA (FRASE COMPLETA): *She is at school. / She's at school.*

RESPOSTA CURTA (FRASE INCOMPLETA): *At school.*

Quando usamos a palavra WH *why*, geralmente usamos *because* na resposta.

EXEMPLO 2 Why / Verb BE / Marciano / late? (because there is a lot of traffic)

PERGUNTA: *Why is Marciano late?*

RESPOSTA LONGA (FRASE COMPLETA): *He is late because there is a lot of traffic. / He's late because there's a lot of traffic.*

RESPOSTA CURTA(FRASE INCOMPLETA): *Because there is a lot of traffic.*

1. When / Verb BE / Xin / home? (at 3:00 P.M.)

   PERGUNTA: ______________________________

   RESPOSTA LONGA: ______________________________

   RESPOSTA CURTA: ______________________________

2. Why / Verb BE / Michael / unhappy? (because he failed the test)

   PERGUNTA: ______________________________

   RESPOSTA LONGA: ______________________________

   RESPOSTA CURTA: ______________________________

3. How often / Verb BE / Harry and William / at baseball practice? (every day after school)

   PERGUNTA: ______________________________)

   RESPOSTA LONGA: ______________________________

   RESPOSTA CURTA: ______________________________

4. Where / Verb BE / he / now? (at home)

   PERGUNTA: ______________________________

   RESPOSTA LONGA: ______________________________

   RESPOSTA CURTA: ______________________________

5. How / Verb BE / she? (fine)

   PERGUNTA: ______________________________

   RESPOSTA LONGA: ______________________________

   RESPOSTA CURTA: ______________________________

6. Who / Verb BE / he? (the boss)

   PERGUNTA: ______________________________

   RESPOSTA LONGA: ______________________________

   RESPOSTA CURTA: ______________________________

Gramática: Adjetivos

Adjetivos descrevem nouns (substantivos). **Nouns** são pessoas, locais e coisas.

Coloque o adjetivo *ANTES* DO substantivo: adjetivo + substantivo		**Use adjetivos PARA DESCREVER COMO VOCÊ SE SENTE: sujeito + verbo ESTATIVO* + adjetivo**	
*It's a **sunny day**.*	*He has a **red car**.*	***I feel fine.***	*She **is happy**.*
sunny = adjetivo	red = adjetivo	feel = verbo estativo	is = verbo estativo
day = substantivo	car = substantivo	fine = adjetivo	happy = adjetivo

*Um **verbo estativo** é usado para descrever um estado ou condição. Veja no Apêndice uma lista de verbos estativos comuns.

Geralmente usamos adjectives como os seguintes, juntamente com o verbo BE, para descrever como nos sentimos. Read these words aloud. Os adjectives estão em ordem do melhor para o pior. Expressões informais têm um asterisco (*) ao lado.

Melhor ⟶

Excellent / Great / Very good / Good / Fine / Pretty good* / Okay / All right / Not bad* / So-so*

Exercício 1.22

Crie frases descrevendo como as pessoas se sentem. Use a forma correta do verbo BE.

EXEMPLO Katie / BE / pretty good. *Katie is pretty good.*

1. Benjamin / BE / great.__________
2. Evelyn and Rocco / BE / okay.__________
3. Diana / BE / all right.__________
4. Sonja and I / BE / excellent.__________
5. They / BE / good. __________
6. I / BE / very good.__________

Falando sobre o Tempo

O tempo é um tópico comum para small talk. É um tema neutro e fácil de ser discutido. Quando falamos sobre o tempo, geralmente dizemos, "It's + (adjective)". Por exemplo, podemos dizer, "It's sunny." (*Está fazendo sol.*) Veja alguns adjetivos comuns para descrever o tempo. Read them aloud.

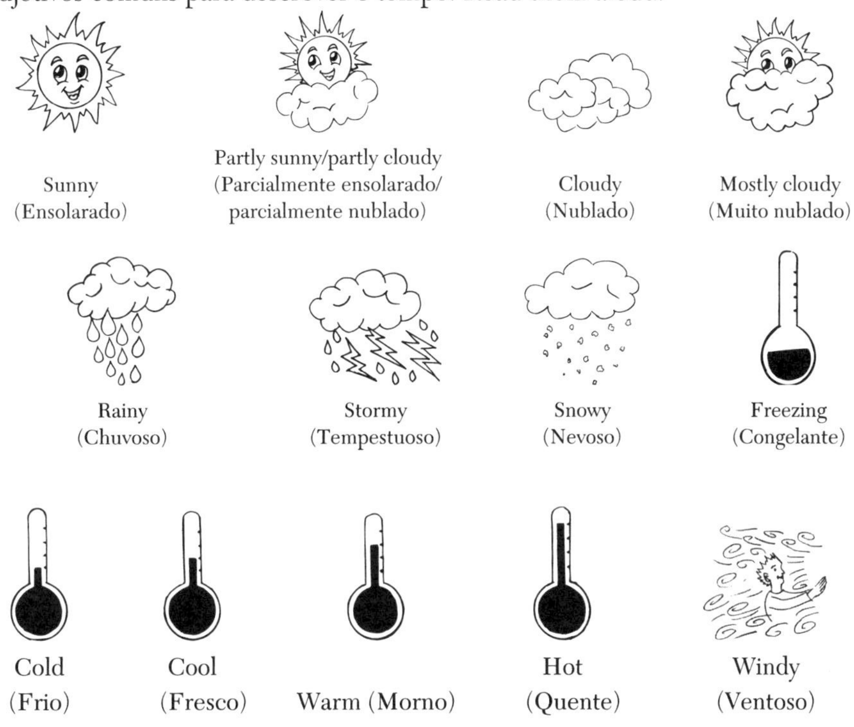

Quando falamos sobre o tempo, usamos essa forma:

It + is + adjetivo. / It's + adjetivo.

EXEMPLO DE FRASES: *It is cloudy.* (Está nublado)/ *It is windy.*(Está ventando) / *It's chilly.* (Está frio.)/ *It's sunny.* (Está ensolarado.)

Podemos adicionar uma palavra ou frase para dar mais informações.

It's hot *out there*!(Está quente *lá fora*!)/ It's rainy *today*. (Está chovendo *hoje*.) / It's snowy *outside*. (Está nevando *lá fora*.)

Também podemos adicionar um adverb (advérbio) para enfatizar o adjetivo:

It's *so* hot out there! (*Está tão quente lá fora*!)/ It's *too* cold today. (*Está frio demais hoje*.) / It's *very* windy! (*Está ventando muito*!)

Exercício 1.23

Crie uma frase descrevendo o tempo. Use as ilustrações para ajudá-lo e siga o exemplo.

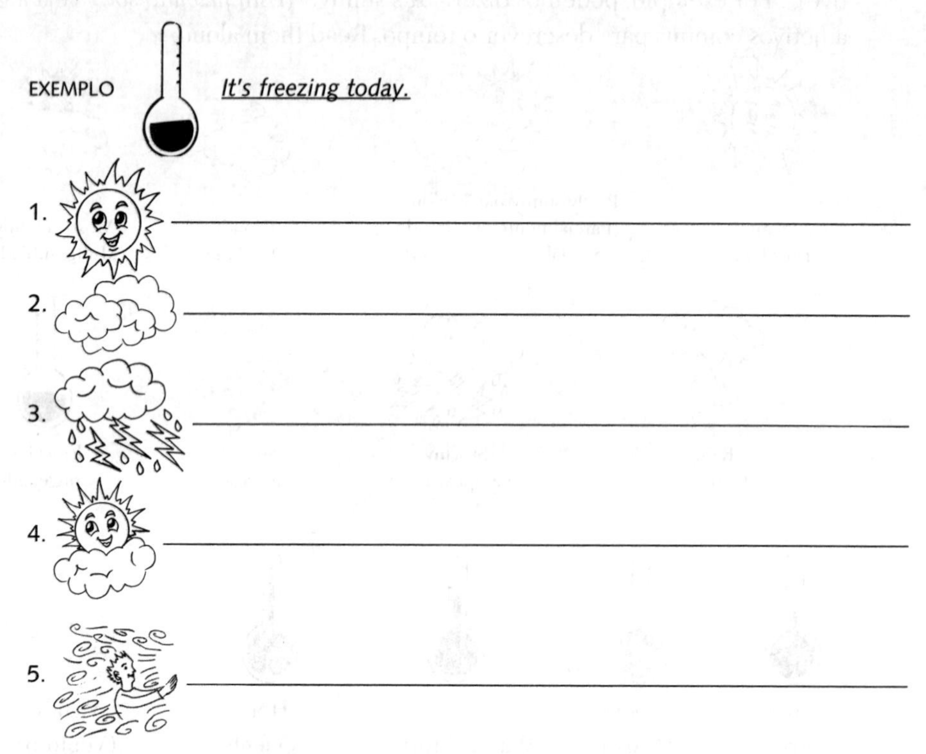

Read the correct sentences aloud twice.

Usando o Negativo

Outra forma de falar sobre o tempo é usando a forma negativa.

It is not + adjetivo. / Contração: It's not + adjetivo. / It isn't + adjetivo.

EXEMPLO DE FRASES: *It is not cloudy.* (Não está nublado.)/ *It's not freezing today.* (Não está congelante hoje.)/ *It isn't sunny now.* (Não está ensolarado agora.)

Exercício 1.24

Crie frases negativas descrevendo o tempo. Forme duas frases para cada resposta: crie uma frase completa e uma frase usando uma contração. Seguindo o exemplo, use as ilustrações e palavras-chave para ajudá-lo

EXEMPLO (cold) *It is not cold today.*
Contração: *It's not cold today. It isn't cold today.*

1. (rainy)

____

____

2. (sunny)

____

____

3. (hot)

____

____

4. (warm)

____

____

5. (dry)

____

____

Pratique a pronúncia: read the correct sentences aloud twice.

Usando Advérbios de Intensidade

Em inglês, usamos advérbios para intensificar (intensify) um adjetivo. **To intensify** algo é deixá-lo mais forte. Para usar um advérbio com um adjetivo, use primeiro o advérbio:

Advérbio + adjetivo

FRASES DE EXEMPLO: Read the sentences aloud.

*The soup is **very hot**.*	*The pasta is **so delicious**.*	*The bread is **really soft**.*
very = advérbio	so = advérbio	really = advérbio
hot = adjetivo	delicious = adjetivo	soft = adjetivo

Aqui estão alguns advérbios que usamos com adjetivos. Eles diminuem de intensidade da esquerda para a direita.

Intenso ⟶

Very / Quite / Really / So / Pretty* / A bit / A little / A little bit / A tad

*"Pretty" ("Bastante") é uma expressão informal usada na América do Norte.

Dica

O advérbio *too* dá um significado negativo a qualquer adjective.

This bread is too hard. *(Ele é mais duro do que você gosta, e você o quer mais macio.)*

This soup is too hot. *(Ela está mais quente do que você quer, e você a quer mais fria.)*

This coffee is too bitter. *(Está mais amargo do que você gosta, e você o quer mais doce.)*

Dica Cultural: na América do Norte, "quite" significa "muito". No Reino Unido, "quite" significa "um pouco".

Exercício 1.25

Escolha o advérbio que melhor complete a frase. Use as ilustrações para ajudá-lo.

EXEMPLO  It's (very/a little) cold outside. <u>very</u>

1.  It's (really/a bit) sunny today. ______________

2.  It's (pretty/a little bit) cloudy out there. ____________

3.  It's (quite/a tad) windy outside. ____________

Vocabulário: Verbos Frasais

Phrasal verbs geralmente são compostos por duas palavras: um verbo e uma preposição. Um exemplo de um phrasal verb é *run into*, que significa encontrar um conhecido por acaso. Às vezes, um phrasal verb tem três palavras: um verbo e duas preposições. Um exemplo de phrasal verb com três palavras é *run out of*, que significa acabar com o estoque de algo. Phrasal verbs são informais e muito usados no inglês. Vamos examinar os phrasal verbs na tabela a seguir.

	Phrasal verbs
Forma comum	Verbo + preposição (+ preposição)
Pronúncia	Ênfase na preposição: turn *off*/ break *down*
Gramática	Pode exigir um objeto:
	Turn off *the radio*. (objeto) / The car broke down. (sem objeto)
Pronome	Substitui o objeto por um pronome:
	Correto: Turn *it* off. (Pronome separa o verbo frasal.)
	Incorreto: ~~Turn off it.~~
Significado 1	O verbo e a preposição podem criar um novo significado que é diferente do significado original do verbo.
	Exemplo: He came across an old photograph.
	To come across something significa encontrar algo por acaso.
Significado 2	A preposição pode intensificar o verbo.
	Exemplo: He *spread* the research papers *out* on the desk.
	To spread out significa espalhar algo em uma área.

Alguns phrasal verbs têm múltiplos significados. Veja exemplos:

To check out — verificar
To look up to — admirar
To look down on — desprezar
To be fed up with — estar farto de
To cut down on — reduzir o consumo de
To drop in on — visitar
To find out — descobrir
To look up — procurar
To cut off — interromper
To break into — invadir

Agora, vamos praticar o uso dos phrasal verbs.

Exercício 1.26

Complete as seguintes frases com o phrasal verb correto da lista anterior.

EXEMPLO Joanna *looks up to* her supervisor because he is honest.

1. My mother is ______________ my sister's bad behavior.
2. Shirley must ______________ fatty foods. She's trying to lose weight.
3. Ned and Owen should ______________ new vocabulary.
4. The robber will ______________ the car and steal the stereo.
5. ______________ the new car. It's beautiful!
6. We have to ______________ Grandma and bring her lunch.

Leitura

Esta seção apresenta as etapas para ler com eficiência. Em capítulos posteriores, você as praticará. Por ora, vamos aprender quais são as três etapas.

Passo 1: Pré-leitura

A pré-leitura rápida o ajuda a compreender o tema e a ideia principal da passagem (passage). Na pré-leitura, avaliamos o texto rapidamente antes de ler a passagem. Gaste só alguns minutos na pré-leitura. Não leia tudo!

Uma **passage** é um segmento de texto, que pode ser curto ou longo.

To Pre-Read

- Read the title. (Leia o título.)
- Look at the pictures or charts. (Veja as figuras ou tabelas.)
- Look for key words. (Procure as palavras-chave.)
- Read the first and last sentences of every paragraph. (Leia a primeira e a última frase de cada parágrafo.)
- Read the first and last paragraphs of long passages. (Leia o primeiro e o último parágrafo de passagens longas.)

Key words são palavras importantes que normalmente se repetem.

Passo 2: Leia Ativamente

A active reading (leitura ativa) o ajuda a lembrar das informações que lê. Enquanto lê, use um lápis, uma caneta ou marca-texto para destacar informações importantes, como o tema e a ideia principal. Identifique também as palavras-chave, o novo vocabulário e partes que achar confusas.

To Read Actively

- Underline the topic. (Sublinhe o tema.)
- Circle new vocabulary. (Circule o novo vocabulário.)
- Put a question mark (?) next to unclear parts. (Coloque um ponto de interrogação ao lado de partes confusas.)
- Take notes. (Tome notas.)
- Highlight the main idea and key words. (Destaque a ideia principal e as palavras-chave.)
- Mark examples with "Ex." (Marque exemplos com "Ex.")
- Number main point, list or ideas. (Enumere pontos, listas ou ideias principais.)
- Write comments or questions. (Escreva comentários ou perguntas.)

Passo 3: Entenda o que Você Lê

Depois da leitura ativa da passagem, verifique sua compreensão. Certifique-se de understand (entender) o que leu. Há muitas formas de verificar sua compreensão.

Para Verificar sua Compreensão

- Answer questions and score your answers. (Responda às perguntas e pontue as respostas.)
- Summarize the passage. (Resuma a passagem.)
- Respond to what you read by giving your opinion on the topic. (Responda ao que leu dando sua opinião sobre o tema.)
- Discuss the passage with a partner. (Discuta a passagem com um parceiro.)
- Outline the passage. (Faça um esquema da passagem.)

Interpretação de Texto

Vamos praticar as três etapas para ler com eficiência. Primeiro, faça uma pré-leitura da passagem a seguir. Enquanto isso, identifique o topic e a main idea da passagem. Passe um ou dois minutos na pré-leitura.

> O **topic** é o assunto da passagem e geralmente está no título e na primeira frase. A **main idea** é o ponto mais importante do tema.

Rita Learns English

Rita is learning English. She is from Italy. She moved to an English--speaking country. She goes to school at night. Rita practices English every day. She studies at home. Her English is improving.

Agora responda as duas perguntas a seguir. Lembre-se: o topic e a main idea geralmente estão no título e na primeira frase.

What is the topic? ____________________

Wha is the main idea? ____________________

Para encontrar o topic de um texto, faça essa pergunta: *sobre quem ou o quê é a passagem?* O sujeito da passagem é Rita. Você vê *Rita* no título e também na primeira frase. Então, o topic é Rita.

Para encontrar a main idea do texto, faça as seguintes perguntas: *O que acontece com Rita? Que informações importantes aprendemos sobre ela?* Descobrimos que ela está aprendendo inglês. A main idea é que ela está aprendendo inglês.

As respostas das duas perguntas são:

What is the topic? *Rita*

What is the main idea? *She is learning English.*

Em seguida, **leia** a passagem **ativamente**. Leia com atenção. Use o lápis, a caneta ou o marca-texto para destacar exemplos, key words, novo vocabulary e partes confusas. Quando terminar, sua passagem pode parecer como o exemplo abaixo.

Rita is learning English. She is from Italy. She moved to an English-speaking country. She goes to school at night. Rita practices *English every day*. She studies at home. Her English is improving.

Finalmente, **verifique se entendeu o que leu**. Responda as seguintes perguntas para verificar sua compreensão. Em capítulos posteriores, você aprenderá outras formas de conferir sua compreensão.

Exercício 1.27

Responda às perguntas.

1. What is the title of this passage? ______________________
2. Who moved to a new country? ______________________
3. When does Rita go to school? ______________________
4. Note all items that are true about Rita.

   a. She is learning English.
   b. She is from Spain.
   c. She studies at home.
   d. She practices English every day.

5. What is the main idea of this passage? ______________________

Escrita

Nesta seção, você aprenderá a começar e terminar uma frase.

Como Iniciar uma Frase

Dica: todas as capital letters são maiores do que as small letters. Faça todas as capital letters maiores do que as small letters ao escrever.

Toda frase deve começar com uma **capital letter** (letra maiúscula). Uma capital letter, também chamada de **uppercase letter** (caixa alta), é a versão grande de uma letra. A capital letter é o oposto da **small letter** (letra minúscula), também chamada de **lowercase letter** (caixa baixa). Estude o alfabeto completo de uppercase e lowercase letters no Apêndice.

Exercício 1.28

Agora que você estudou a seção sobre capital letters e lowercase letters, veja o que consegue lembrar. Use o Apêndice para ajudá-lo.

1. What is the capital for *n*? ______
2. What is the lowercase letter for *H*? ______
3. What is the lowercase letter for *P*? ______
4. What is the capital for *b*? ______
5. What is the capital for *q*? ______
6. What is the lowercase letter for *E*? ______
7. What is the capital for *k*? ______
8. What is the capital for *w*? ______
9. What is the lowercase letter for *Y*? ______
10. What is the capital for *d*? ______

Veja os exemplos de frases a seguir. As frases corretas começam com uma capital letter. As frases incorretas começam com uma small letter.

CORRETO: *L*earning a new language takes time.

INCORRETO: *l*earning a new language takes time.

CORRETO: *I*t is exciting to live in a new country.

INCORRETO: *i*t is exciting to live in a new country.

Exercício 1.29

Complete as seguintes frases com uma capital letter. Consulte exemplos do uppercase alphabet no Apêndice, e procure dicas na passagem de leitura sobre Rita.

1. _______ita is learning English.
2. _______taly is her home country.
3. _______he studies every day.
4. _______er English will be better soon.
5. _______hen do you practice English?
6. _______ou should practice English every day.

Pratique a pronúncia: read the correct sentences aloud twice.

Exercício 1.30

Crie três frases sobre você. Comece cada frase com uma capital letter.

1. ____
2. ____
3. ____

Como Terminar uma Frase

Cada frase em inglês deve terminar com uma punctuation (pontuação). **Punctuation marks** são as marcas usadas na escrita. Há três maneiras de terminar uma frase: com um period (.), com uma question mark (?), ou com um exclamation point (!).

1. Um **period** (.) termina todas as afirmações. Também chamado de **full stop** (ponto final).
2. Uma **question mark** (?) termina todas as perguntas.
3. Um **exclamation point** (!) mostra ênfase em interjeições, exigências ou declarações.

As marcas de pontuação mais usadas em final de frase são o period e a question mark. Neste capítulo, vamos focar esses pontos.

Period

O period finaliza uma statement (afirmação). Uma **statement** é uma frase declarativa ou uma frase informativa. Uma statement *não* faz uma pergunta. Vamos ver alguns exemplo de statements. Read them aloud.

Learning English is fun. (Aprender inglês é divertido.)

It is raining. (Está chovendo.)

She is a student. (Ela é uma estudante.)

James works at the hospital. (James trabalha no hospital.)

A Question Mark

A question mark finaliza as **direct questions** (perguntas diretas), incluindo informative questions, yes/no questions ou tag questions (de confirmação). Estudaremos as perguntas nos Capítulos 2, 3, e 5. Vejamos alguns exemplos aqui. Read them aloud.

Where are you going? (Onde você está indo?)

Mary's a doctor, isn't she? (Mary é médica, não é?)

Is he a student? (Ele é um estudante?)

What time is it? (Que horas são?)

Exercício 1.31

Veja as frases a seguir e diga se a punctuation do final está correta. Se estiver incorreta, escreva a frase corretamente Veja os exemplos.

CORRETO: *It is sunny today.*

INCORRETO: ~~What do you do.~~ *What do you do?*

1. ______ Is it rainy out there?______
2. ______ My friend is from Morocco?______
3. ______ What time does the restaurant open.______
4. ______ It is freezing outside.______
5. ______ Are you happy today.______
6. ______ Stanley is a student.______
7. ______ Nodira is from Russia.______
8. ______ This is my brother?______
9. ______ Maura is a student, isn't she.______
10. ______ Where is Vivek.______

Pratique a pronúncia: read the sentences aloud twice.

Exercício 1.32

Indique a pontuação correta no final das frases.

1. She is a teacher______
2. Where does Joe live______
3. Isabella lives in the city______
4. Matt and Carla are students, aren't they______
5. Is that your dog______
6. Is Omar your friend______
7. What time does work begin______
8. We are at the store______
9. My car is red______
10. Who is she______

Pratique a pronúncia: read the correct sentences aloud twice.

Exercício 1.33

Ordene as palavras para formar uma afirmação ou uma pergunta. Todas as frases devem começar com capital letter e terminar com um period ou question mark. Siga os exemplos.

EXEMPLOS does / How often / study / she *How often does she study?*
studies / She / day / every *She studies every day.*

1. you / live / Where / do________________________
2. I / in / Lakeview / live________________________
3. that / dog / your / Is________________________
4. it / Yes, / is________________________
5. do / study / you / When________________________
6. study / I / night / every________________________
7. does / cost / How much / it________________________
8. a lot / It / costs________________________
9. he / a / student / Is /good________________________
10. Ali / good / a / is / student________________________

Pratique a pronúncia: read the correct sentences aloud twice.

Exercício 1.34

Crie duas perguntas e duas afirmações. Use a pontuação final correta.

Statements	**Questions**
1. ________________	1. ________________
2. ________________	2. ________________

Quiz

Verifique sua compreensão do Capítulo 1.

1. Qual desses cumprimentos *não* é informal?

   Hi. | What's up?
   Good morning. | Howdy.

2. Qual é a melhor forma de se despedir de alguém que acaba de conhecer?

   Later. | A pleasure meeting you.
   Take care. | Bye.

3. Qual é a primeira etapa ao conhecer alguém?

   Make small talk. | Introduce yourself.
   Say hello. | Make eye contact.

4. Como apertar as mãos na América do Norte?

   Firmly | Firmly, with five shakes up and down
   Quickly | Lightly

5. Qual é o pronome pessoal correto para *Denny and Suzuki*?

   She | He
   It | They

6. Qual é a forma correta forma do verbo BE nesta frase? She ______ happy.

   is | be
   am | are

7. Qual é a contração negativa correta de BE nesta frase? The books ______ heavy.

   isn't | aren't
   's not | 're not

8. Qual *não* é um exemplo de pré-leitura?

   Reading the title | Circling new vocabulary
   Looking at the pictures and charts | Reading the first and last frases of every paragraph

9. Qual *não* é um exemplo de leitura ativa?

Underlining the topic	Highlighting the main idea and key words
Taking notes	Reading the first and last paragraphs of long passages

10. Qual pontuação *não* é usada no fim de uma frase?

?	,
!	.

Pratique o que Aprendeu!

Agora que você aprendeu como cumprimentar e conhecer pessoas, tente fazê-lo por aí. Reveja este capítulo, saia e fale inglês! Marque cada atividade depois que a completar.

Para Fazer Esta Semana

- Cumprimente cinco pessoas usando as frases adequadas. (Seção "Greeting People")
- Cumprimente e despeça-se de três pessoas que conhece com um aceno. (Box "Wave Hello and Good-bye")
- Conheça duas pessoas. Use dois tipos de bate-papos informais. (Quadro lateral "Dica Cultural: "Making Small Talk")
- Troque um aperto de mão com duas pessoas. (Quadro lateral "Dica Cultural: Como Apertar as Mãos [Shake Hands] na América do Norte")
- Fale usando pronomes pessoais e a forma correta do verbo BE. (Seções de grammar sobre pronomes pessoais e verbo BE)

Registro Semanal

Registre o seu progresso semanal. Anote como foi a sua prática. O que aconteceu? Foi bem-sucedida? Como você sabe? Foi malsucedida? Como você sabe? Reveja todas as instruções, dicas e notas culturais no Capítulo 1.

___

___

___

___

___

___

___

2

Hábitos, Costumes e Rotinas

Neste capítulo você vai aprender:

Fala

- Como falar sobre hábitos, costumes e rotinas
- Como apresentar uma pessoa à outra

Vocabulário, Leitura e Escrita

- Advérbios de frequência
- Vocabulário para membros da família
- Vocabulário relacionado a atividades diárias
- Como ler ativamente
- Diferença entre o tema da passagem e a ideia principal
- Concordância verbal
- Nomes próprios
- Verbos frasais relacionados a rotinas

Gramática

- O tempo verbal: presente
- Como fazer perguntas sobre frequência sem o verbo BE usando *do*
- Terceira pessoa do singular com o presente
- Perguntas com Who (*quem*) com o presente
- Yes/no questions com respostas para o presente

Linguagem Corporal

- Chamando alguém com um aceno

Neste capítulo, você praticará as regras de gramática e de escrita, e o vocabulário para descrever seus hábitos, costumes e rotinas. Para melhorar suas habilidades de leitura, você praticará a leitura ativa e descobrirá a diferença entre um topic (tema) e uma main idea (ideia principal). Para praticar a escrita, você aprenderá concordância verbal e como usar capital letters (letras maiúsculas) nos nomes próprios.

Falando de Hábitos, Costumes e Rotinas

Muitas vezes falamos sobre habits (hábitos) e activities (atividades). Fazemos algumas atividades every day (diariamente). Fazemos algumas atividades every week (semanalmente), every month (mensalmente) ou every year (anualmente). Que atividades você faz regularly (regularmente)? Identifique seus hábitos, costumes e rotinas e a frequência com que os realiza. Faça uma lista. Veja os exemplos.

Activities I Do Every Day	Activities I Do Every Week	Activities I Do Every Year
Brush my teeth (Escovo os dentes)	*Go to the park* (Vou ao parque)	*Visit my family in Mexico* (Visito minha família no México)
________________	________________	________________
________________	________________	________________
________________	________________	________________
________________	________________	________________
________________	________________	________________
________________	________________	________________

Agora, veja a lista de hábitos, costumes e rotinas a seguir. Quantas vezes você os realiza?

Exercício 2.1

Ligue as atividades e costumes à direita com a frequência à esquerda.

Every day	Take a shower (*Tomar um banho*)
Every week	Go to work/school (*Ir trabalhar/à escola*)
Every six months (*A cada seis meses*)	Go to the dentist (*Ir ao dentista*)
Every year	Celebrate your birthday (*Comemorar seu aniversário*)
	Eat lunch (*Almoçar*)
	Take a vacation (*Tirar férias*)
	Play in the park (*Brincar no parque*)
	Exercise (*Exercitar-se*)

Agora que você foi apresentado a hábitos, costumes e rotinas, vamos aprender o vocabulary (vocabulário) sobre família.

Falando sobre a Família

Meet the Anderson family.
(*Conheça a família Anderson.*)

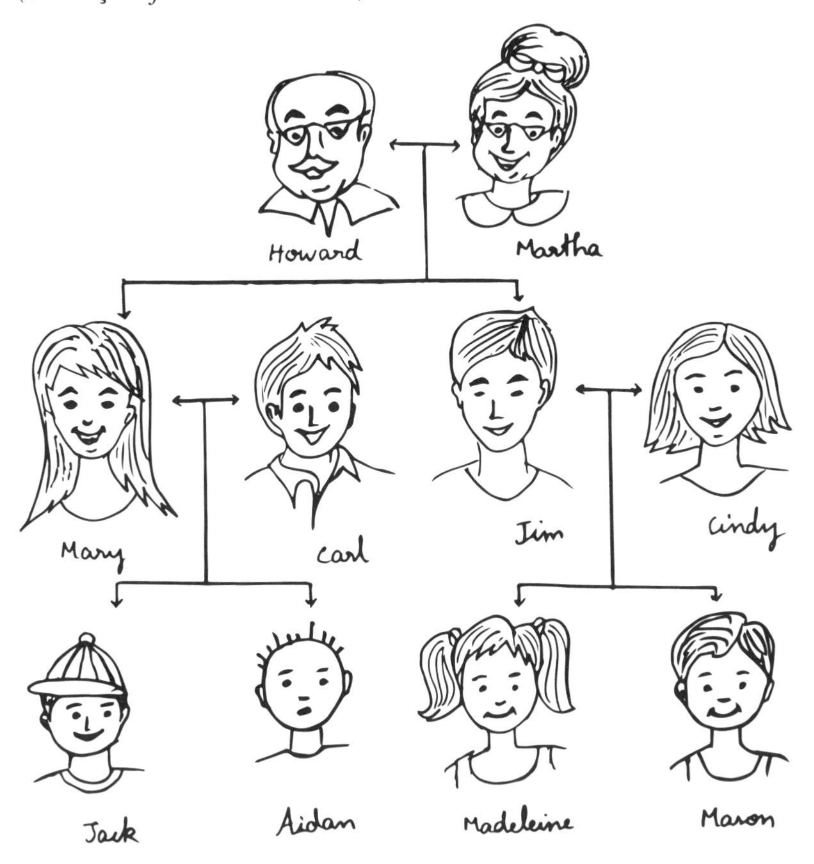

Vamos praticar o vocabulário para membros da família.

Exercício 2.2

Veja a árvore genealógica da família Anderson. Complete as frases sobre seus relacionamentos usando o vocabulário dado.

grandfather (*avô*)	grandmother (*avó*)	grandparents (*avós*)	mother (*mãe*)	father (*pai*)
wife (*mulher*)	husband (*marido*)	parents (*pais*)	sister (*irmã*)	brother (*irmão*)
child (*filho[a]*)	children (*filhos[as]*)	aunt (*tia*)	uncle (*tio*)	niece (*sobrinha*)
nephew (*sobrinho*)	granddaughter (*neta*)	grandson (*neto*)	grandchild (*neto[a]*)	grandchildren (*netos[as]*)
cousins (*primos[as]*)	sister-in-law (*cunhada*)	brother-in-law (*cunhado*)	siblings (*irmãos[ãs]*)	relatives (*parentes*)

Lembrete

Para indicar posse em inglês, usamos um apóstrofo e a letra *s*. Por exemplo, para mostrar que Martha é a mãe de Mary, escrevemos *Martha is* **Mary's** *mother*.

1. Howard and Martha are Mary's ______________.
2. Mary and Jim are ______________.
3. Cindy is Jim's ______________.
4. Madeleine and Mason are Jim and Cindy's ______________.
5. Jack is Aidan's ______________.
6. Madeleine is Mason's ______________.
7. Howard and Martha's grandchildren are ______________, ______________, ______________, and ______________.
8. Madeleine is Mary and Carl's______________.
9. Aidan is Jim and Cindy's ______________.
10. Carl is Jim's______________.
11. Cindy is Carl's______________.
12. Jack and Mason are______________.

Dica Cultural

Na América do Norte, a palavra *kid* muitas vezes é usada no lugar de *child*, e *kids* muitas vezes é usado no lugar de *children*.

Exercício 2.3

Crie uma árvore genealógica da sua família. Coloque o nome de cada pessoa sob a respectiva fotografia.

Exercício 2.4

Crie frases mostrando os relacionamentos dos membros de sua família. Use o vocabulário para family members (membros da família) listado no Exercício 2.2. Lembre-se de usar um apóstrofo + s para mostrar os relacionamentos.

1. ______________________________
2. ______________________________
3. ______________________________
4. ______________________________
5. ______________________________

Exercício 2.5

Vamos ver as atividades diárias de Cindy e Jim Anderson. Faltam alguns verbos que descrevem suas atividades. Complete as frases com os verbos dados.

gets up	finishes	walk	arrives	makes	picks up
levanta	*termina*	*anda*	*chega*	*faz*	*apanha*
eats	goes	puts	relax	watches	
come	*vai*	*põe*	*relaxa*	*assiste*	

Morning

Jim (1) ____________ at 5:00 A.M. He goes to the gym and exercises for an hour. At 6:30 A.M., he showers at the gym. Cindy wakes up at 6:00 A.M. She (2) ____________ breakfast for the family. At 7:30 A.M., Cindy, Madeleine, and Mason (3) ____________ to the bus stop. Cindy goes home and takes a shower at 7:45 A.M. For breakfast, Jim always drinks a protein shake. He drives to work, where he (4) ____________ at 7:00 A.M. At 8:30 A.M., Cindy catches the bus to work.

Noon

Cindy usually has lunch with coworkers. Jim often goes to a restaurant for lunch.

> **Dica Cultural.:** Em Inglês, não se diz *take* lunch. Diz-se que as pessoas *have* e *eat* lunch.

Afternoon

Cindy (5) ____________ work at 5:00 P.M. and goes home. Sometimes, she takes a walk in the park after work. Jim leaves work at 3:30 P.M. and (6) ____________ his kids at school. He takes Mason to baseball practice and Madeleine to soccer practice.

Evening

Jim and the kids go home for dinner. At 6:30 P.M., Cindy (7) ____________ dinner with her family. After dinner, she helps her children with their homework, while Jim (8) ____________ TV.

Nighttime

At 8:30 P.M., Cindy (9) ____________ her kids to bed. After Madeleine and Mason go to bed, Jim and Cindy (10) ____________. Jim (11) ____________ to bed around 10:30 P.M., and Cindy follows around 11:00 P.M.

> **Around** e **about** significam "approximately" (aproximadamente).

Dica Cultural

Na América do Norte, o sufixo **-ish** pode ser usado para estimar horários; por exemplo, *Jim goes to bed at 10:30***ish** (*Jim vai para a cama mais ou menos às 22:30*).

Gramática: Usando o Presente

Em inglês, usamos o simple present (*presente*) para falar sobre hábitos, costumes e rotinas. Vejamos algumas frases de exemplo.

EXEMPLO 1: *Cindy wakes up at 6:00 A.M.*

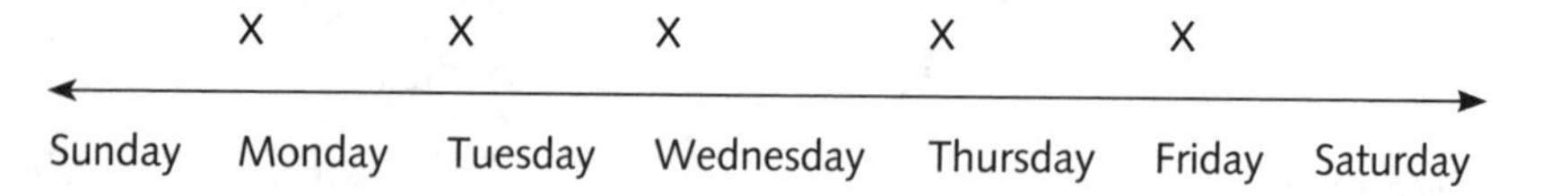

Cindy não acorda cedo nos finais de semana, mas acorda às 6:00 da manhã todos os dias da semana. É um hábito.

EXEMPLO 2: *Jim visits his parents in Florida every winter.*

X X Doença X X

2012 2013 2014 2015 2016

Jim normalmente visita seus pais na Flórida todo ano, porém, ele ficou doente um ano e não pode ir. Sua visita é uma atividade planejada todos os anos.

EXEMPLO 3: *They barbecue every weekend in the summer.*

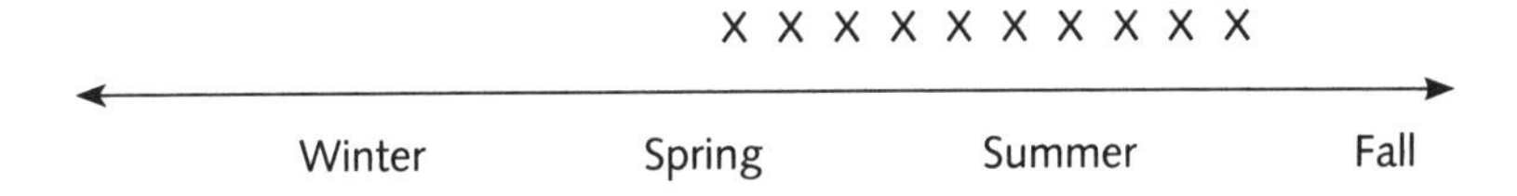

A família Anderson faz o jantar na churrasqueira todos os sábados e domingos durante o Summer (verão). Eles não fazem barbecue (churrasco) no Winter (inverno) e, às vezes, fazem no Fall (outono) e na Spring (primavera), mas sempre fazem barbecue no Summer. É um costume.

To **barbecue** significa assar comida em uma churrasqueira ao ar livre. Um **barbecue** é uma churrasqueira. **Dica Cultural:** Na Austrália, a slang (gíria) usada para *barbecue* é *barbie*.

Simple Present: Formando o Afirmativo

Leia as frases de exemplo na tabela a seguir aloud (em voz alta).

Sujeito ou Pronome Pessoal	Verbo no presente	Frases de Exemplo
I/You/We/ They	take	They *take* the bus to work. / Jim and Cindy *take* the bus to work.
He/She/It	take**s**	She *takes* the bus to work. / Cindy *takes* the bus to work.

Importante: com *he*, *she*, e *it*, usa-se a terceira pessoa do singular. Para formar a terceira pessoa do singular com a maioria dos verbos, adicione **-s** ao final do verbo. Veja mais regras de ortografia no Apêndice.

Simple Present: Verbos Irregulares

Alguns verbos são irregulares, isto é, não seguem as regras normais. Veja a lista de verbos irregulares comuns a seguir. Veja uma lista de verbos irregulares no Apêndice.

I/You/We/ They	He/She/ It
have	has
do	does
go	goes

Dica de Pronúncia: *Do* e *does* são pronunciados com sons de vogal diferentes: *do* se pronuncia **/du/**, e *does* se pronuncia/**dəz**/. Mas o som das vogais em *go* e *goes* é o mesmo: **/goʊ/** e **/goʊz/**. Veja a lista completa dos símbolos do Alfabeto Fonético Internacional no Apêndice.

Exercício 2.6

Complete as frases com a forma correta do simple present.

EXEMPLO:	She <u>*relaxes*</u> after she puts the children to bed.	relax	relaxes
1.	Mason ____________ baseball after school.	play	plays
2.	Madeleine ____________ soccer after school.	play	plays
3.	They all ____________ dinner at around 6:30 P.M.	eat	eats
4.	Mason and Madeleine ____________ their homework every night.	do	does
5.	Every year, they ____________ Cindy's birthday in the park.	celebrate	celebrates
6.	The kids ____________ to the dentist every six months.	go	goes
7.	Jim ____________ five days a week.	work	works
8.	Cindy and her children ____________ to the bus stop on school days.	walk	walks
9.	Madeleine ____________ more homework than Mason.	have	has
10.	Mason ____________ younger than Madeleine.	are	is

Dica de Pronúncia: Três Sons Diferentes de -s Final

Em inglês, fazemos três sons diferentes para o -s final em substantivos contáveis, como toy**s** (*brinquedos*) e pet**s** (*animais de estimação*). Eles também são encontrados em substantivos e pronomes possessivos, como it**s** e Jane'**s**, e na terceira pessoa do singular em verbos no simple present, como take**s** e give**s**.

O som do **-s** final é determinado pelo som da última consoante da palavra. Por exemplo, vejamos a palavra *take*. O som da última consoante em *take* é /**k**/. O som de /**k**/ é mudo, portanto o som do **-s** final será /**s**/. Outro exemplo é a palavra *give*. O som da última consoante em *give* é /**v**/. O som /**v**/ é expresso, portanto o som do **-s** final será /**z**/.

A tabela a seguir mostra uma lista de sons e regras.

A tabela a seguir é referenciada no áudio da Faixa 8 (Baixe os áudios em altabooks.com.br - procure pelo título do livro ou ISBN).

Som	**/s/**	**/z/**	**/ɪz/**
Exemplos	ta**k**es, sto**p**s, pu**t**s, ma**k**es, star**t**s, i**t**s, Pa**t**'s, Je**ff**'s, ti**p**s, so**ck**s	dri**v**es, gi**v**es, d**oe**s, s**ay**s, sh**ow**s, lo**v**es, ho**m**es, schoo**l**s, ri**ng**s, Ro**b**'s	wi**sh**es, mi**ss**es, wa**tch**es, choo**s**es, ju**dg**es, Mi**tch**'s, Jone**s**'s, hou**s**es
Sons finais de consoantes	/**t**/; /**f**/; /**p**/; /**k**/; /θ/	/**m**/; /**n**/; /**d**/; /**v**/; /**b**/; /**g**/; /**l**/; /**w**/; /**y**/; /ŋ/; /**ð**/; todos os sons de vogais	/**s**/; /**z**/; /ʧ/; /ʤ/; /ʃ/; /ʒ/
Regras e notas	Este **-s** final soa como uma serpente: *sss*. É um **som voiceless** (mudo) porque não utiliza as cordas vocais; apenas ar é usado para gerar o som. Coloque a mão na garganta ao emitir o som: não há vibração.	Este **-s** final soa como um /**z**/. É um som **voiced** (expresso) porque envolve as cordas vocais, isto é, elas vibram. Coloque a mão na garganta e sinta a vibração ao fazer o som *zzz*.	Este final adiciona uma sílaba à palavra. É um som voiced e pronunciado como o *is* do verbo BE.

Exercício 2.7

Veja os verbos na terceira pessoa do singular, os substantivos contáveis no plural e possessivos a seguir. Identifique o som da última consoante diante de cada -s final. Depois, confira na tabela a anterior. O **-s** *final soa como* **/s/**, **/z/** *or* **/ɪz/**? *Escolha o som correto. O primeiro está feito.*

1. decides /s/ /z/ /ɪz/ /z/
2. starts /s/ /z/ /ɪz/ ______
3. dances /s/ /z/ /ɪz/ ______
4. cars /s/ /z/ /ɪz/ ______
5. problems /s/ /z/ /ɪz/ ______
6. Mary's /s/ /z/ /ɪz/ ______
7. Peng's /s/ /z/ /ɪz/ ______
8. Jack's /s/ /z/ /ɪz/ ______

Exercício 2.8

Pense em dois substantivos contáveis no plural, dois possessivos e dois verbos na terceira pessoa do singular. Depois, escolha o som de **-s** *final para cada um.*

Substantivo contável plural	**Possessivo**	**verbo 3ª pessoa singular**
______ /s/ /z/ /ɪz/	______ /s/ /z/ /ɪz/	______ /s/ /z/ /ɪz/
______ /s/ /z/ /ɪz/	______ /s/ /z/ /ɪz/	______ /s/ /z/ /ɪz/

Exercício 2.9

Crie frases sobre seus hábitos, costumes e rotinas. Pense também nos hábitos da sua família. Você pode usar os verbos a seguir ou outros. Use a terceira pessoa do singular em duas frases.

go do walk work play exercise eat sleep wake up make arrive
leave relax cook visit celebrate get drive get up take catch

1. ______________________________
2. ______________________________
3. ______________________________
4. ______________________________
5. ______________________________
6. ______________________________

Simple Present: Formando o Negativo

Para formar o negativo do simple present, você deve usar o verbo auxiliar *do* mais *not*. O verbo principal deve ficar no infinitivo. A tabela a seguir mostra como formar o negativo no simple present. Read the example sentences aloud.

sujeito ou pronome pessoal	Do ou Does	Negativo	verbo no infinitivo	frases de Exemplo
I/You/We/ They	do	not	take	I do not take the bus to work.
He/She/It	does	not	take	He does not take the bus to work.

Importante: Não adicione **-s** ao verbo principal no negativo. Veja as frases de exemplo.

INCORRETO: *He does not ~~takes~~ the train to work.*

CORRETO: *He does not take the train to work.*

Exercício 2.10

Complete as frases com a forma correta do negativo do simple present.

EXEMPLO: Joseph *does not* play basketball after school. do not does not

1. Miriam ______________ work on weekends. do not does not
2. Abdul and Moe ______________ study every night. do not does not

3. Mr. Shane ____________ work on Mondays. do not does not
4. Ms. Schuler ____________ teach in the summer. do not does not
5. They ____________ go to the movies every weekend. do not does not
6. Pamela and Jasper ____________ play soccer. do not does not

Simple Present: Formando Contrações Negativas

Em inglês, muitas vezes usamos contrações. É menos formal. Também usamos contrações em redações informais. Read the example sentences aloud.

Sujeito ou Pronome Pessoal	Do ou Does	Negativo	Contração de Do e Negativo	verbo no infinitivo	frases de Examplo
I/You/We/They	do	not	don't	take	I don't take the bus to work.
He/She/It	does	not	doesn't	take	He doesn't take the bus to work.

Agora que você sabe formar contrações negativas no simple present, vamos praticar.

Exercício 2.11

Forme frases com as palavras dadas. Primeiro, crie o negative (negativo) do simple present e depois a contração negativa.

EXEMPLO: Griffin / NEGATIVE / go / to school on weekends.
*Griffin **does not go** to school on weekends.*
*Griffin **doesn't go** to school on weekends.*

1. Charlie / NEGATIVE / play / hockey.

____

____

2. Cindy / NEGATIVE / drive / to work.

____

____

3. Jack / NEGATIVE / play / a musical instrument.

____

____

4. Joshua and Sybil / NEGATIVE / go / to college.

5. Sharon and her sister / NEGATIVE / work / at night.

6. I / NEGATIVE / exercise / in the morning.

7. We / NEGATIVE / finish / work at the same time every day.

Gramática: Usando Advérbios de Frequência

Quando falamos de hábitos, costumes e rotinas, usamos advérbios de frequência. Na maioria dos casos, o advérbio de frequência fica *antes do verbo*. Porém, se BE for o verbo principal, o advérbio de frequência é usado *depois dele*. A tabela a seguir mostra advérbios de frequência comuns organizados por significado. Read the example sentences aloud.

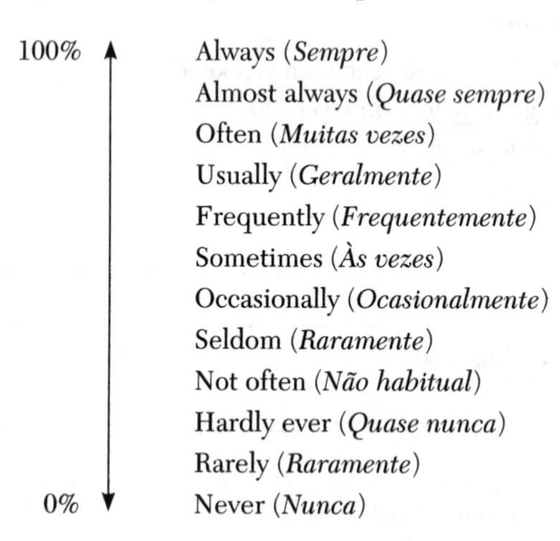

EXEMPLO 1: Jim *never* **takes** the bus to work.

EXEMPLO 2: Mason *always* **does** his homework after dinner.

EXEMPLO 3: Madeleine **is** *usually* finished with her homework before Mason.

Agora, vamos praticar o uso dos advérbios de frequência em frases. Certifique-se de colocar o advérbio na posição correta. Use as frases de exemplo como guia.

Exercício 2.12

Crie frases com as palavras dadas. Certifique-se de usar a forma correta do verbo no simple present. He, she, e it *pedem a terceira pessoa do singular.*

EXEMPLO: Shelby/ ADVERB OF FREQUENCY /go/to school on weekends. (never)
Shelby never goes to school on weekends.

1. Takako and Jun / ADVERB OF FREQUENCY / eat / breakfast. (always)

 ____

2. Solomon / ADVERB OF FREQUENCY / take / a shower / in the morning. (often)

 ____

3. They / ADVERB OF FREQUENCY / drive / to work / Monday through Friday. (usually)

 ____

4. I / BE / ADVERB OF FREQUENCY / late / for work. (hardly ever)

 ____

5. She / ADVERB OF FREQUENCY / walk / to work. (seldom)

 ____

6. Hildegard / ADVERB OF FREQUENCY / exercise / before work. (sometimes)

 ____

7. Julius and his brother / ADVERB OF FREQUENCY / take / the bus to school. (frequently)

 ____

8. You / BE / ADVERB OF FREQUENCY / late for school. (occasionally)

 ____

9. We / ADVERB OF FREQUENCY / miss / class. (hardly ever)

____

10. Oscar / BE / ADVERB OF FREQUENCY / tired / by 9:00 P.M. (always)

____

Exercício 2.13

Crie frases sobre seus hábitos, costumes e rotinas com os advérbios de frequência dados. Lembre-se de que o advérbio de frequência geralmente vem antes do verbo. Porém, se estiver usando o verbo BE, o advérbio vem depois.

1. often _______________
2. sometimes _______________
3. seldom _______________
4. never _______________

Perguntando Sobre a Frequência de Atividades com a WH Question How Often

Em conversas, fazemos perguntas sobre a frequência com que alguém faz uma atividade. Usamos *how often* (com que frequência) para iniciar essas perguntas. Ao conferir a tabela a seguir, read the example sentences aloud.

frase com WH question How Often	Do ou Does	Sujeito ou Pronome Pessoal	Verbo no infinitivo	Resto da frase + question mark	frases de Exemplo
How often	do	I/you/we/ they	take	the bus to work?	How often do you take the bus to work?
How often	does	he/she/it	take	the bus to work?	How often does she take the bus to work?

Dica de Pronúncia

Use o tom descendente nas perguntas informativas, que começam com uma palavra interrogativa WH como *who, what, when, where, why, how, which one, how many, how much, what kind,* e *how often*. Veja mais informações na tabela de entonação no Apêndice.

Vejamos alguns exemplos de perguntas sobre frequência:

How often does she play basketball after school?
How often does he finish his homework before dinner?

How often do they play volleyball in the park?
How often do you take singing lessons?
How often does Nate help you clean?
How often do the kids watch movies?
How often does Li vacuum the house?
How often does she play with her friends?

Agora, vamos praticar a escrita de perguntas de frequência com o verbo no simple present.

Exercício 2.14

Crie frases com as palavras dadas. Certifique-se de usar a forma correta de do. *Reveja a tabela de como formar perguntas de frequência e use as frases de exemplo como guia.*

EXEMPLO: How often / DO / John / play / baseball?
How often does John play baseball?

1. How often / DO / Etta / watch / TV?
____
2. How often / DO / Jay and Marcy / go / to the mall?
____
3. How often / DO / Mom / shop / for groceries?
____
4. How often / DO / you / do / your homework?
____
5. How often / DO / they / eat / dinner at restaurants?
____
6. How often / DO / your sister / make / your breakfast?
____
7. How often / DO / we / miss / the bus?
____
8. How often / DO / Adele / visit / her grandparents?
____

Agora vamos aprender a responder perguntas de frequência. Você pode usar uma frase completa, que é uma resposta longa. Você também pode dar uma resposta curta, que usa apenas o advérbio de frequência. Veja exemplos aqui.

PERGUNTA DE FREQUÊNCIA: How often does she take the bus to work?

RESPOSTA LONGA: She always takes the bus to work.

RESPOSTA CURTA: Always.

Exercício 2.15

Forme perguntas de frequência sobre as atividades da família Anderson. As respostas longas estão feitas. Use-as para ajudá-lo a formar as perguntas. Depois, crie as respostas curtas.

EXEMPLOS: QUESTION: *How often does Mason play baseball after school?*
RESPOSTA LONGA: Mason often plays baseball after school.
RESPOSTA CURTA: *Often*.

1. QUESTION: ______________________________

   RESPOSTA LONGA: Cindy never drives to work.

   RESPOSTA CURTA: ____________

2. QUESTION: ______________________________

   RESPOSTA LONGA: Jim often has lunch at a restaurant.

   RESPOSTA CURTA: ____________

3. QUESTION: ______________________________

   RESPOSTA LONGA: Madeleine always does her homework after dinner.

   RESPOSTA CURTA: ____________

4. QUESTION: ______________________________

   RESPOSTA LONGA: Cindy and Jim always relax before going to bed.

   RESPOSTA CURTA: ____________

5. QUESTION: ______________________________

RESPOSTA LONGA: Cindy sometimes takes a walk in the park.

RESPOSTA CURTA: ____________

Agora que você praticou fazer perguntas de frequência, vamos praticar a elaboração de outras WH questions.

Gramática: Fazendo WH Questions no Simple Present

Em conversas, fazemos todos os tipos de perguntas. Podemos perguntar onde fica um lugar, por que e como algo aconteceu. Vamos ver algumas palavras de WH questions que usamos.

palavra interrogativa wh	sobre o que pergunta	palavra interrogativa wh	sobre o que pergunta
Where (Onde)	Location, place (Localização, lugar)	Who* (Quem)	People (Pessoas)
When (Quando)	Time, day, date (Hora, dia, data)	What time (Que horas)	Time (Hora)
What (O que)	Something (Alguma coisa)	Why/What for (informal) (Por que/Para que)	Reason (Razão)
How many (Quantos)	Quantity (countable) (Quantidade [contável])	How much (Quanto)	Amount (uncountable) (Quantidade [incontável])
How old (Quantos anos)	Age (Idade)	How long (Quanto tempo)	Duration (Duração)
Which/Which one (Qual)	Choice (Opções)	How (Como)	Manner, condition, quality (Modo, condição, qualidade)

*Veja a seção "*Who Questions*: O Simple Present" mais adiante neste capítulo para explicações sobre como formar perguntas com *who*.

WH Questions: O Simple Present

Agora, vamos aprender a formar perguntas com essas palavras interrogativas WH. Read the example sentences aloud.

Palavra interrogativa wh	Do ou Does	subject ou subject pronoun	verbo no infinitivo	Resto da frase+ question mark	frases de Exemplo
Where	do	I/you/we/ they	catch	the bus to work?	Where do they catch the bus to work?
How many siblings	does	he/she	have	?	How many siblings does she have?
Which dog food	does	Rex	like	?	Which dog food does Rex like?
Who/whom (object of verb)	does	Grandma Jo	pick up	at school?	Who/whom does Grandma Jo pick up at school?

Aqui estão alguns exemplos dessas WH questions diferentes:

> *Who* se refere ao sujeito da frase, e *whom* se refere ao objeto. Na América do Norte, essas duas palavras podem ser usadas intercambiavelmente quando se referem a um objeto. Veja mais informações no Apêndice.

Where does he go every day after school?
Which bus does he catch to work?
Which one does she want?
Why does Mike walk to work? / *What* does Mike walk to work *for*?
When does Sally ride her bike to work?
How many children do they have?
How much time does Monica need to get to work?
How old is Xavier?
How does she get to school?
How long does the train ride take?
What time does he leave work?

Agora, vamos praticar a formação de WH questions diferentes com o verbo no simple present.

Exercício 2.16

Crie frases usando as palavras dadas. Certifique-se de usar a forma correta de do. *Reveja a tabela de como formar WH questions com o verbo no simple present, e use as frases de exemplo anteriores como guia.*

EXEMPLO: Why / DO / Mack / work / on Saturdays?
Why does Mack work on Saturdays?

1. When / DO / your mother-in-law / arrive?
____
2. What time / DO / your children / get / home from school?
____
3. What / DO / Peter, Paul, and Mary / do / on the weekends?
____
4. Where / DO / Donna / play / hockey?
____
5. Which day / DO / you / sleep / late?
____

6. How many employees / DO / the company / have?

____

7. How much time / DO / we / get / for each break?

____

8. How long / DO / summer vacation / last?

____

Exercício 2.17

Forme cinco perguntas usando palavras interrogativas diferentes de WH questions. Certifique-se de seguir a estrutura de frase e a ordem das palavras corretas. Reveja a tabela e use as frases de exemplo como guia.

1. ____
2. ____
3. ____
4. ____
5. ____

Who Questions: O Simple Present

Quando *who* é o sujeito da frase, não adicionamos outro sujeito, como *I*, *you*, *we*, *they*, *he*, *she*, ou *it*. Nessas perguntas, *não* usamos *do*. Ao ver os seguintes exemplos, read the example sentences aloud.

Who (Sujeito da frase)	**verbo principal na terceira pessoa do singular do simple present**	**Resto da frase + question mark**	**frases de Exemplo**
Who	goes	to work on Sunday?	Who goes to work on Sunday?
Who	wants	to have pizza for lunch?	Who wants to have pizza for lunch?

Agora vamos ler algumas frases de exemplo:

Who bakes cookies every Saturday evening?
Who knows the bus schedule?
Who exercises every morning?
Who has the ball?

Nota: Quando *who* é o sujeito da frase, usamos a terceira pessoa do singular do simple present.

Exercício 2.18

Crie frases usando as palavras dadas. Reveja a tabela de como formar Who *questions com o verbo no simple present, e use as frases de exemplo anteriores como guia. Certifique-se de usar o verbo na terceira pessoa do singular.*

EXEMPLO: Who / give / Olaf / a ride to work every day?
Who gives Olaf a ride to work every day?

1. Who / want / vanilla ice cream for dessert?

___

2. Who / need / the car tomorrow?

___

3. Who / need / to sleep more than six hours a night?

___

4. Who / take / a vacation every year?

___

5. Who / get / paid on Fridays?

___

6. Who / visit / the zoo every year?

___

Exercício 2.19

Forme três perguntas usando who. *Certifique-se de seguir a estrutura de frase e ordem de palavras corretas. Reveja a tabela, e use as frases de exemplo como guia.*

1. ___
2. ___
3. ___

Agora que você sabe formar WH questions, vamos ver como formar yes/no questions.

Gramática: Yes/No Questions com Verbos Diferentes de BE no Simple Present

Em conversas, fazemos perguntas sobre o que as pessoas fazem. Frequentemente falamos sobre nossos hábitos, costumes e rotinas. Usamos yes/no questions para iniciar ou manter uma conversa e respondemos essas perguntas com yes ou no. Use *do* para yes/no questions no simple present.

Do ou Does	sujeito ou pronome pessoal	verbo no infinitivo	Resto da frase	frases de Exemplo
Do	I/you/we/they	study	every day after school?	Do you study every day after school?
Does	he/she/it	go	on vacation every year?	Does she go on vacation every year?

Dica de Pronúncia

Use o tom ascendente no final de yes/no questions, o que geralmente indica incerteza. Veja mais informações na tabela de entonação no Apêndice.

Vamos ver algumas frases de exemplo:

Does she play the tuba in the school band?
Do they attend religious classes every week?
Does she understand the homework assignment?
Do you know math really well?
Does it require technical assistance?
Do Mary and Jill have bicycles?

Exercício 2.20

Crie frases usando as palavras dadas. Reveja a tabela anterior sobre yes/no questions com o verbo no simple present, e certifique-se de usar a forma correta de do. *Use as frases de exemplo como guia.*

EXEMPLO: DO / Ellen / go / to the movies every Friday?
Does Ellen go to the movies every Friday?

1. DO / Marjorie and Tomas / sing / in the choir?

____

2. DO / your parents / go / on vacation to Europe every year?

____

3. DO / Davida / have / the same work schedule?

____

4. DO / Michel / play / football?

____

Pode-se responder yes/no questions com respostas longas que usam o tempo verbal completo e o resto da frase. Ou pode-se dar respostas curtas que usam apenas parte do tempo verbal. Também é possível dar uma resposta rápida com *yes* ou *no*. Todos esses tipos de respostas são aceitáveis. Note que respostas longas usam o verbo no simple present. Note também que a resposta curta usa apenas *do* ou *does*.

YES/NO QUESTION: Does she like parties?

Respostas Afirmativas

RESPOSTA LONGA: Yes, she *does like* parties.

RESPOSTA CURTA: Yes, she *does*.

RESPOSTA RÁPIDA: Yes. (Veja alternativas para *yes* no Capítulo 1.)

Respostas Negativas

RESPOSTA LONGA: No, she *doesn't like* parties.

RESPOSTA CURTA: No, she *doesn't*.

RESPOSTA RÁPIDA: No. (Veja alternativas para *no* no Capítulo 1.)

Quando a resposta é negativa costumamos dar uma razão para ela. Por exemplo, podemos dizer, "No, she doesn't. *She prefers to be alone.*" *(Ela prefere ficar sozinha).*

Resposta Curtas para Yes/No Questions: O Simple Present

Geralmente omitimos o verbo principal em resposta curtas, conforme mostrado nesta tabela.

Yes ou No + vírgula	sujeito ou pronome pessoal	Do ou Does	Negativo	contração Negativa*
Yes,	I/you/we/they	do.		Yes, they do.
No,		do	n't.	No, they don't.
Yes,	he/she/it	does.		Yes, he does.
No,		does	n't.	No, he doesn't.

*Não há contrações em respostas afirmativas.

Exercício 2.21

Forme yes/no questions com o verbo no simple present usando as palavras dadas. Depois, crie respostas longas, curtas e rápidas para cada uma. Responda afirmativamente (yes) ou negativamente (no) como indicado.

EXEMPLO 1: DO / Karen / attend / the meetings / every week? (Yes)

PERGUNTA: *Does Karen attend the meetings every week?*

RESPOSTA LONGA: *Yes, she does attend the meetings every week.*

RESPOSTA CURTA: *Yes, she does.*

RESPOSTA RÁPIDA: *Yes.*

EXEMPLO 2: DO / Tad and his cousin / work out / every evening? (No)

PERGUNTA: *Do Tad and his cousin work out every evening?*

RESPOSTA LONGA: *No, they don't work out every evening.*

RESPOSTA CURTA: *No, they don't.*

RESPOSTA RÁPIDA: *No.*

1. DO / Felicity and her boyfriend / go / to an art museum / every month? (Yes)

   PERGUNTA: ______________________________

   RESPOSTA LONGA: ______________________________

   RESPOSTA CURTA: ____________

   RESPOSTA RÁPIDA: ______

2. DO / Alexandra and Petrov / vacation / in Thailand / every winter? (No)

   PERGUNTA: ______________________________

   RESPOSTA LONGA: ______________________________

   RESPOSTA CURTA: ____________

   RESPOSTA RÁPIDA: ______

3. DO / Minzhi / play / on a tennis team? (Yes)

   PERGUNTA: ______________________________

   RESPOSTA LONGA: ______________________________

   RESPOSTA CURTA: ____________

   RESPOSTA RÁPIDA: ______

4. DO / Chun-Chieh / attend / music school? (No)

PERGUNTA: ______________________________

RESPOSTA LONGA: ______________________________

RESPOSTA CURTA: __________

RESPOSTA RÁPIDA: _____

Vocabulário: Phrasal Verbs para Atividades Diárias

Nesta seção, aprenderemos mais phrasal verbs. No Capítulo 1, descobrimos que os phrasal verbs são verbos + preposição e podem ter mais de uma definição. Vejamos alguns phrasal verbs relacionados a atividades diárias e hábitos.

Exercício 2.22

Leia os phrasal verbs à esquerda, depois as definições à direita. Talvez você conheça alguns deles. Combine cada phrasal verb com a definição adequada. Tente adivinhar os que não souber. Alguns phrasal verbs podem ser separados por um substantivo ou um pronome, que estão em **negrito**.

1. ______ to take **someone** out	a. to stop sleeping
2. ______ to dress up / to dress **someone** up	b. to go on vacation
3. ______ to work out	c. to relax and socialize
4. ______ to wake up / to wake **someone** up	d. to go on a date and pay for someone
5. ______ to get up	e. to dress formally
6. ______ to hang out	f. to exercise
7. ______ to get away	g. to get out of bed

Exercício 2.23

Complete as frases com o phrasal verb correto. Certifique-se de usar a forma verbal correta, incluindo a terceira pessoa do singular quando necessário.

EXEMPLO: They want to *get away* for the weekend.

1. He usually ____________ with the alarm every day at 6:00 A.M.
2. Cassandra ____________ with her friends every Saturday night.

3. David frequently _____________ Julia _____________ for dinner and a movie.
4. Mrs. Wilson seldom _____________ when her alarm sounds. She likes to stay in bed for a few extra minutes every morning.
5. Debra _____________ for church every Sunday morning. She wants to look very nice.
6. Anna and her brother _____________ at the gym four days a week.

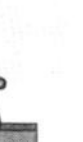

Apresentando Alguém

No Capítulo 1, você aprendeu a apresentar-se a alguém. Agora vamos discutir o que fazer quando estiver falando com alguém e quiser apresentá-lo a outra pessoa. Por exemplo, Cindy e Jim estão em uma festa e Arielle, amiga de Cindy, chega. Cindy chama Arielle com um aceno, porque quer apresentá-la a Jim. Cindy pode usar a expressão *This is* (Este é) ou *I want you to meet* (Quero que você conheça). Veja o exemplo de conversa a seguir.

Wave Someone Over (Chamar alguém com um aceno)

To wave someone over é usar a body language (linguagem corporal) para pedir que alguém se aproxime. Usamos a mão e o braço para fazer isso. Quanto mais longe a pessoa estiver, mais amplo será o movimento. Geralmente, acenamos com uma mão, direita ou esquerda. Comece a acenar com a mão estendida a um braço de distância do corpo. Com a palma virada para dentro, leve a mão em direção ao peito dobrando o cotovelo. A mão não deve tocar o peito. Você pode repetir o gesto duas vezes rapidamente.

Conversa: Apresentando Alguém a Outra Pessoa[1]

Conversation	**Guia de conversação**
CINDY: Hello, Arielle! (Waves Arielle over. Arielle walks toward Cindy.)[1]	1. Greet and wave (*cumprimente e acene*) chamando seu amigo para perto.
ARIELLE: Hi, Cindy. How's it going?[2]	2. Seu amigo o cumprimenta. (Veja o Capítulo 1 para mais greetings e expressões.)
CINDY: Great, thanks! Jim, I want you to meet my friend.[3] This is Arielle. Arielle, this is[4] my husband, Jim. Arielle is my coworker who I often have lunch with.[5]	3. Use a expressão *I want you to meet* ________ ou *I'd like you to meet* ________ e explique seu relacionamento com ele (*meu amigo/minha amiga*).
	4. Continue imediatamente com a expressão *This is* ________, e use o nome da pessoa. Repita o processo para apresentar a segunda pessoa à primeira.
	5. Você pode detalhar mais o seu relacionamento com a nova pessoa. **Nota:** Isso também pode acontecer depois de as duas pessoas shake hands.
JIM: Very nice to meet you, Arielle.[6] (Extends his hand.)	6. Veja mais expressões no Capítulo 1.
ARIELLE (shaking hands): Nice to meet you too, Jim. I've heard a lot about you.[7]	7. *I've heard a lot about you* é uma expressão comum quando o relacionamento é constante e contínuo como entre parceiros de trabalho, colegas e amigos. Essa expressão geralmente mostra que a pessoa ouviu coisas boas sobre a outra.

1 Essa "conversation" é narrada na Faixa 06 dos áudios do livro (Baixe os áudios em altabooks.com.br - procure pelo título do livro ou ISBN).

Conversation	Guia de conversação
JIM (smiling): Really? I hope it's all good.[8]	8. A exprersão *I've heard a lot about you* também pode se referir a algo negativo. Aqui, Jim é amistoso e brinca quando diz, "I hope it's all good" (Espero que sejam todas coisas boas.) Ele sabe que a esposa só diria coisas boas sobre ele para uma colega de trabalho.
ARIELLE (smiling): Oh, yes. Cindy speaks highly of you.[9]	9. **To speak highly of someone** é dizer coisas positivas sobre a pessoa. Outras expressões menos formais: *Only good things.* (Só coisas boas.) / *All good.* (Tudo de bom.) / *Of course!* (Claro!)

Exercício 2.24

Arielle e Cindy estão almoçando juntas no refeitório do trabalho. Fatima chega e vê Arielle. Arielle chama Fatima com um aceno para a mesa, para apresentar Fatima a Cindy. Crie uma conversa em que Arielle apresenta Fatima a Cindy. Use os passos anteriores como guia. Inclua notas sobre apertos de mão. A conversa foi iniciada por você.

ARIELLE: Hi, Fatima! (Waves Fatima over)

FATIMA (arriving at the table where Arielle and Cindy are eating): ____________________

____

ARIELLE (introducing Fatima and Cindy): ____________________

FATIMA: ____

ARIELLE: ____

CINDY: ____

FATIMA: ____

Leitura

Nesta seção, treinaremos a identificação do topic e da main idea de uma passagem na pré-leitura. Também treinaremos a leitura ativa. Como você aprendeu no Capítulo 1, ao ler ativamente, você se lembra do que leu. Ler ativamente significa interagir com a passagem escrevendo nas margens, destacando pontos importantes e marking up the text. **To mark up the text** significa fazer marcas no texto. Isso pode ser feito de várias formas. Marcas incluem circle (circular) palavras novas, underline (sublinhar) frases ou fazer uma question mark na margem.

Lembrete

As três etapas para ler efetivamente são os seguintes:

1. Pre-read (Pré-leitura)
2. Reading actively (Leitura ativa)
3. Check your understanding (Verificar sua compreensão)

(Veja mais informações sobre cada step no Capítulo 1.) Antes de ler ativamente, faça a pré-leitura da passagem.

Interpretação de Texto

Faça a pré-leitura da passagem a seguir. Lembre-se: não passe muito tempo na pré-leitura. Com a pré-leitura achamos o topic e a main idea rapidamente. Passe um ou dois minutos na pré-leitura. Siga estes passos:

1. Leia o title (título) da passagem.
2. Leia a primeira frase do paragraph (parágrafo).
3. Leia a última frase do paragraph.

Um **paragraph** é uma seção que contém uma ideia principal. Geralmente tem de 3 a 20 frases.

Essas seções estão sombreadas para você.

José's New Job and New Life

José has a new job and a new life. Two weeks ago, he moved from Mexico to an English-speaking country. He moved because the job opportunities are better. He got a job with his brother's landscaping company, "Green Scapes". José and his brother, Carlos, make beautiful gardens for homes and businesses. They work very hard six days a week. José is also learning English so he can communicate with the customers. He goes to English class every Monday and Wednesday evenings. He studies his textbook and notes every day, and he practices speaking English every day at work. It is not easy, but he enjoys his new job and his new life.

Assuntos e Ideias Principais

What is this story about? ______________________________

A pré-leitura da passagem mostra sobre o que trata a história — lendo o título, a primeira frase e a última frase da passagem. A história fala sobre o new job (trabalho novo) e a new life (vida nova) de José. Agora precisamos identificar o topic e a main idea da passagem.

O **topic** é o subject (assunto) da leitura. Geralmente faz parte de uma categoria ampla. A **main idea** é o ponto principal do topic. É uma ideia específica sobre o topic.

Para achar o tema da passagem, pergunte: *What is the subject of this passage?* O subject, ou topic, nesta passagem é José.
Para achar a main idea da passagem, pergunte: *What about the topic*, ou *What about José?* A main idea da passagem é José's new job and new life.

Agora responda corretamente as perguntas a seguir:

What is the topic? ______________________________

What is the main idea? ______________________________

Exercício 2.25

Há duas passagens a seguir. Use um minuto na pré-leitura de cada passagem. Faça as perguntas adequadas para achar o topic e a main idea de cada uma. Veja o exemplo anterior. Identifique o topic e a main idea.

Ravi and His Family

Ravi lives far away from his family in India. He misses his parents, siblings, and relatives. He moved to a new country for a job as a programmer at a computer company that makes software. Right now, the company is creating a new product. Ravi works on this product, so he is very busy. He works from 7:00 A.M. to 8:00 P.M. Monday through Friday. He usually works on Saturdays too. Sometimes he even goes to work on Sundays. Ravi wants to call his parents, but the time difference is big. They are usually sleeping when he calls. Ravi likes his new job, but he misses his family very much.

---

1. What is the topic? (What is the subject of this passage?)

____

2. What is the main idea? (What about the topic?)

____

Peng Gets an Education

Peng is learning a new educational system. He moved to the United States six months ago and is studying business and finance at a university. In China, he didn't go to his undergraduate classes. Instead, he read and studied the textbook. Peng easily passed all of his exams. He has great memorization skills. In the United States, however, there is a different way of learning. At the university, he must attend classes. The professors talk about new ideas and discuss them with the students . They expect the students to have opinions about the topic. The exams are usually essay exams. Peng doesn't prepare for the exams by memorizing; he has a new way of studying. He reviews the annotations in his textbook and all of his class notes. He also discusses the topics with classmates. Peng practices writing for the essays too. He works hard to pass his exams. For Peng, this new way of learning is difficult but also fun.

3. What is the topic? (What is the subject of this passage?)

____

4. What is the main idea? (What about the topic?)

____

Vejamos outros exemplos de topics e main ideas. Você verá dois exemplos de topics à esquerda e algumas main ideas à direita. Note que o topic é uma categoria ampla, e as main ideas são ideias específicas em uma categoria mais ampla.

Topics (categorias amplas)	**Main Ideas (ideias específicas sobre o Topic)**
Money	Investing money Saving money Getting a bank loan Making a profit in your business Getting out of debt
Exercise	How to exercise safely Types of exercises Exercising to gain strength Exercising in a gym versus outdoors Exercising to lose weight

Exercício 2.26

À esquerda há três topics. Crie três main ideas para cada topic.

Topics	**Main Ideas**
School	1. ____
	2. ____
	3. ____
Work	1. ____
	2. ____
	3. ____
Hobbies	1. ____
	2. ____
	3. ____

Leitura Ativa

Depois da pré-leitura e de achar o topic e a main idea, leia a passagem ativamente seguindo estes passos:

- Underline (sublinhe) o topic.
- Circle (circule) new vocabulary.
- Coloque uma question mark (?) ao lado de partes confusas.
- Take notes (tome notas).
- Highlight (destaque) a main idea e key words (palavras-chave).
- Mark examples com "Ex."
- Number (enumere) main points, lists ou ideas.
- Write comments (comentários) ou questions.

Exercício 2.27

Volte à passagem intitulada "Peng Gets an Education" e faça a leitura ativa. Você já conhece o topic e a main idea. Agora complete as tasks (tarefas) da list (lista) anterior. Para guiá-lo, responda as seguintes perguntas.

1. What are the four different ways of learning in a U.S. university?

   a. ____

   b. ____

   c. ____

   d. ____

2. What are Peng's three new ways of studying?

a. ______________________________

b. ______________________________

c. ______________________________

Exercício 2.28

Agora volte e reveja a passagem, suas notas e destaques. Responda as seguintes perguntas para conferir sua compreensão da passagem.

1. Where is Peng from? ______________________________
2. Where does he live now? ______________________________
3. What is he studying at the university? ______________________________
4. In China, did he go to class? ______________________________
5. How did Peng study for exams in China? ______________________________
6. Does memorization help him in his U.S. classes? ______________________________
7. Does he go to classes at the U.S. university? ______________________________
8. What is Peng learning at the university? ______________________________
9. Does he work hard to pass his exams at the university? ______________________________
10. Does Peng like studying in the United States? ______________________________

Quando terminar, veja a passagem a seguir. Você encontrará as respostas ali. As respostas estão destacadas e marcadas com os números das perguntas correspondentes. Compare suas respostas com as mostradas. Depois confira o Gabarito.

Peng Gets an Education

Peng is learning a new educational system.[8] He moved to the United States six months ago[2] and is studying business and finance at a university. In China,[1] he didn't go to his undergraduate classes.[4] Instead, he read and studied the textbook. Peng easily passed all of his exams. He has great memorization skills.[5] In the United States, however, there is a different way of learning.[8] At the university, he must attend classes.[7] The professors talk about new ideas and discuss them with the students. They expect the students to have opinions about the topic. The exams are usually essay exams. Peng doesn't prepare for the exams by memorizing;[6] he has a new way of studying.[8] He reads the textbook and all of his class notes. He also discusses the topics with classmates. Peng practices writing for the essays too. He works hard to pass his exams.[9] For Peng, this new way of learning is difficult but also fun.[10]

Bom trabalho! Continuaremos a praticar a pré-leitura e a leitura ativa em capítulos posteriores, pois são habilidades muito importantes. Vamos passar a técnicas de escrita.

Escrita

Nesta seção, você aprenderá sobre concordância verbal e substantivos próprios.

Concordância Verbal no Simple Present

Em inglês, o sujeito e o verbo de cada frase devem concordar, isto é, o verbo deve combinar com o sujeito em número. Um sujeito no singular concorda com o verbo no singular, e um sujeito no plural concorda com um verbo no plural. Veja a tabela com os pronomes pessoais no singular e no plural.

	Singular	**Plural**
Primeira pessoa	I go	We go
Segunda pessoa	You go	You go
Terceira pessoa	He goes	They go
	She goes	
	It goes	

No simple present, é muito importante verificar a concordância verbal da terceira pessoa do singular. Fique atento a qualquer frase que tenha o pronome pessoal *he*, *she* e *it*. Veja as frases de exemplo de concordância verbal com simple present a seguir.

Concordância verbal: He goes to school.
(**He** = sujeito/ **goes** = verbo)

> Um **verb** expressa uma ação, condição ou estado do subject em uma frase. O **subject** é um substantivo ou pronome que realiza o verb em uma frase.

O verbo *goes* concorda com o sujeito *He*? Veja a tabela anterior. De acordo com ela, vemos que o verbo concorda com o sujeito. Portanto, há concordância verbal. Vejamos outra frase:

They goes to work every day.

O verbo *goes* concorda com o sujeito *They*? Verifique a tabela anterior. Nela, vemos que o sujeito e o verbo *não* concordam. Portanto, *não* há concordância verbal. A frase está incorreta. Como podemos corrigi-la?

____

A frase correta é *They go to work every day*.

Exercício 2.29

Volte à passagem intitulada "Ravi and His Family." Encontre todas as frases que tenham o verbo no simple present. Depois, ache o sujeito de cada fase. Note que cada verbo concorda com o sujeito na frase. Reveja a tabela para ajudá-lo.

Exercício 2.30

Veja as frases a seguir. Identifique o verbo e o sujeito de cada uma e determine se há concordância verbal. Se não houver, corrija a frase. Siga o exemplo.

EXEMPLO: I gives my homework to the teacher. *Incorrect. / I give my homework to the teacher.*

We go to computer class every Tuesday. *Correct.*

1. She want ice cream for dessert. ______________
2. They meet every Friday to discuss the project. ______________
3. The grocery store take cash only. ______________
4. The professor lectures for 45 minutes every class. ______________
5. The bus ride is 25 minutes long. ______________
6. We drives 10 miles to work every day. ______________
7. They celebrates every holiday with a big festival. ______________
8. Renuka plays on the university soccer team. ______________

Exercício 2.31

Crie frases usando todas as formas: primeira pessoa do singular e plural, segunda pessoa do singular e plural, e terceira pessoa do singular e plural. Pense em hábitos, costumes e rotinas como school (escola), work (trabalho), e hobbies. Pense em você, seus amigos, familiares e colegas de trabalho. O primeiro está feito.

	Singular	**Plural**
Primeira pessoa	1. I go	2. We go
Segunda pessoa	3. You go	4. You go
Terceira pessoa	5. He goes	8. They go
	6. She goes	
	7. It goes	

1. I study English every day.
2. We ______________________________.
3. You ______________________________.
4. You ______________________________.
5. He ______________________________.
6. She ______________________________.
7. It ______________________________.
8. They ______________________________.

Nomes Próprios

Proper nouns são substantivos que dão nome a pessoas, lugares ou coisas. Esses substantivos sempre são escritos com capital letters. Cada palavra no proper noun começa com uma capital letter, exceto preposições como *of*. Um exemplo de substantivo é *país*. Um exemplo de proper noun é *Brazil*. O proper noun *Brazil* dá nome a um país específico, portanto é escrito com capital letter. Veja mais exemplos na lista a seguir.

noun	**proper noun**
bridge	the Golden Gate Bridge
wall	the Great Wall of China
river	the Nile
ocean	the Atlantic Ocean
planet	Mars
road	Willow Road
family	the Andersons
man	Michael Jackson
city	Lisbon
state	Oaxaca
girl	Allison
building	the Empire State Building

Em proper nouns, as preposições e o artigo *the* não precisam ser escritos com capital letter. Por exemplo: **the** United Arab Emirates / **the** Declaration **of** Independence.

Exercício 2.32

Observe a lista e escolha os itens que são proper nouns.

Jennifer	Mr. Blumenthal	teacher	house	the White House
school	Whiting High School	bank	Flint Bank	Queen Elizabeth
queen	store	Nordstrom	city	Manhattan

Exercício 2.33

Pense em proper nouns que você conhece. Anote os nomes de lugares, pessoas e coisas específicas. Certifique-se de usar capital letters em cada palavra dos proper nouns exceto em the e nas preposições.

Pessoas	**Lugares**	**Coisas**
________________	________________	________________
________________	________________	________________
________________	________________	________________

Exercício 2.34

Escolha cinco dentre os proper nouns que acabou de escrever. Forme frases com cada um deles. Use o verbo no simple present.

EXEMPLOS: ***Boston*** *is a city in* ***Massachusetts****.*
We go to the ***Museum of Modern Art*** *twice a year.*
The tower lights on the ***Empire State Building*** *change colors almost every night.*

1. ____
2. ____
3. ____
4. ____
5. ____

Quiz

Você terminou o Capítulo 2. Ótimo trabalho! Agora, faça o quiz para ver do que você se lembra. Escolha as respostas certas para cada pergunta. Pode haver várias respostas certas para algumas das perguntas.

1. Em que atividades usamos o verbo no simple present?

   Habits — Temporary situations
   Customs — Weekly activities

2. Que palavra descreve o relacionamento da irmã de sua mãe com você?

   Uncle — Cousin
   Aunt — Niece

3. Quais são exemplos de pronomes da terceira pessoa do singular?

   I — He
   She — It

4. Leia esta frase: *We take classes on Tuesday nights.* Quais são as duas formas negativas corretas do verbo nessa frase?

   do not take — don't take
   does not take — doesn't take

5. Jack goes to the movies about twice a year. Que advérbio de frqeuência descreve esta situação?

   Often — Occasionally
   Frequently — Hardly ever

6. Que expressões você usa quando quer apresentar alguém a outra pessoa?

   That is — This is
   I want you to meet — I'd like you to meet

7. Para wave someone over to you, você deve usar os dois braços. Verdadeiro ou Falso?

8. Que WH question você usa para descobrir a frequência das atividades de alguém?

   When — Which one
   How do — How often

9. O topic de uma passagem de leitura é o ponto principal desse topic. Verdadeiro ou Falso?

10. *Concordância verbal* significa que sujeito e o verbo precisam concordar em número. Verdadeiro ou Falso?

Pratique o que Aprendeu!

Agora que você aprendeu a falar sobre os membros de sua família, suas rotinas e a apresentar pessoas, tente fazê-lo por aí. Reveja este capítulo, saia e use seu inglês! Marque cada atividade que completar.

Faça Esta Semana

- Descreva os membros de sua família para um amigo ou colega de trabalho. (Seção "Talking About Family")
- Fale sobre duas coisas que você faz todos os dias, todas as semanas, todos os meses e todos os anos para pessoas conhecidas. Certifique-se de pronunciar as terminações **-s** corretamente. (Seções "Grammar: Usando o Verbo no Presente" e "Dica de Pronúncia: Três Sons Diferentes de **-s** Final)
- Use três verbos frasais novos ao falar sobre suas rotinas. (Seção"Vocabulary: Phrasal Verbs para Daily Activities")
- Fale sobre duas coisas que você *não* faz todos os dias, todas as semanas, todos os meses e todos os anos. (Seção "Presente: Formando o Negativo")
- Pergunte a um amigo, conhecido ou colega quantas vezes ele faz atividades como ir ao cinema, jogar no parque, sair de férias e visitar a família. (Seção "Grammar: Usando Advérbios de Frequência")
- Apresente alguém a outra pessoa na escola, no trabalho ou na comunidade. (Seção "Conversation: Introducing Someone to Someone Else)

Registro Semanal

Registre o seu progresso semanal. Anote como foi a sua prática. O que aconteceu? Foi bem-sucedida? Como você sabe? Foi malsucedida? Como você sabe? Reveja todas as instruções, dicas e notas culturais no Capítulo 2.

____

____

____

____

____

____

3

Comida: Compras e Restaurantes

Neste capítulo, você vai aprender:

Fala

- Como fazer pedidos educadamente
- Como pedir pratos em um restaurante
- Como descrever quantidades
- Como perguntar sobre quantidades

Vocabulário, Leitura e Escrita

- Vocabulário relacionado à cozinha, alimentos, comer e restaurantes
- Como descobrir o significado do vocabulário pelo contexto
- Como praticar a identificação do tema e da ideia principal de uma passagem
- Como usar a vírgula em uma lista

Gramática

- O presente progressivo em frases afirmativas e negativas
- Yes/no questions com o presente progressivo
- WH questions (de informações) com o presente progressivo
- Who questions com o presente progressivo
- Artigos definidos
- Artigos indefinidos
- Substantivos contáveis e incontáveis
- Perguntas com *how much* e *how many*

Linguagem Corporal

- Como chamar a atenção do garçom e chamá-lo à mesa

Neste capítulo, você praticará vocabulário e expressões educadas para falar sobre comida (comprando-a e preparando-a) e comer em restaurantes. Para melhorar a sua gramática, você aprenderá o presente progressivo. Para melhorar seu vocabulário e suas técnicas de leitura, você aprenderá a adivinhar o significado de vocabulário novo pelo contexto da frase. Você também vai rever e praticar a identificação do topic e da main idea de uma passagem. Para praticar a escrita, aprenderá a usar vírgulas em uma lista.

Falando do que as Pessoas Estão Fazendo Agora

Muitas vezes falamos sobre atividades que fazemos ao mesmo tempo em que falamos. Elas são ações temporárias em andamento. Elas começaram antes e continuam, ou avançam, por algum tempo. Por exemplo, neste momento, você está lendo esta frase Você também está estudando inglês. Você está fazendo essas atividades agora. Vejamos alguns exemplos do que as pessoas estão fazendo agora.

Sammy is cooking for the family. Alice is chopping vegetables. Joe is setting the table for dinner.

Essas ações começaram antes e continuarão por algum tempo. Usamos o presente progressivo para falar dessas **atividades em andamento**. Esse tempo verbal também é chamado de presente contínuo.

Exercício 3.1

Observe as figuras à esquerda, depois leia as frases à direita que descrevem o que essas pessoas estão fazendo. Combine as figuras com as frases corretas.

1. 

a. Ari and Sue are reading the lunch menu.

2. 

b. They are grocery shopping.

3. 

c. Ralph is barbecuing/grilling steak.

4. 

d. Jenny is ordering take-out food.*

*Chamado de *takeaway* no Reino Unido.

Gramática: Usando o Presente Progressivo

Em inglês, usamos o present progressive para falar sobre o que estamos fazendo agora. Vejamos algumas frases de exemplo.

EXEMPLO 1: *Yui **is making** a sandwich.*

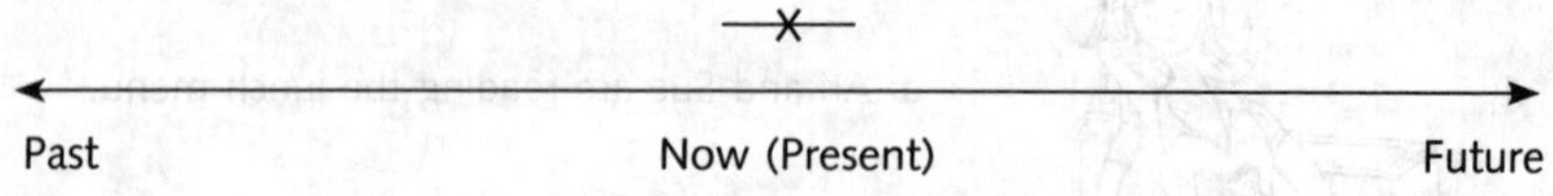

Neste momento, Yui is making a sandwich (está fazendo um sanduíche). A atividade não está completa, e é temporária. Ela começou a atividade há cinco minutos. Ela pode precisar de mais cinco minutos. Durante esses dez minutos, ela está fazendo um sanduíche.

EXEMPLO 2: *Lisa and her children **are picking** tomatoes in the garden.*

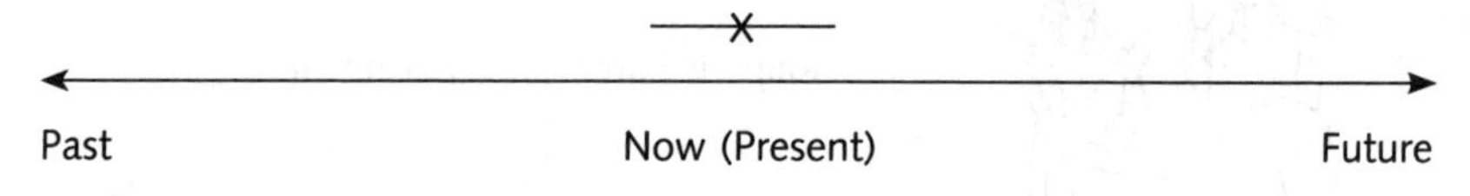

Agora, Lisa e seus filhos are picking tomatoes (estão colhendo tomates). A tarefa não está completa, e é temporária. Eles começaram a atividades alguns minutos atrás. Eles podem levar 20 minutos. Assim, durante 20 minutos, eles estão colhendo tomates na horta.

EXEMPLO 3: *Doug and Lisa **are growing** vegetables in their backyard.*

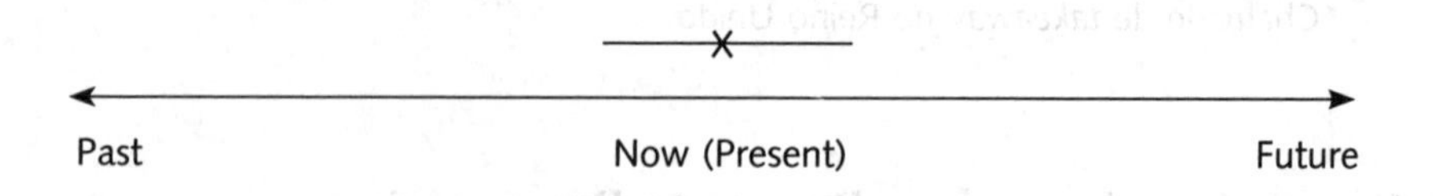

Doug e Lisa are growing vegetables (estão plantando legumes) no quintal neste verão. É uma atividade temporária com duração mais longa. É uma atividade de verão. Eles começaram a horta no final da primavera. Ela ainda não está completa, mas estará no outono. Neste verão, eles estão plantando legumes na horta.

EXEMPLO 4: *These days, Nancy* ***is studying*** *at the community college.*

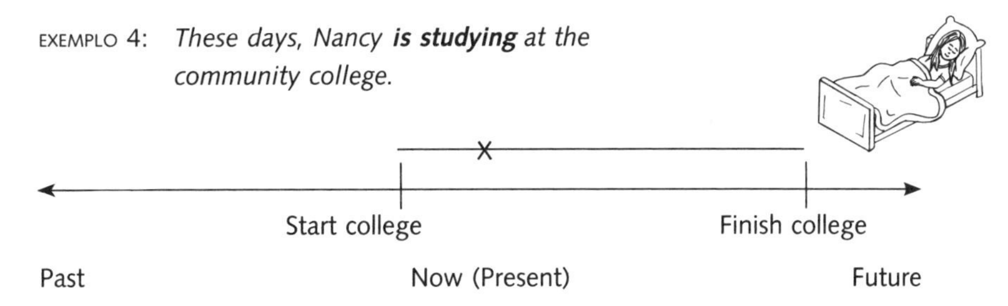

At this moment (neste momento), Nancy está dormindo. *These days* (atualmente), ela está indo à faculdade. Usamos o presente progressivo para falar sobre atividades temporárias com duração curta ou longa. Embora Nancy esteja dormindo agora, atualmente ela está frequentando uma faculdade comunitária para se formar. É uma atividade temporária, mas longa — dois a quatro anos. Ela iniciou os estudos há alguns meses e eles só vão se completar daqui a alguns anos. Durante alguns anos, Nancy está estudando na faculdade comunitária.

Ações temporárias em andamento são diferentes de ações habituais, que aprendemos no Capítulo 2. Realizamos ações habituais regularmente, como every day, every week, every Sunday, every month, every winter e every year. Como você viu no Capítulo 2, usamos o simple present para ações habituais. Contudo, ações temporárias em andamento no momento em que se fala exigem o present progressive, que indica que a ação é atual e terminará no futuro. Vejamos como formar esse tempo verbal.

Importante

O present progressive raramente é usado com verbos estativos ou de ligação. Verbos estativos comuns incluem *be, seem, appear, understand, have, believe, like, dislike, love, hate, know, mean, remember* e *want*. Veja no Apêndice uma lista mais completa de verbos estativos.

O Present Progressive: Formando Frases Afirmativas

Agora, vejamos como formar o present progressive em frases afirmativas, Enquanto revê a tabela, read the example sentences aloud.

Sujeito ou Pronome Pessoal	Verbo BE	Infinitivo do Verbo + -ing	Frases de Exemplo
I	am	eating	I am eating a salad.
You/We/ They	are	eating	They are eating dinner right now.
He/She/It	is	eating	He is eating a pepperoni pizza.

Importante: Use a forma correta do verbo BE ao formar o present progressive. Com o pronome I, use *am*. Com *you, we*, e *they* use *are*. Com *he, she* e *it*, você precisa usar *is*.

Exercício 3.2

Complete as frases com a forma correta do verbo BE.

EXEMPLO: Audrey **is** making breakfast right now. am are is

1. Marcia ______ planting herbs on her balcony. am are is
2. Zoey and Bo ______ raising chickens . am are is
3. Professor Gupta ______ reserving a table at the new restaurant. am are is
4. Right now, we ______ getting lunch to go. am are is
5. I ______ cooking pasta for dinner. am are is

O Present Progressive: Regras de Ortografia

Aqui estão algumas regras de ortografia comuns para verbos no present progressive:

Getting food to go significa não comer no restaurante. Em vez disso, você a leva e come em outro lugar. **Dinner** é a refeição da noite e **lunch** é a refeição do meio-dia.

1. Adicione **-ing** ao infinitivo do verbo. Exemplo: eat → eating
2. Se o verbo terminar em um *e* mudo, tire-o e adicione **-ing**. Exemplo: make → making
3. Em palavras de uma sílaba, se as três últimas letras forem uma consoante-vogal-consoante (CVC), dobre a última consoante e adicione **-ing**. Exemplo: put → putting
4. Porém, *não* dobre a consoante final se ela for *w*, *x*, ou *y*. Exemplo: fix → fixing

Exercício 3.3

Escreva o present progressive do verbo dado corretamente usando essas regras.

1. take → ______________
2. buy → ______________
3. choose → ______________
4. drink → ______________
5. stop → ______________
6. show → ______________

O Present Progressive: Expressões de Tempo

Veja algumas expressions of time (expressões de tempo) comuns que usamos com o present progressive:

Now (*Agora*) / right now (*agora mesmo*)

At the moment / at this moment (*No momento / neste momento*)

This week / this weekend / this month / this year / this semester / this season (*esta estação*) / this quarter (*este trimestre*)

These days (*atualmente*) / nowadays (*hoje*)

Exercício 3.4

Complete as frases a seguir com a forma correta do verbo BE e o present progressive do verbo dado.

> **To fix a meal** significa preparar uma refeição. We fix breakfast, lunch, and dinner.

EXEMPLO: Mr. Shumacher **is fixing** lunch for his wife. (fix)

1. They ______________to a five-star restaurant right now. (drive)
2. At this moment, Dan ______________ the restaurant to make reservations. (call)
3. Sal ______________ culinary school nowadays. (attend)
4. Sofia ______________ groceries for the family. (buy)
5. Right now, the chef ______________ a special meal for this party. (cook)
6. We ______________ the seeds for next year. (save)
7. The butcher ______________ lamb this week. (sell)
8. I ______________ dinner for everyone. (make)

Exercício 3.5

Crie frases sobre o que você, seus amigos e sua família estão fazendo agora ou hoje. Certifique-se de usar a forma afirmativa do present progressive. Use a forma correta do verbo BE.

____

____

____

____

O Present Progressive: Formando Frases Negativas

Para formar o present progressive negativo, você deve usar *not*, como mostrado na tabela. Reveja-a e read the example sentences aloud.

Sujeito ou Pronome Pessoal	Verbo BE	Negativo	Infinitivo do Verbo Principal + -ing	Frases de Exemplo
I	am	not	eating	I am not eating salad. I am eating a sandwich.
You/We/ They	are	not	eating	They are not eating dinner. They are making dinner right now.
He/She/It	is	not	eating	He is not eating a pepperoni pizza. He is eating a mushroom pizza.

Exercício 3.6

Complete frases com a forma correta do present progressive no negativo.

EXEMPLOS:	Heidi _is not_ driving to the restaurant. She is walking.	am not	are not	is not
1.	Angela ____________ working full time. She is going to college.	am not	are not	is not
2.	Suri and Jaime ____________ studying Italian. They are studying English.	am not	are not	is not
3.	Dr. Palumbo ____________ seeing patients today. It's Sunday.	am not	are not	is not
4.	I ____________ working this summer. I am vacationing in Spain.	am not	are not	is not
5.	Bob and Peter ____________ eating out. They are cooking at home.	am not	are not	is not
6.	Denise and I ____________ enjoying the movie. It's boring.	am not	are not	is not

Exercício 3.7

> To **eat out** ou **to go out for dinner** significa comer em um restaurante.

Crie frases sobre o que você, seus amigos e sua família não es*tão fazendo agora ou atualmente. Certifique-se de usar o present progressive no negativo. Use a tabela anterior para ajudá-lo. Use a forma correta do verbo BE.*

____

____

____

Dica Cultural

Na América do Norte, usa-se o present progressive com as palavras *always, constantly*, e *forever* para se queixar de algo ou alguém. Por exemplo: *He is **always** leaving dirty dishes in the sink. / She is **constantly** playing her music too loudly at night.*

O Present Progressive: Formando Contrações Negativas

Em inglês, muitas vezes usamos contrações quando falamos. Com o present progressive, podemos fazer contrações de dois modos diferentes: (1) combine o sujeito e o verbo BE; ou (2) combine o verbo BE e o negativo *not*. Também aprendemos essas contrações no Capítulo 1.

As tabelas a seguir mostram os dois métodos de formação de contrações negativas. Ao revê-las, read the example sentences aloud.

Contração: Pronome pessoal + Verbo BE

subject pronoun + Verbo BE	Negativo	Infinitivo do Verbo Principal + -ing	Frases de Exemplo
I'm	not	eating	I'm not eating a salad. I am eating a sandwich.
You're/We're/ They're	not	eating	They're not eating dinner. They are making dinner right now.
He's/She's/It's/ John's	not	eating	He's not eating a pepperoni pizza. He is eating a mushroom pizza.

Contração: Verbo BE + Negativo

Sujeito ou Pronome Pessoal	Verbo BE + Negative	Negativo	Infinitivo do Verbo Principal + -ing	Frases de exemplo
I*	am	not	eating	I am not eating a salad.* I am eating a sandwich.
You/We/They	aren't		eating	They aren't eating dinner. They are making dinner right now.
He/She/It	isn't		eating	He isn't eating a pepperoni pizza. He is eating a mushroom pizza.

*Nota: Não há contrações com **am** e **not**.

Exercício 3.8

Crie frases descrevendo o que as pessoas estão fazendo. Use o verbo no present progressive e as palavras dadas. Depois, crie a forma negativa da frase usando as duas formas diferentes de fazer contrações. Se precisar de ajuda, reveja as regras de ortografia.

EXEMPLO: Shauna / visit / her grandparents.
Shauna is visiting her grandparents.
Shauna isn't visiting her grandparents.
Shauna's not visiting her grandparents.

1. Hiro / play / soccer for the summer.

____

____

____

2. I / study / English these days.

____

____

____

3. Ian and Catherine / argue / at this moment.

____

____

____

4. My dog / chew / on a bone.

____

____

____

5. Sara and I / talk / on the phone.

____

____

____

Exercício 3.9

Use a contração negativa com o verbo no present progressive para criar frases sobre o que você, seus amigos e sua família não estão fazendo agora ou atualmente. Use as formas corretas do verbo BE. Use os dois tipos de contrações.

____

____

____

____

O Present Progressive: Formando Yes/No Questions

Em conversas, fazemos perguntas sobre o que as pessoas estão fazendo. Usamos yes/no questions para obter essas informações. Respondemos essas perguntas com *yes* ou *no*. Para yes/no questions no present progressive, invertemos o sujeito e o verbo BE, ou seja, trocamos a ordem do sujeito e do verbo BE. O verbo BE começa a frase e o sujeito vem após o verbo. A tabela a seguir mostra como formar essas perguntas. Ao observá-la, read the example sentences aloud.

Verbo BE	Sujeito ou Pronome Pessoal	Infinitivo do Verbo Principal + -ing	Resto da Frase	Frases de exemplo
Am	I	eating	a salad?	Am I eating a salad?
Are	you/we/they	eating	dinner right now?	Are they eating dinner right now?
Is	he/she/it	eating	a pepperoni pizza?	Is he eating a pepperoni pizza?

Dica de Pronúncia

Eleve a entonação no final de yes/no questions para mostrar incerteza. Você usa o tom ascendente para mostrar que gostaria de uma resposta. Veja mais informações na tabela de entonação no Apêndice.

Você pode responder a uma yes/no question com uma resposta longa, usando o tempo verbal completo e todas as partes da frase. Você também pode dar uma resposta curta, que inclui somente parte do tempo verbal. Ou pode dar uma resposta rápida, dizendo apenas *yes* ou *no*. Todas essas respostas são aceitáveis. Veja alguns exemplos:

YES/NO QUESTION: Is she cleaning the house?

Respostas Afirmativas

RESPOSTA LONGA: Yes, she is cleaning the house. / Yes, she's cleaning the house.
RESPOSTA CURTA: Yes, she is. RESPOSTA RÁPIDA: Yes.

Respostas Negativas

RESPOSTA LONGA: No, she isn't cleaning the house. / No, she's not cleaning the house.
RESPOSTA CURTA: No, she isn't. / No, she's not. RESPOSTA RÁPIDA: No.

Dica de Pronúncia

Em respostas afirmativas longas, enfatize o verbo BE quando não estiver contraído: *Yes, she **is** cleaning the house*. Em respostas afirmativas curtas, enfatize o verbo BE: *Yes, she **is**.* Em respostas negativas longas e curtas, enfatize a contração negativa ou o *not*: *No, she's **not** cleaning the house. / No, she **isn't**.* **Nota:** Não enfatize respostas rápidas.

O Present Progressive: Respostas curtas para Yes/No Questions

Há algumas regras para usar o present progressive em respostas curtas para yes/no questions:

- Geralmente omitimos o verbo principal em respostas curtas.
- Nunca contraímos *am* e *not*.
- Não contraímos respostas curtas afirmativas.

A tabela a seguir mostra como formar resposta curtas.

Yes ou No + Vírgula	sujeito ou pronome pessoal	Verbo BE	Negativo	Contração Negativa*
Yes,	I	am.		
No,	I	am	not.	No, I'm not.
Yes,	you/we/they	are.		No, they aren't.
No,	you/we/they	are	not.	No, they're not.
Yes,	he/she/it	is.		No, he isn't.
No,	he/she/it	is	not.	No, he's not.

*Não há contrações em respostas afirmativas.

Atenção

Às vezes, a resposta rápida pode ser percebida como brusca e rude, portanto, dê respostas rápidas em tom educado. Ao dar uma resposta negativa, muitas vezes damos mais informações, ou corrigimos informações erradas. Por exemplo, você pode dizer, "No, I'm not cleaning the house. *I'm cooking dinner.*" Às vezes, damos uma explicação. Por exemplo, você pode dizer, "No, I'm not cleaning the house *because I cleaned yesterday*." Quando uma resposta for negativa, podemos omiti-la, e corrigi-la com a palavra *actually* (na verdade). Por exemplo, você pode dizer, "Actually, I'm cooking dinner."

Exercício 3.10

Forme yes/no questions com o verbo no present progressive usando as palavras dadas. Depois, crie respostas longas, curtas e rápidas para a pergunta. Responda às perguntas afirmativamente (Yes) ou negativamente (No) como indicado.

EXEMPLO 1 Verbo BE / Naomi / teach / swim lessons this summer? (Yes)

PERGUNTA: *Is Naomi teaching swim lessons this summer?*

RESPOSTA LONGA: *Yes, she is teaching swim lessons this summer.*

RESPOSTA CURTA: *Yes, she is.* RESPOSTA RÁPIDA: *Yes.*

EXEMPLO 2 Verbo BE / Lisa and Doug / grow / herbs in their front yard? (No)

PERGUNTA: *Are Lisa and Doug growing herbs in their front yard?*

RESPOSTA LONGA: *No, they aren't growing herbs in their front yard. / No, they're not growing herbs in their front yard.*

RESPOSTA CURTA: *No, they aren't. / No, they're not.* RESPOSTA RÁPIDA: *No.*

1. Verbo BE / Miguel / go / to adult school for English? (Yes)

   PERGUNTA: ______________________________

   RESPOSTA LONGA: ______________________________

   RESPOSTA CURTA: ____________________ RESPOSTA RÁPIDA: ________

2. Verbo BE / Sheila / read / a book right now? (No)

   PERGUNTA: ______________________________

   RESPOSTA LONGA: ______________________________

   RESPOSTA CURTA: ____________________ RESPOSTA RÁPIDA: ________

3. Verbo BE / Jeff and Henry / work / at the ice cream shop? (No)

   PERGUNTA: ______________________________

   RESPOSTA LONGA: ______________________________

   RESPOSTA CURTA: ____________________ RESPOSTA RÁPIDA: ________

4. Verbo BE / you / study / at the community college? (Yes)

PERGUNTA: ______________________________

RESPOSTA LONGA: ______________________________

RESPOSTA CURTA: ______________________ RESPOSTA RÁPIDA: ________

5. Verbo BE / Bethany / learn / computer programming at school this year? (Yes)

PERGUNTA: ______________________________

RESPOSTA LONGA: ______________________________

RESPOSTA CURTA: ______________________ RESPOSTA RÁPIDA: ________

Gramática: Fazendo WH Questions no Present Progressive

Em conversas, fazemos perguntas sobre o que as pessoas estão fazendo. Usamos WH questions, ou perguntas informativas, para saber horários, localização, modo ou motivo de uma ação. Como mencionado no Capítulo 2, as perguntas começam com palavras ou frases interrogativas WH como *who, what, when, where, why, how, what kind, which one, how long, how many*, e *how much*. Veja a lista de palavras para WH questions no Apêndice. A tabela a seguir mostra como formar essas perguntas. Read the example sentences aloud.

palavra/frase interrogativa WH	Verbo	sujeito ou pronome pessoal	Infinitivo do Verbo Principal + -ing	Resto da Frase	Frases de exemplo
When	am	I	eating	a salad?	When am I eating a salad?
Where	are	you/we/they	eating	dinner right now?	Where are they eating dinner right now?
Why	is	he/she/it	eating	a pepperoni pizza?	Why is he eating a pepperoni pizza?

Dica de Pronúncia

Geralmente usamos o tom descendente no final de WH questions. Porém, se você não ouviu ou não entendeu alguma informação e precisa que a pessoa a repita, use o tom ascendente. Veja mais informações na tabela de entonação no Apêndice.

Podemos responder WH questions de formas diferentes com o present progressive. Podemos dar uma resposta longa, que é uma frase completa e geralmente usa pronomes pessoais e contrações com o verbo BE. Também podemos dar uma resposta curta com apenas informações essenciais que respondam à pergunta.

Exercício 3.11

Forme WH questions com o verbo no present progressive usando as palavras dadas. Forme respostas longas e curtas.

EXEMPLO 1 Where / Verbo BE / Naomi / teach / swim lessons this summer? (at the Oakland Pool)

PERGUNTA: *Where is Naomi teaching swim lessons this summer?*

RESPOSTA LONGA: *She's teaching swim lessons at the Oakland Pool.* (frase completa)

RESPOSTA CURTA: *At the Oakland Pool.* (não é frase completa)

EXEMPLO 2 Why / Verbo BE / Sammy / cook / dinner? (he enjoys cooking)

PERGUNTA: *Why is Sammy cooking dinner?*

RESPOSTA LONGA: *He's cooking dinner because he enjoys cooking.*

RESPOSTA CURTA: *Because he enjoys cooking.*

> Quando usamos a palavra interrogativa WH *why*, geralmente usamos *because* na resposta.

1. When / Verbo BE / Miguel / go / to school? (at night)

   PERGUNTA: ______________________________

   RESPOSTA LONGA: ______________________________

   RESPOSTA CURTA: ______________________________

2. How many books / Verbo BE / Sheila / read / right now? (three)

   PERGUNTA: ______________________________

   RESPOSTA LONGA: ______________________________

   RESPOSTA CURTA: ______________________________

3. How often / Verbo BE / Jeff and Henry / work / at the ice cream shop? (every weekday)

   PERGUNTA: ______________________________

   RESPOSTA LONGA: ______________________________

   RESPOSTA CURTA: ______________________________

4. Why / Verbo BE / you / study / at the community college? (It's affordable.)

   PERGUNTA: ______________________________

   RESPOSTA LONGA: ______________________________

   RESPOSTA CURTA: ______________________________

5. How / Verbo BE / Bethany / do / in the computer programming class? (very well)

PERGUNTA: ______________________________

RESPOSTA LONGA: ______________________________

RESPOSTA CURTA: ______________________________

Na WH question *who*, a estrutura é diferente. Em perguntas que começam com *who* quando *who* é o sujeito, *não* temos outro sujeito ou pronome pessoal. Veja exemplos na tabela a seguir. Read the example sentences aloud.

Who (Sujeito da frase)	Modo do Verbo BE (is*)	Infinitivo do Verbo Principal + -ing	Resto da Frase	Frases de exemplo
Who	is	slicing	the bread?	Who is slicing the bread?
Who	is	cutting	the cake?	Who is cutting the cake?

*__Nota:__ Sempre use *is* com *who* e um verbo principal terminado em -ing.

Ao fazer uma *Who* question em resposta ao que alguém disse, podemos encurtar a pergunta. Veja exemplos no Exercício 3.12. Podemos dar respostas longas, curtas ou rápidas a *Who* questions. A resposta longa é uma frase completa. A resposta curta dá informações essenciais + o verbo BE. A resposta rápida fornece informações essenciais (who) que responde à pergunta.

Exercício 3.12

Forme Who questions usando o verbo no present progressive com base na afirmação feita. Forme respostas longas, curtas e rápidas. Note que as perguntas e respostas longas muitas vezes podem ser encurtadas.

EXEMPLO: Max and Mara are grilling salmon right now.

PERGUNTA: *Who is grilling salmon right now?* / *Who is grilling salmon?* / *Who is?*

RESPOSTA LONGA: *Max and Mara are grilling salmon.* (frase completa)

RESPOSTA CURTA: *Max and Mara are.* (informação + Verbo BE)

RESPOSTA RÁPIDA: *Max and Mara.* (apenas informação essencial)

1. Lara is going to dinner with Rex.

PERGUNTA: ______________________________

RESPOSTA LONGA: ______________________________

RESPOSTA CURTA: ______________________________

RESPOSTA RÁPIDA: ______________________________

2. Margarita and her son are eating dinner at her sister's house.

PERGUNTA: ______

RESPOSTA LONGA: ______

RESPOSTA CURTA: ______

RESPOSTA RÁPIDA: ______

3. Roshana's mother is cooking Sunday dinner.

PERGUNTA: ______

RESPOSTA LONGA: ______

RESPOSTA CURTA: ______

RESPOSTA RÁPIDA: ______

4. Lorraine and her friends are getting sandwiches at a deli.

PERGUNTA: ______

RESPOSTA LONGA: ______

RESPOSTA CURTA: ______

RESPOSTA RÁPIDA: ______

5. Ludwig and Cy are bringing food to the park.

PERGUNTA: ______

RESPOSTA LONGA: ______

RESPOSTA CURTA: ______

RESPOSTA RÁPIDA: ______

Gramática: Substantivos Contáveis e Incontáveis

Em inglês, os substantivos são contáveis ou incontáveis. Quando podemos contar um substantivo (por exemplo, 1 carro, 2 maçãs, 3 bebidas, 25 colheres), dizemos que ele é um **count noun.** Substantivos contáveis podem vir no singular (1 carro) ou plural (2 carros). Quando não podemos contar o substantivo por ser muito difícil ou impossível (arroz, música, cabelos, leite, sal, chuva e, assim por diante), dizemos que ele é um **noncount** ou **mass noun**. Substantivos incontáveis dão nome a materiais (plástico), líquidos (água), ideias abstratas (tristeza), e outras coisas que vemos como massas sem divisões claras. Aparecem somente em uma forma, sem singular ou plural. Geralmente podemos medir substantivos incontáveis. Por exemplo, podemos dizer, "two cups of rice", "three liters of milk," ou "a pinch of salt." Não dizemos, "two rices," "three milks," ou "three salts". Vejamos alguns exemplos de count e noncount nouns.

Lembrete: nouns são pessoas, lugares ou coisas.

Count Nouns	Noncount Nouns
Nouns que podem ser contados Forma singular ou plural	Nouns que *não podem* ser contados Só uma forma
Exemplos: person/people, car/cars, cookie/cookies, child/children, tooth/teeth, potato/potatoes, toy/toys, vegetable/vegetables, knife/knives	**Exemplos:** water, rain, air, rice, salt, oil, plastic, money, music, tennis, coffee, cheese, chocolate, sugar, cream, tea, hair, wood, sand, soap, happiness, peace, cheese, fish, furniture, luggage, equipment, information, weather, bread, news, fruit, meat, health
Frases de exemplo:	
I have two dollars.	I have money. **Not:** ~~I have two moneys.~~
She owns a restaurant.	She wants some water.
Pamela eats an apple every day.	May I please have a piece of cake?
Joe has one car.	We breathe air.

Alguns substantivos podem ser contáveis e incontáveis. Por exemplo, a palavra *chicken* (galinha). Se estivermos falando sobre uma galinha inteira, completa, é contável. Porém, se estiver dividida em pedaços para cozinhar ou comer, é incontável, e você precisa usar um quantificador como *a piece of* (pedaço de). A tabela a seguir mostra diferentes usos para a mesma palavra.

Count Noun: a chicken	**Noncount Noun:** chicken
Celia raises hen-laying chickens in her backyard. She has two chickens.	Jasper is having chicken for dinner. He is eating some chicken. He is eating a piece of chicken.

Count Noun: a pie	**Noncount Noun:** pie
Julie made three pies for the party.	I would love a piece of blueberry pie. I would love some blueberry pie.

Exercício 3.13

Leia as seguintes frases, e identifique os substantivos contáveis ou incontáveis.

EXEMPLO: I am shopping for coffee, apples, carrots, cheese, and bread.
Count nouns: apples, carrots / Nouncount nouns: coffee, cheese, bread

1. I am ordering two pizzas, some soda, and a bag of potato chips for lunch.

____

2. Would you like coffee, tea, water, or juice?

____

3. I lost my luggage at the airport, so my friends are driving me to the store to get clothes.

____

4. Shana is reading about tennis in the news.

____

5. Tyler is eating chocolate, two apples, and a banana with some ice cream.

____

Regras de Ortografia para Substantivos Contáveis no Plural

Em inglês, identificamos um substantivo contável pela escrita diferente. Substantivos contáveis regulares são identificados pela adição de **-s** ou **-es**. Substantivos contáveis irregulares são escritos de várias maneiras como mostra a tabela a seguir.

Regras de Ortografia para Substantivos Contáveis Regulares	Exemplos
Na maioria dos substantivos, adicione **-s**.	house → house**s**; carrot → carrot**s**; meal → meal**s**
Quando o substantivo terminar em consoante + *y*, mude o *y* por *i* e adicione **-es**.	bab**y** → bab**ies**; librar**y** → librar**ies**; berr**y** → berr**ies**
Em substantivos terminados em *sh*, *ch*, *tch*, *s*, *x*, ou *z* adicione **-es**. (**Nota:** Em palavras terminadas em um único *z*, adicione **-zes**.)	wat**ch** → watch**es**; ki**ss** → kiss**es**; bo**x** → box**es**; qui**z** → quiz**zes**
Em alguns substantivos terminados em *o*, adicione **-es**.	potat**o** → potato**es**; tomat**o** → tomato**es**; her**o** → hero**es**; ech**o** → echo**es**

Alguns substantivos contáveis têm o plural formado de forma irregular, como você verá na tabela a seguir.

Regras de Ortografia para Substantivos Contáveis Irregulares*	**Exemplos**
Palavras terminadas em *f* ou *fe* (troque o *f* por *v* e adicione **–es**)	calf → calves; knife → knives; half → halves; life → lives; loaf → loaves; shelf → shelves; elf → elves; self → selves; leaf → leaves; thief → thieves; wife → wives; wolf → wolves
Palavras derivadas de línguas estrangeiras como Grego e Latim	analysis → analyses; bacterium → bacteria; datum → data; medium → media; fungus → fungi
Outros substantivos contáveis irregulares	child → children; foot → feet; man → men; woman → women; person → people; tooth → teeth; goose → geese; mouse → mice; ox → oxen

***Nota:** Esta não é uma lista de regras de ortografia completa.

Veja Dicas de Pronúncia para palavras terminadas em **-s** no Capítulo 2.

Exercício 3.14

Escreva o plural de cada substantivo contável corretamente. Alguns deles são regulares, outros, irregulares. Veja as tabelas anteriores para ajudá-lo.

EXEMPLO: orange → **oranges**

1. spoon → ____________
2. fork → ____________
3. knife → ____________
4. egg → ____________
5. child → ____________
6. tooth → ____________
7. batch → ____________
8. recipe → ____________
9. potato → ____________
10. boysenberry → ____________
11. hen → ____________
12. loaf → ____________

Quantifiers (Quantificadores)

Quando falamos sobre substantivos incontáveis, usamos quantificadores. Por exemplo, você pode pegar *a glass of* milk, *a piece of* cake ou *a bowl of* ice cream. **Quantifiers** são contáveis. Quando você os usa, transforma substantivos incontáveis em contáveis ou mensuráveis. Se houver mais de um, certifique-se de colocar o quantifier no plural. Por exemplo, você pode eat *a piece of* pie ou ***two*** *piece**s** of* pie.

Exercício 3.15

Veja a lista de quantifiers a seguir e combine o substantivo incontável adequado a cada um. Alguns quantifiers têm mais que uma resposta adequada.

Quantifiers	Noncount Noun
1. A slice of <u>bread</u>	a. milk
2. Two pieces of ____________	b. soup
3. A bottle of ____________	c. soda
4. Five cans of ____________	d. water
5. A glass of ____________	e. flour
6. A bag of ____________	f. salt
7. Two pinches of ____________	g. bread
8. A bowl of ____________	h. cake

Determiners (Determinantes)

Palavras como *many*, *his*, *my*, *a lot of*, e *these* são **determiners**. Eles precedem substantivos e nos ajudam a identificá-los ou quantificá-los. Por exemplo, na frase *My book is on the table*, ***my*** identifica qual livro. Não é *his book* ou *a book*. É *my book*. Na frase *Many people are eating dinner now*, many people mede o número de pessoas à mesa. Não é *one person* ou *two people*, mas *many people*. A tabela a seguir dá mais exemplos de determiners.

Determinantes que Identificam um Substantivo	Determinantes que Medem/Quantificam um Substantivo
Artigos: a, an, the	some, any, no
Adjetivos possessivos: my, your, his, her, its, our, your, their	each, every, either, neither
Pronomes demonstrativos: this, that, these, those	much, many, more, most, enough,
	several, (a) little, (a) few
	all, both, half
	one, two, one hundred
	other, another

Usamos *most* e *most of the* de modo semelhante. Veja:

Most	Most of the
Most employees work hard.	*Most of the employees* work hard.

Atenção: não usamos *most of* sem *the* (por exemplo, ~~*Most of*~~ *employees work hard.*).

Adverbs (Advérbios): *Just* e *Only*

Quando falamos sobre quantidades e valores, *just* e *only* têm significados semelhantes, como mostramos aqui.

Just	Exemplo	Only	Exemplo
Significado: Não muito	How much soup do you want? **Just** a little, please.	**Significado:** Limitado a	How much soup do you want? **Only** a little, please.

Nota

Little e *a little* (uncountable) têm significados diferentes. *Little* tem um significado negativo: "almost none" (*quase nada*); "not enough" (*não suficiente*). Porém, *a little* tem significado positivo: "some but not much" (*um tanto, mas não muito*). Por exemplo, *They have **little** food in their refrigerator* (quase nada de comida ou comida insuficiente). *They have **a little** food in their refrigerator* (um pouco de comida, mas não muita; a geladeira não está vazia).

Few e *a few* (countable) também têm significados diferentes. *Few* é negativo: "almost none" (*quase nada*); "less than expected" (*menos do que o esperado*). Porém, *a few* é positivo: "some but not many" (*alguns, mas não muitos*). Por exemplo, *There were **few** people at the cookout* (quase ninguém ou menos do que o esperado). *There were **a few** people at the restaurant* (algumas, mas não muitas).

Veja as frases de exemplo com determinantes em negrito.

***Your** children are playing in **the** garden.*

***These** cookbooks have **many** recipes.*

***Two** restaurants in **my** neighborhood have patios.*

***His** sister is working at **that** grocery store.*

Exercício 3.16

Leia as frases a seguir e identifique tantos determinantes quanto possível. Siga as frases de exemplo anteriores para ajudá-lo.

1. Several eggs from my chickens are blue.
2. Five cars are waiting in line at the drive-through restaurant.
3. Three cookies are on her plate.

4. Every customer in this restaurant is eating with two chopsticks.
5. My sister is ordering five combination platters for the family.
6. That chef is slicing many onions simultaneously.

Exercício 3.17

Crie duas frases usando determinantes identificadores e duas frases usando determinantes quantificadores. Reveja os determinantes na tabela anterior e fique atento aos substantivos contáveis e incontáveis.

Frases com Determinantes Identificadores	Frases Determinantes Quantificadores
______________________________	______________________________
______________________________	______________________________

Perguntando How Many (Quantos)/How Much (Quanto)

Quando queremos saber a quantidade de algo, usamos as palavras para WH questions *How many* e *How much*. Use *How many* para perguntar sobre substantivos contáveis. Use *How much* para perguntar sobre substantivos incontáveis. Vejamos algumas frases de exemplo.

How Many **+ Substantivos Contáveis**	***How Much*** **+ Substantivos Incontáveis**
How many tomatoes do you need?	*How much* tomato soup do you want?
How many people are eating dinner in the restaurant?	*How much* cheese is in the refrigerator?
How many egg rolls should I order?	*How much* Chinese food should I order?
How many bottles of water do you have?	*How much* water do you have?

Exercício 3.18

Leia as frases a seguir. Decida se devem começar com How many *ou* How much.

EXEMPLO: <u>How much</u> milk would you like?

1. ______________ cereal should I pour into the bowl?
2. ______________ cherries do you have?
3. ______________ fruit should I buy?
4. ______________ rice does the recipe require?

5. ______________ varieties of peppers are you growing?
6. ______________ herbs do I need?
7. ______________ kinds of music do you like?
8. ______________ coconut water does he want?

Exercício 3.19

Forme duas perguntas usando How many e duas usando How much. Use o vocabulário sobre comida, culinária e restaurantes, e siga as regras de ortografia para substantivos contáveis no plural.

How Many	**How Much**
______________________________	______________________________
______________________________	______________________________

Gramática: Artigos Definidos e Indefinidos

Em inglês, usamos artigos com substantivos contáveis e incontáveis. O **definite article** *the* pode ser usado com substantivos contáveis e incontáveis, no singular e no plural. Os **indefinite articles** são *a*, *an*, *some* e *any*. *A* e *an* são usados com substantivos contáveis no singular. *Some* é usado com substantivos contáveis e incontáveis no plural. *Any* é usado com perguntas e negações. Você pode omitir o artigo se o substantivo for incontável ou estiver no plural. *Nunca* omita o artigo com substantivos contáveis no singular. A tabela a seguir vai ajudá-lo a ver como os artigos funcionam.

	Substantivos Contáveis	**Substantivos Incontáveis**
Singular	Definite article: *the* Indefinite articles: *a*, *an* Artigo é exigido	
Plural	Definite article: *the* Indefinite articles: *some*, *any* Sem artigo	
Forma invariável		Definite article: *the* Indefinite articles: *some*, *any* Sem artigo

Nota: Um substantivo contável no singular *precisa* ter um artigo.

Usamos *a* antes de um substantivo ou adjetivo que comece com uma consoante. Usamos *an* antes de um substantivo ou adjetivo que começa com uma vogal. Veja detalhes na tabela a seguir

Frases de exemplo Usando A ou An	Explicação
She is eating at a restaurant.	A palavra *restaurant* começa com a consoante *r* com o som /**r**/, então o artigo definido usado é *a*.
She is eating at an excellent restaurant.	A palavra *excellent* começa com a vogal *e* com som de /**e**/, então o artigo definido usado é *an*.
He is studying at a university.	Embora a palavra *university* comece com a vogal *u*, ela tem o som consonantal /**y**/, então o artigo definido usado é *a*.
He is studying at an Ivy League university.	A palavra *Ivy* começa com a vogal *i* e o som /**ay**/, então o artigo definido usado é *an*.

Usamos artigos definidos quando falamos sobre coisas específicas e sobre algo que já conhecemos. Usamos artigos indefinidos para falar sobre coisas gerais e não específicas. Veja alguns exemplos.

	Artigo Indefinido	Artigo Definido
Substantivo contável, singular	I would like *an* orange. (Que laranja? Qualquer laranja — não uma laranja específica.) I would like *a* plum. (Que ameixa? Qualquer ameixa — não uma ameixa específica.)	I would like *the* orange, please. (Há só uma laranja.) I would like *the* plum you bought at the farmers' market. (Que ameixa? Uma ameixa específica — a ameixa do mercado.)
Substantivo contável, plural	I am eating *some* cookies. (Que biscoitos? Biscoitos não específicos.)	I am eating *the* cookies you baked. (Que biscoitos? Biscoitos específicos — os que você assou.)
Substantivo incontável	Let's have *some* wine. (Vinho não específico)	Let's have *the* wine we bought in Italy. (Vinho especifico — o vinho da Itália)

Podemos usar um artigo indefinido quando falamos pela primeira vez de um substantivo, então usamos um artigo definido para o mesmo substantivo na segunda vez que é mencionado. Veja frases de exemplo aqui.

EXEMPLO 1: I am reading ***a*** *good book*. I bought ***the*** *book* yesterday.

Frase	Razão para Usar um Artigo Definido ou Indefinido
I am reading ***a*** *good book*.	Esta é a primeira vez que se fala sobre o livro.
I bought ***the*** *book* yesterday.	Sabemos qual é o livro.

EXEMPLO 2: I am trying ***a** new recipe*. I found ***the** recipe* in my new cookbook.

Frase	Razão para Usar um Artigo Definido ou Indefinido
I am trying ***a** new recipe*.	Esta é a primeira vez que se fala sobre a receita.
I found ***the** recipe* in my new cookbook.	Sabemos qual é a receita.

Exercício 3.20

Leia as frases a seguir. Complete cada uma com um artigo indefinido (a, an ou some) ou o artigo definido the.

EXEMPLO: I am trying a new Indian restaurant. *The* restaurant is downtown.

1. They received _______ invitation to a dinner party. They accepted _______ invitation.
2. Her graduation party was at _______ Vietnamese restaurant. _______ restaurant is new.
3. She is shopping for _______ birthday cake. She wants _______ cake to be chocolate.
4. Oscar wants _______ big party. _______ party is for his daughter's quinceañera.
5. She is buying _______ orange energy drink. She read about _______ energy drink in a magazine.

Exercício 3.21

Leia as frases a seguir. Escolha o artigo correto para cada frase. O símbolo Ø significa sem artigo.

EXEMPLO: I am trying **a** new Indian restaurant.	a	any
1. Do you like _______ red wine we made?	the	Ø
2. We are all eating _______ pork you bought.	any	the
3. I don't want _______ sauce on my pasta, thank you.	any	some
4. Is she enjoying _______ restaurant?	the	some
5. My father is buying _______ new stove.	a	Ø

Exercício 3.22

Forme uma frase para cada categoria. Use o artigo definido ou indefinido correto com substantivos contáveis ou incontáveis. Use o vocabulário que aprendeu sobre comida, culinária e restaurantes. Certifique-se de seguir as regras de ortografia nos substantivos contáveis no plural.

	Indefinite Article	**Definite Article**
Count noun singular	1. ______________	2. ______________
Count noun plural	3. ______________	4. ______________
Noncount noun plural	5. ______________	6. ______________

Comendo em um Restaurante

Às vezes, cozinhamos e comemos em casa. Outras, comemos em um restaurante. Vamos aprender algumas expressões comuns ao comer em um restaurante.

Vocabulário: Phrasal Verbs para Alimentação, Culinária e Restaurantes

Nesta seção, aprenderemos mais phrasal verbs. Vejamos alguns relacionados à alimentação, culinária e restaurantes.

Exercício 3.23

Leia os phrasal verbs à esquerda e as definições à direita. Talvez você conheça alguns deles. Combine os verbos com as definições adequadas. Tente adivinhar os que não conhece. Alguns deles podem ser separados por um substantivo ou pronome que estão em **negrito**.

1. To eat out
2. To chip in
3. To clean **something** up
4. To tidy **something** up
5. To fill **something** up
6. To add **something** up

a. To wash an area that is dirty
b. To supply completely
c. To give some moneyfor a bill
d. To put items in their proper places
e. To calculate
f. To dine at a restaurant

Exercício 3.24

Complete as frases com o phrasal verb correto. Certifique-se de usar o verbo no present progressive e de usar a terceira pessoa do singular quando necessário.

EXEMPLO: The waiter is cleaning up the spill.

1. The busboy ______________ the table.
2. The server ______________ the water glass ______________.
3. Sean ______________ the bill to make sure it is correct.
4. Dr. Marsden and his wife ______________ tonight at a special restaurant. It's their wedding anniversary.
5. Dee Dee and Sylvie ______________ $25 each for lunch.

Conversa: Fazendo um Pedido Educado no Restaurante[1]

Quando comemos em um restaurante e pedimos comida, usamos uma linguagem educada. Fazemos pedidos usando expressões como *May I*, *Could I*, e *Can I* (posso?). Também usamos expressões como *I'd like the* (eu gostaria do) e *I'll have the* (Vou querer o) para pedir o prato. Vamos estudar a conversa de Derek, Nora e o garçom do restaurante onde estão jantando.

Conversation at a Restaurant	Guia de conversação
SERVER: Welcome to Charlie's Seafood. My name is Ian. I'll be your server this evening. Would you like[1] some water?	1. Para offer (*oferecer*) alguma coisa, usamos expressões diferentes. Outra é *Can I get you* + o substantivo.
NORA: Yes, please. And could I[2] also get an iced tea?	2. Para pedir comida você também pode usar: *May I* + verbo e *Can I* + verbo, como *May I have* + o substantivo e *Can I get* + o substantivo, e *I'll have the* + o substantivo.
SERVER: Of course. Anything for you,[3] sir?	3. Esta é outra forma de perguntar se o cliente quer alguma coisa.
DEREK: Water is fine for me, thanks.	
SERVER: Okay. Our specials tonight are[4] the halibut and the catfish. The halibut is grilled and comes with garlic mashed potatoesand green beans. The catfish is breaded and fried and comes with roasted potatoes and broccoli. I'll be back in just a moment with your drinks.	4. O garçom geralmente fala quais são as refeições do dia (especiais) para os clientes.

1 Essa "Conversation" é narrada na Faixa 13 dos áudios do livro (Baixe os áudios em altabooks.com.br - procure pelo título do livro ou ISBN).

Conversation at a Restaurant	Guia de conversação
DEREK AND NORA: Thank you.	
Five minutes later	
SERVER: Here is[5] your water and iced tea, and your water. Do you have any questions about the menu?	5. Usamos *here is* + substantivo para apresentar alguma coisa.
NORA: I am looking at the[6] fisherman's stew. What do you think? Is it good?[7]	6. *I am looking at the* (*Estou olhando o*) é uma expressão para indicar a comida que você está pensando em pedir. 7. Às vezes pedimos uma sugestão ao garçom.
SERVER: It's very popular, and it's one of our house specialties. It's a good-sized serving, so some of our guests split it[8] between two people.	8. **To split a meal** significa dividir uma refeição para que duas pessoas possam comê-la.
NORA: Oh. Derek, if we split it, we could get something else and split that too.	
DEREK: I am thinking of getting the[9] scallop dish. Would you want to[10] split that?	9. *I am thinking of getting the* + substantivo é outra forma de indicar o que você considera pedir. 10. *Would you want to* (Você gostaria de) é uma expressão para pedir que alguém faça alguma coisa.
NORA: Where is that on the menu? Oh, I see it. That looks delicious. Let's do it.	
DEREK: Okay, good. We'll take the[11] fisherman's stew and the scallop dish.	11. Para pedir comida, podemos usar as expressões: *Can I get the* + substantivo (*Eu gostaria de*) e *I'll have the* (Vou querer o) + substantivo.
SERVER: Perfect. I'll bring extra plates so you can split them. And I'll be back with bread.	
DEREK AND NORA: Thank you.	
Five minutes later	
SERVER: And here's your bread. Can I get you anything else[12] to drink?	12. Outra expressão para pedir alguma coisa é: *Would you like* + substantivo (Você gostaria de)
DEREK: Can I get[13] a glass of white wine?	13. Para pedir comida, também podemos usar: *I'll take the* + substantivo.
SERVER: We have[14] a house white or a chardonnay from California.	14. *We have* (*temos*) é usado para oferecer opções.

(continua)

Conversation at a Restaurant	Guia de conversação
DEREK: I'll have the[2] chardonnay.	
SERVER: Coming right up.[15]	15. Esta expressão significa "*Vou trazê-lo depressa*".
DEREK AND NORA: Thank you.	
Five minutes later	
SERVER: Your California chardonnay. (Places wine in front of Derek)	
DEREK: Thank you.	
Twenty minutes later	
SERVER: Here you go.[16] Your fisherman's stew (placing dish in front of Nora) and your scallops (placing dish in front of Derek).	16. Esta expressão é usada para apresentar alguma coisa.
NORA: Ooh. It looks delicious. Thank you. And may I get a[2] glass of that white. It's very good.	
SERVER: Absolutely. Would you like another,[18] sir?	18. Esta é uma maneira de perguntar se um cliente quer mais.
DEREK: Yes, please.	
SERVER: Okay. Is there anything else you need?[19]	19. Esta é outra maneira de perguntar se um cliente quer algo a mais.
NORA: No. I think we're good[20] for now.	20. **We're good** significa "Está tudo bem", ou "Temos o que queremos".
SERVER (smiling): I'll be right back with more wine.	
SERVER: Here is your wine. Enjoy your meal.	
DEREK AND NORA: Thank you.	
Ten minutes later	
SERVER: How is everything?[21]	21. Esta expressão é usada para verificar a situação.
NORA: Mm. Very good, thank you. The fisherman's stew is excellent. I can see why it's popular.	
SERVER (smiling): Wonderful!	

Conversation at a Restaurant	Guia de conversação
Fifteen minutes later (Derek gets the server's attention.[22])	22. Para chamar a atenção do garçom, make eye contact. Quando ele o vir, levante a mão inteira ou apenas o dedo indicador para mostrar que gostaria que viesse até a mesa. Às vezes apenas assentimos com a cabeça e levantamos as sobrancelhas para indicar a mesma coisa. Você deve ser discreto. Se ele estiver ocupado, pode ter que esperar até que ele venha à sua mesa e diga "Excuse me" ou "Pardon me" (ambos significam "Desculpe-me"). Não grite.
SERVER: May I[23] take your plates? Thank you. Would you like to[23] see a dessert menu? The tiramisu is especially good.	23. **May I** + verbo e **Would you like to** + verbo também são usados para ofercer coisas.
DEREK: I think we'll pass on[24] dessert tonight. That was a lot of food!	24. **To pass on something** significa recusar.
SERVER (smiling): Very good. I will bring your check.[25]	25. **The check** é a conta.
Five minutes later	
WAITER (smiling): I'll take care of that whenever you're ready.[26]	26. **Whenever you're ready** é uma expressão que significa "Don't rush" ou "Take your time" (*sem pressa*).
DEREK: Here you go.[17] (Hands waiter a credit card with the check)	
SERVER: Thank you. I'll be right back[16] with that.	
Three minutes later	
SERVER (smiling): Thank you so much. Please come again.	
NORA (smiling): Thank you. It was wonderful.	
DEREK (smiling): Thank you.	

Exercício 3.25

Sara e Joan estão em um restaurante. Elas querem pedir algo para beber e comer. Crie uma conversa entre Sara, Joan e o garçom. Use a conversa anterior como guia. A conversa foi iniciada para você.

SERVER: Welcome to Quince. My name is Josh. I'll be your server this afternoon. Would you like to start with some water?

SARA: Yes. No ice, please.

JOAN: I'd like a cup of coffee, please.

SERVER: ______________________________

____

____

____

____

____

____

____

____

Leitura

Nesta seção, vamos rever como identificar o topic e a main idea de uma passagem durante a pré-leitura. Também aprenderemos a descobrir o significado do vocabulário pelo contexto.

Assuntos e Ideias Principais

Como vimos no Capítulo 2, fazemos uma pré-leitura para descobrir o topic e a main idea da passagem. Lembre-se, o **topic** é uma categoria ampla da passagem. A **main idea** é uma ideia específica nessa categoria. Para encontrar o topic, pergunte *What is this story about?* ou *What is the subject of this passage?* Para encontrar a main idea, pergunte *What about the topic?* Vamos praticar a identificação do topic e da main idea.

Exercício 3.26

Passe uns dois minutos na pré-leitura do artigo a seguir. Procure o topic e a main idea da passagem. Na pré-leitura, leia o title (título), a primeira e a última frases do parágrafo. Sublinhe o topic e destaque a main idea.

Sally Grows Her Food

Sally likes to grow her own food. She has a vegetable garden in her backyard. She is growing different types of green leafy vegetables such as spinach, arugula, and dandelion greens. It is summer, so she is also growing sugar snap peas, fennel, and cherry tomatoes. She makes fresh salads every day for lunch with her homegrown vegetables. Her backyard gets a lot of sun, so she is growing blackberries, raspberries, and blueberries in her garden too. For breakfast, Sally eats cereal with berries from her garden. This garden makes Sally very happy. She enjoys eating food she has grown herself.

Agora responda as duas perguntas:

What is the topic? ______________________________

What is the main idea? ______________________________

Descobrindo o Significado pelo Contexto

Quando você vê uma palavra que não conhece, o que faz?

1. Ignora a palavra.
2. Procura a palavra no dicionário.
3. Tenta adivinhar o significado.
4. Pergunta o significado a alguém.

Dependendo da situação, você pode fazer tudo isso. Se a palavra é repetida muitas vezes, você pode procurá-la no dicionário ou perguntar a um falante nativo. Se não é repetida, talvez possa ignorá-la.

Nesta seção, discutiremos sobre como descobrir a definição de uma palavra nova adivinhando-a a partir do **contexto** ou das palavras próximas a ela. Muitas pistas podem ajudá-lo. Vamos aprender cinco dessas pistas de contexto.

Pistas de Definição de Contexto	Frases de Exemplo
1. *Or* **, or** ______, Uma vírgula depois da palavra ou frase nova é seguida pela palavra *or* + uma a definição ou sinônimo e outra vírgula.	The stems and leaves of Florence fennel, *or finocchio*, can be sliced and put in salads.
2. Vírgulas , ______, Uma vírgula aparece depois da palavra ou frase nova e outra vírgula depois da definição ou sinônimo.	Greens, *leaf vegetables*, are very healthy for you.
3. Travessões —______— Um travessão vem depois da palavra ou frase nova e outro travessão depois da definição ou sinônimo.	Greens — *leaf vegetables* — are very healthy for you.
4. Parênteses (______) Parênteses delimitam a definição ou o sinônimo que vem logo depois da nova palavra ou frase.	Greens (*leaf vegetables)* are very healthy for you.
5. Also called, also known as, aka **, also called** ______, **, also known as** ______, **, aka** ______, Uma vírgula vem depois da nova palavra ou frase, então umas das palavras mostradas acima + a definição ou sinônimo seguido de outra vírgula.	Arugula, *also called roquette*, has a peppery flavor. Arugula, *also known as roquette*, has a peppery flavor. Arugula, *aka roquette*, has a peppery flavor.

Nota

Se a definição vier no final da frase, não use vírgula, mas a pontuação adequada para final de frase, como um period ou uma question mark.

Exercício 3.27

Veja as frases a seguir e descubra a definição das palavras em negrito.

EXEMPLO: **Dandelion greens** — the leaves of the dandelion plant — are rich in calcium and iron. *the leaves of the dandelion plant*

1. **The farmers' market** (an outdoor market where farmers sell directly to consumers) offers organic foods, fresh meat, and local art.

   ____

2. I am growing squash and cucumbers on my fence. These are **climbing vegetables**, or vegetables that grow on a vine and climb.

   ____

3. **Lacinato kale**, also called dino kale and Tuscan kale, is high in vitamins A, C, and K. ______________________________
4. Nutritionists recommend eating **superfoods**, or foods with many nutrients.

   ____

5. **Phytonutrients**, natural chemicals in plants, help people fight diseases.

   ____

Escrita

Ao escrever, às vezes queremos apresentar uma lista de itens. Podemos encontrar listas de ingredientes em receitas, de compras, e descrições de pratos em um cardápio. Nesta seção, você aprenderá a usar vírgulas em listas.

Usando Vírgulas em uma Lista

Em inglês, usamos vírgulas (commas) quando escrevemos uma lista, como mostrado. Encontre todas as commas.

Summer Salad Recipe

This fresh salad is a quick and nutritious lunch on a hot summer day. You will need some kale leaves, a few a few leaves of fresh spearmint, a handfulof cherry tomatoes, ½ cup of shredded parmesan cheese, ¼ cup of olive oil, the juice of one lemon, and 1 teaspoon of red wine vinegar. Chop the kale into thin strips, slice the tomatoes in half, and mince the mint. Place the dry ingredients in a bowl. Mix the oil, lemon, and vinegar with a whisk and add to the dry ingredients. Toss the salad and enjoy with friends!

Dinner Menu

Almond-encrusted roast chicken
Free-range chicken encrusted with organic almond meal, salt, pepper, and lemon zest and roasted until crisp on the outside and juicy and tender on the inside. Served with fingerling potatoes, French fries, or mashed potatoes.

Baked salmon with greens
Wild salmon from Alaska baked to retain its natural juices. Served on a bed of fresh baby greens — a combination of spinach, collards, rainbow chard, and mustard greens. Comes with roasted potatoes.

Nota

Em uma lista com mais de dois itens, a vírgula antes de *and* e *or* no último item é omitida no inglês britânico e exigida no inglês americano. Por exemplo, estas duas frases estão corretas, dependendo de onde se fala: (com vírgula) *The chicken comes with roasted, French fried,* ***or*** *mashed potatoes.* / (sem vírgula) *The chicken comes with roasted, French fried* ***or*** *mashed potatoes.*

Exercício 3.28

Pense no seu prato favorito e descreva-o. Forme algumas frases com uma lista de ingredientes. Use commas em uma lista de três ou mais itens.

____

____

____

____

____

Quiz

Você terminou o Capítulo 3. Ótimo trabalho! Agora faça o quiz para ver do que você se lembra. Escolha as respostas certas para cada pergunta.

1. Ao formar o verbo no present progressive, que estrutura usamos?

BE + verbo	BE + verbo-**ing**
BE + verbo no passado	DO + verbo-**ing**

2. No present progressive, qual é a grafia correta para verbos que terminam com um *e* mudo?

   Tire o e adicione **-ing**.
   Tire o *e* e adicione **-ed**.
   Adicione **-ing**.
   Troque o *e* por *i* e adicione **-ing**.

3. Que palavra ou frase de tempo *não* é usada com o verbo no present progressive?

   Right now
   Every day
   This winter
   Nowadays

4. Leia esta frase: *She is eating dinner right now.* Qual é a forma negativa incorreta do verbo nesta frase?

   isn't eating
   is not eating
   does not eating
   's not eating

5. Qual é a resposta curta certa para esta pergunta: *Where is she eating?*

   At the café.
   She's eating in the café.
   Yes.
   No, she isn't.

6 Qual é a resposta curta correta para esta pergunta: *Is she having fun right now?*

   No, she is.
   Yes, is.
   She, is.
   Yes, she is.

7. Qual dessas palavras exigem uma sílaba adicional quando é pronunciada?

   Salads
   Mixes
   Herbs
   Shakes

8. Que palavra é *sempre* incontável?

   Salt
   Chicken
   Pie
   Cherry

9. Qual é o quantificador mais adequado para usar com o substantivo incontável *oil*?

   A handful of
   A slice of
   A teaspoon of
   A few

10. Qual das seguintes combinações artigo + substantivo está incorreta?

   An apple
   A orange
   A banana
   A ripe apple

Pratique o que Aprendeu!

Agora que você aprendeu a falar sobre atividades que está fazendo no momento e como pedir pratos em restaurantes, tente fazê-lo sozinho. Reveja este capítulo, saia e use seu inglês! Marque cada atividade à medida que a completar.

Faça esta Semana

- Use o verbo no presente progressivo. Fale sobre atividades que está e *não* está fazendo neste momento.
- Escreva uma receita para um amigo. Use vírgulas ao dar a lista de ingredientes.
- Pratique substantivos contáveis e inconstáveis. Em sua receita, use os artigos e determinantes corretos para cada ingrediente.
- Saia para jantar e pratique usando expressões educadas para pedir pratos em um restaurante.
- Use alguns dos novos verbos frasais que aprendeu neste capítulo.
- Pratique encontrar o significado de palavras por pistas no contexto enquanto lê sobre comida em revistas ou na internet.

Registro Semanal

Registre o seu progresso semanal. Anote como foi a sua prática. O que aconteceu? Foi bem-sucedida? Como você sabe? Foi malsucedida? Como você sabe? Reveja todas as instruções, dicas e notas culturais no Capítulo 3.

____

____

____

____

____

____

____

4

Andando pela Cidade

Neste capítulo você vai aprender:

Fala

- Como pedir informações
- Como pedir que repitam informações
- Como conferir sua compreensão parafraseando
- Como dar informações
- Como discutir horários

Vocabulário, Leitura e Escrita

- Preposições de lugar
- Vocabulário para o centro da cidade
- Expressões para informações
- Expressões de tempo
- Como descobrir vocabulário a partir de exemplos
- Verbos frasais

Gramática

- Como usar o imperativo
- Como usar *there is* e *there are*
- Como usar o simple present com horários

Linguagem Corporal

- Como apontar para lugares e localizações (dando informações)
- Como dar de ombros para indicar que não sabe

Andando pela Cidade: Dando e Recebendo Informações

Quando você precisa encontrar um lugar, você pode pedir informações. Talvez você esteja indo para uma consulta médica ou dirigindo em uma cidade nova e precisa achar um restaurante. Quando você não sabe para onde está indo, é bom perguntar a alguém.

Conversa: Pedindo Informações[1]

Vamos ver um exemplo de conversa sobre informações.

Conversation	Guia de conversação
LEO: Excuse me.[1] How do I get to the post office?[2]	1. Outras expressões para chamar a atenção de alguém: *Excuse me, please. / Pardon me. / Pardon me, please.* 2. Outras expressões para fazer WH questions sobre uma localização: Where can I find the ______? / Could you tell me where the ______ is? / Do you know where the ______ is?
JOSIE (person on the street): Go straight on this street (pointing) and take a right on River Road. It'll be[3] on your left next to the bakery.	3. Expressões alternativas: You'll see it / It's.
LEO: So,[4] I go straight down this street and go left on River Street?[5]	4. Outras expressões para testar a compreensão parafraseando: So, I need to / So you're saying that / In other words. 5. Use o tom ascendente para mostrar incerteza.
JOSIE (pointing): No, go *right* onto River *Road*.[6] Right here.	6. Enfatize palavras para corrigir informações.
LEO: Oh, okay.[7] I turn right on River Road.[8,9] Is the post office far from here?[10]	7. Use uma interjeição para mostrar compreensão da correção: Ah! / Okay. / I think I've got it now. 8. Repita informações para mostrar entendimento. 9. Use o tom descendente para mostrar certeza.

1 Essa "conversation" é narrada na Faixa 17 dos áudios do livro (Baixe os áudios em altabooks.com.br - procure pelo título do livro ou ISBN).

Conversation	Guia de conversação
	10. Outras expressões para pedir informações adicionais: How far is that? / How long will it take me to walk there? / Can I walk from here, or should I take the bus?
JOSIE: It's only one block down.[11]	11. Outras informações podem incluir: It's down the street / It's one block up / It's up the street.
LEO (smiling[12]): Thank you for your help![13]	12. Sorria ao agradecer. 13. Outros modos de exprimir gratidão: Thank you! / Thank you very much! / Thank you so much! / Thanks a lot!
JOSIE: You're welcome.[14]	14. Outras expressões para responder ao agradecimento: Not at all. / It's nothing. / Don't mention it. / You bet. / Sure. / Of course.

Apontando e Dando de Ombros

É útil apontar para os locais ao dar informações. Apontamos usando o indicador. É falta de educação apontar para pessoas, mas não há problemas em apontar para lugares ou coisas. Ao apontar, geralmente estendemos o braço e apontamos com o dedo indicador na direção desejada.

Às vezes, as pessoas não conhecem o destino que você está procurando. Talvez elas não saibam dar informações. Nesse caso, elas podem dizer, "I don't know." Às vezes, elas vão **dar de ombros (shrug their shoulders)**, o que também significa "I don't know." Em todo o caso, você pode dizer, "Thank you" e pedir informações a outra pessoa.

Vocabulário: Centro da Cidade

Vamos aprender vocabulário sobre o centro da cidade, também conhecido como *downtown*. Veja o mapa de Porter City. Uma lista de vocabulário acompanha o mapa e cada palavra ou frase corresponde a algo no mapa. Leia cada item do vocabulário. Identifique o vocabulário novo para você. Depois ache cada item no mapa.

Dica Cultural: no inglês britânico, *parking lot* é chamado de *car park* e *pharmacy* é chamada de *chemist*.

Vocabulário-chave do Mapa de Porter City

1. A pedestrian (um pedestre)
2. A block (um quarteirão)
3. A crosswalk (uma faixa de pedestres)
4. A streetlight (uma luz de rua)
5. A stop sign (uma placa Pare)
6. A traffic light (um semáforo)
7. An intersection (um cruzamento)
8. The post office (os correios)
9. The bank (o banco)
10. The bakery (a padaria)
11. A sidewalk (a calçada)
12. The café (a cafeteria)
13. The Italian restaurant (o resturante italiano)
14. The Chinese restaurant (o restaurante chinês)
15. The grocery store (o mercado)
16. A parking lot (um estacionamento)
17. A street (uma rua)
18. A road (uma estrada, avenida)
19. The office building (o edifício comercial)
20. The pharmacy (a farmácia)
21. The movie theater (o cinema)
22. The hospital (o hospital)
23. The department store (a loja de departamentos)
24. The library (a biblioteca)
25. City Hall (a prefeitura)
26. The police station (a delegacia)
27. The fire station (o quartel dos bombeiros)
28. The hotel (o hotel)
29. The hardware store (a loja de ferramentas)

Exercício 4.1

Responda as perguntas sobre vocabulário para o centro da cidade.

1. What two things stop cars? ______________________
2. What lights a street at night? ______________________
3. What do we call a person who is walking? ______________________
4. What is the area where cars park? ______________________
5. What's another word for drugstore? ______________________
6. Name the six places where people can get food. ______________________
7. What two words mean a surface on which cars drive? ______________________
8. What do we call the area where pedestrians walk? ______________________
9. What word means where two streets cross? ______________________
10. How many blocks are on the map of Porter City? ______________________

Exercício 4.2

Encontre Leo e Josie no mapa de Porter City a partir da frase a seguir: They are standing in front of the Chinese restaurant. Releia as informações anteriores de Josie para Leo. Você consegue achar o post office? Use o vocabulário numerado para ajudá-lo.

Gramática: Usando o Imperativo

Em inglês, usamos o imperativo para dar informações e instruções. O imperativo é usado em receitas e manuais de instrução. Quando você pede orientação, está pedindo instruções de como chegar a algum lugar. Nesta seção, praticaremos dar orientação usando o imperativo. Vejamos algumas frases de exemplo:

Take a left at the hospital.

When you get to the intersection, ***go*** right one block.

Turn right when you reach the traffic light.

Walk straight for two blocks and ***take*** a right.

Formando o Imperativo

Para formar o imperativo, use o infinitivo do verbo. O **infinitivo do verbo** é o verbo sem terminações. Por exemplo, não adicionamos **-s** ou **-ing** ou **-ed** ao verbo. O sujeito é *you*, mas não dizemos ou escrevemos o sujeito. Veja a tabela a seguir.

	(Pronome Pessoal)	**Infinitivo do verbo principal**	**Resto da frase**
When you get to the intersection,	(you)	take	a left at the hospital.
	(you)	turn	right.
	(you)	go	right when you reach the traffic light.
	(you)	walk	straight for two blocks and
	(you)	take	a right.

Veja exemplos corretos e incorretos de frases no imperativo. Note que as frases corretas *não* adicionam uma terminação ao verbo.

CORRETO: *Take a left at the library.*

INCORRETO: *~~Taking~~ a left at the library.*

INCORRETO: *~~Takes~~ a left at the library.*

Vamos praticar o imperativo. Veja o mapa de Porter City e encontre o post office. Esse é seu starting point (ponto de partida). Agora, veja os destinations a seguir. **Destination** é o local ao qual você quer ir. Que informação (frase no imperativo) combina com cada destino?

Exercício 4.3

Door se refere a um edifício ou casa ao dar informações.

Combine o destino com a informação correta.

Starting Point	**Destination**	**Directions**
1. The post office	City Hall	a. Cross the street.
2. The post office	The bank	b. Walk two doors down.
3. The post office	The bakery	c. Walk to the intersection and cross the street.
4. The post office	The Italian restaurant	d. Take a right, and cross both River Road and Main Street at the intersection.
5. The post office	The hardware store	e. Go next door.

Next door significa casa ou edifício ao lado.

Formando o Imperativo Negativo

Quando queremos evitar que alguém faça algo, usamos o imperativo negativo. A forma mais comum é usar a contração *don't*. Vamos ver como formá-lo.

Do	Negativo	Infinitivo do Verbo Principal	Resto da frase	Frases de exemplo
Do	not	take	a left at the hospital.	Do not take a left at the hospital.
Do	n't	take	a left at the hospital.	Don't take a left at the hospital.

Read these example sentences aloud:

Don't go left. Go right.

When you get to the intersection, don't cross the street.

Don't go that way. Go this way.

Make sure to go one block past the park. Don't take a left at the park.

Exercício 4.4

Veja as palavras a seguir. Forme frases no imperativo e no imperativo negativo com elas.

EXEMPLO: turn / left / at the light
Turn left at the light. *Don't turn left at the light.*

Imperatives	Negative Imperatives
1. cross / the street	
______________	______________
2. go / straight / for two blocks	
______________	______________
3. when you get to the hospital, / go / right	
______________	______________
4. at the intersection, / make / a left	
______________	______________
5. after you pass the movie theater, / turn right	
______________	______________

Vocabulário: Expressões Usadas em Orientações

Aqui estão algumas expressões comuns usadas para dar orientação.

To take/make a right/left (virar à direita/esquerda)	To cross the street (atravessar a rua)	To go through/past the intersection (atravessar o cruzamento)
To turn right/left (virar à direita/ esquerda)	On the right/left (à direita/esquerda)	To go to the intersection (ir até o cruzamento)
To go right/left (ir para a direita/ esquerda)	On your right/left (à sua direita/esquerda)	Just after/past the ______ (logo depois do)
To stay/go/keep straight (seguir em frente)	On the right/left side of the street (do lado direito/ esquerdo da rua)	Just before the ________ (logo antes do)

Exercício 4.5

Encontre as expressões comuns usadas em orientações nas frases que formou com o imperativo no Exercício 4.4.

Vocabulário: Preposições de Lugar

Veja as preposições usadas para descrever locais:

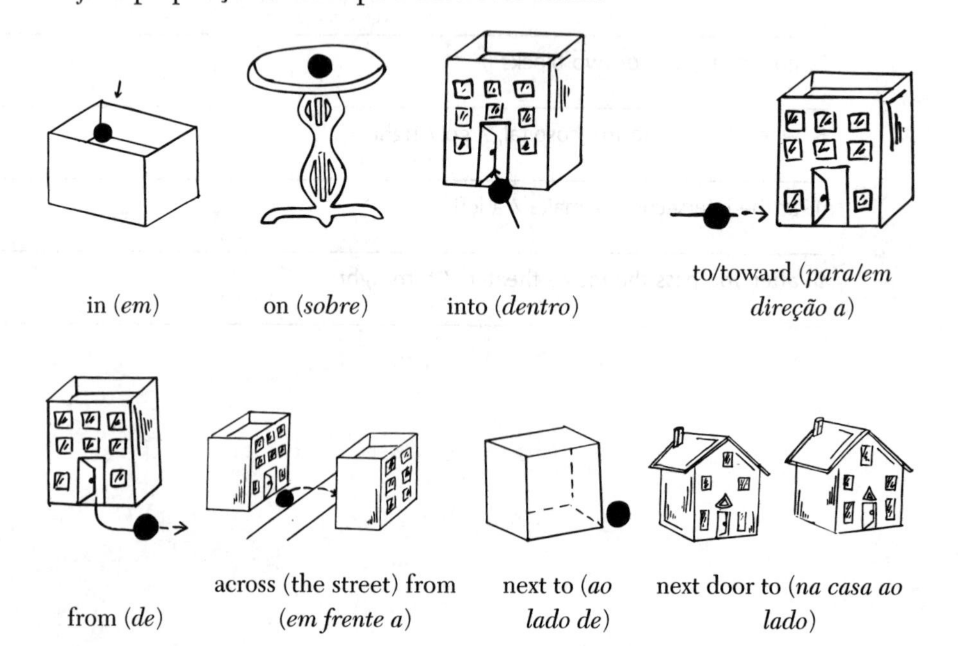

in (*em*) on (*sobre*) into (*dentro*) to/toward (*para/em direção a*)

from (*de*) across (the street) from (*em frente a*) next to (*ao lado de*) next door to (*na casa ao lado*)

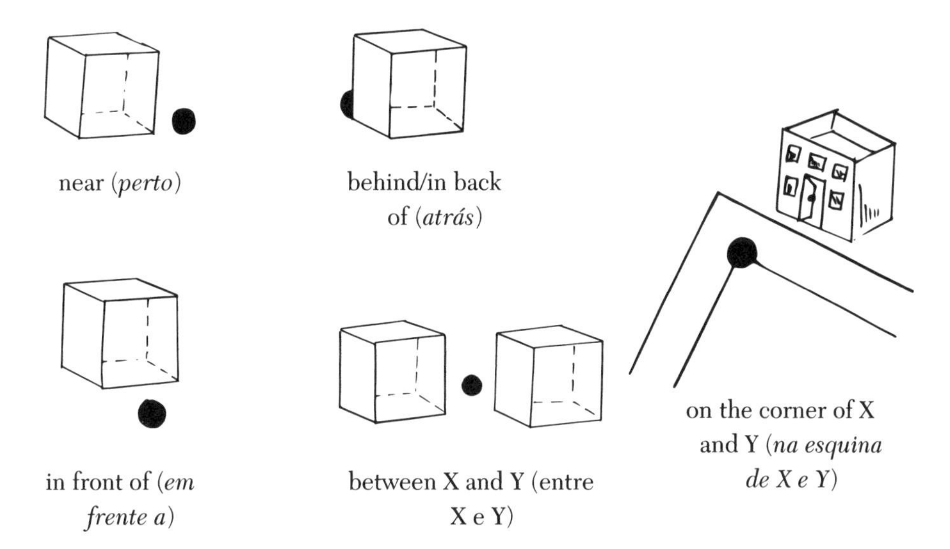

Vejamos algumas frases de exemplo que usam preposições de lugar. Essas frases se referem ao mapa de Porter City.

*The fire station is **between** the hotel **and** the department store.*

*The bakery is **across the street from** the café.*

*The hospital is **on the corner of** Main Street and River Road.*

*The movie theater is **next to** the pharmacy.*

*The grocery store is **behind** the office building.*

*A parking lot is **in back of** the Italian restaurant and the café.*

Articles (Artigos)

Lembre que quando sabemos *which* (qual é) padaria, quartel dos bombeiros, loja de departamentos ou cafeteria, usamos o artigo definido *the*. Também usamos *the* para indicar que há só uma padaria, quartel dos bombeiros, loja de departamentos ou cafeteria; por exemplo, *the* bakery, *the* fire station, *the* department store e *the* café.

Agora, vamos praticar o uso de preposições. Estude as preposições e seus significados, e complete a atividade a seguir.

Exercício 4.6

Veja o mapa de Porter City, e complete cada frase com o vocabulário correto. Pode haver mais de uma resposta correta.

EXEMPLO: The _bank_ is across from the hardware store.

1. The ______________ is next door to the hardware store.
2. The Chinese restaurant is across the street from the ______________.

3. The office building is between the ______________________ and the ____________.
4. The ______________ is next to the hospital.
5. ______________ is on the corner of River Road and Main Street.
6. The ______________ is in back of the Chinese restaurant.
7. The ______________ is across from the Italian restaurant.
8. The ______________ is between the hardware store and the movie theater.

Exercício 4.7

Veja o mapa de Porter City e complete cada frase com as preposições de lugar corretas. Pode haver mais de uma resposta correta.

EXEMPLO: The bank *is across from/across the street from* the hardware store.

1. The hospital is __________________ Main Street _______ River Road.
2. The fire station is __________________ the department store.
3. The movie theater is __________________ the Chinese restaurant.
4. The café is __________________ the hardware store _______ the Italian restaurant.
5. A parking lot is __________________ the hotel.
6. The police station is __________________ the grocery store.
7. The doughnut shop is __________________ the movie theater.
8. The park is __________________ the library.

Agora que você praticou o vocabulário sobre o centro da cidade e preposições de lugar, vamos praticar seguir orientações.

Exercício 4.8

Use o mapa de Porter City. Veja o ponto de partida e siga as informações. Onde você foi parar? Indique o destino.

EXEMPLO:

PONTO DE PARTIDA: The movie theater

INFORMAÇÕES: Go up Main Street to the intersection. Take a left. It'll be on your right. It's across the street from the library.

DESTINO: *The park*

1. PONTO DE PARTIDA: Office building

   INFORMAÇÕES: Take a left out of the office building. Walk to the intersection. Cross River Road. It's next to the hospital on Main Street.

   DESTINO: ______________

2. PONTO DE PARTIDA: The café

   INFORMAÇÕES: Walk up to the intersection of Main Street. Then turn left. When you get to the movie theater, cross the street. It's a small building.

   DESTINO: ______________

3. PONTO DE PARTIDA: The park

   INFORMAÇÕES: Start at River Road. Go to the intersection of Main Street and take a right. Walk down to the doughnut shop. Cross the street. It's behind the movie theater.

   DESTINO: ______________

Você praticou o imperativo, expressões para orientações, vocabulário para o centro da cidade e preposições de lugar. Agora pratique usar tudo isso para dar orientações.

Exercício 4.9

Jack está pedindo orientação para chegar a diferentes lugares em Porter City. Seu ponto de partida é o restaurante chinês e seus destinos estão indicados. Crie orientações para cada destino. Use expressões no imperativo para dar orientações e preposições de lugar.

EXEMPLO:

PONTO DE PARTIDA: The Chinese restaurant

INFORMAÇÕES: *Take a right. Walk to the intersection and cross Main Street. Go down River Road until you reach the library. It's across the street from the library.*

DESTINO: The park

1. PONTO DE PARTIDA: The Chinese restaurant

   INFORMAÇÕES: ____________________

   DESTINO: Hotel Casa

2. PONTO DE PARTIDA: The Chinese restaurant

   INFORMAÇÕES: ____________________

   DESTINO: The pharmacy

3. PONTO DE PARTIDA: The Chinese restaurant

   INFORMAÇÕES: ____________________

   DESTINO: The grocery store

Gramática: *There Is/There Are*

Quando damos orientação, descrevemos a localização das coisas. Também falamos sobre quantas coisas existem. Para descrever a localização e a quantidade de algo, muitas vezes usamos as expressões *there is* e *there are*. Quando falamos sobre uma coisa, usamos *there is*. Quando falamos sobre duas coisas ou mais usamos *there are*. Vejamos algumas frases de exemplo:

> *There are* **não** é o mesmo que *they are*. There are é uma expressão usada para falar da localização ou quantidade de algo. *They are* é o sujeito e verbo de uma frase. As duas palavras também são pronunciadas de modo diferente. Seu som **não** é igual. *There* rima com *air* e *hair*. *They* rima com *say* e *pay*. Não as pronuncie da mesma forma.

There is a gas station on the corner. (Há um ponto de gasolina na esquina.)

Down two blocks, ***there is*** an ice cream shop. (Descendo duas quadras, há uma sorveteria.)

There are two office buildings at the end of the road. (Há dois edifícios comerciais no fim da rua.)

In the middle of the block, ***there are*** two parking lots. (No meio da quadra há dois estacionamentos.)

There Is/There Are: Como formar o Afirmativo

Em frases usando *there is/there are*, o sujeito vem depois do verbo, que é uma forma de BE. Veja como formar *there is* e *there are* na tabela a seguir.

There	Verbo BE	Sujeito	Local
There	is	a gas station	on the corner.
There	are	two office buildings	at the end of the road.

Às vezes, formamos frases com o local primeiro. Note que usamos uma vírgula depois do local.

Local	There	Verbo BE	Sujeito
Down two blocks,	there	is	an ice cream shop.
In the middle of the block,	there	are	two parking lots.

Exercício 4.10

Vejamos como there is e there are funcionam. Use o mapa de Porter City. Complete as frases com o vocabulário adequado sobre o centro de Porter City.

EXEMPLO: There is a *grocery store* behind the office building.

1. There is a ________________ behind the pharmacy.
2. Next to Hotel Casa, there is a ________________.
3. There is an ________________ across the street from the post office.
4. Between the doughnut shop and the bank, there is an ________________.
5. There are two large ________________ in downtown Porter City.
6. In between the bakery and the fire station, there are many ________________.
7. There are ________________ places to get something to eat in Porter City.
8. Across from City Hall and next to the café, there is a ________________.

Exercício 4.11

Use there is *e* there are *para completar as frases a seguir. Lembre-se de começar cada frase com letra maiúscula.*

EXEMPLO: *There is* a doughnut shop at the end of River Road.
At the end of River Road, *there is* a doughnut shop.

1. ______________ two big parking lots downtown.
2. In Porter City, ______________ several places to eat.
3. ______________ a bank on the corner.
4. Behind the park, ______________ a parking lot for bicycles.
5. ______________ many trees in the alley between the bakery and the fire station.
6. Next to the police station, ______________ a grocery store.
7. Behind the movie theater, ______________ a large parking lot.
8. ______________ many tall buildings downtown.

There Is/There Are: Como Formar o Negativo

Às vezes, falamos sobre o que *não* existe. Nesse caso, usamos *there is/there are* no negativo. Vejamos como formar o negativo.

There	Verbo BE	Negativo	Sujeito	Localização
There	is	not	a gas station	on the corner.
There	are	not	two office buildings	at the end of the road.

Em inglês, geralmente usamos a contração do negativo there is e there are. Vejamos essas contrações.

There	Verbo BE	Negativo	Contração	Frases de exemplo
There	is	not	There isn't	There isn't a gas station on the corner.
There	are	not	There aren't	There aren't two cafés on the corner.

Exercício 4.12

Complete as frases escrevendo a forma negativa de there is *ou* there are. *Use a contração. Consulte o mapa de Porter City para ajudá-lo. Lembre-se de começar cada frase com letra maiúscula.*

EXEMPLO: *There isn't* a fire station on Main Street.
On Main Street, *there isn't* a fire station.

1. ________________ any parking lots on River Road.
2. Behind the post office, ________________ a grocery store.
3. ________________ an ice cream shop at the intersection of Main Street and River Road.
4. In the middle of the block, ________________ any schools.
5. ________________ a movie theater on River Road.
6. ________________ two hotels downtown.
7. Next to the police station, ________________ any parking lots.
8. ________________ a library on Main Street.

Exercício 4.13

Veja o mapa de Porter City. Forme frases usando there is *ou* there are *e preposições de lugar sobre as palavras entre parênteses. Talvez você precise usar a forma negativa de there is/there are. Nesse caso, use a contração. Lembre-se de usar o artigo correto (*a, an, *ou* the*) se houver só um local.*

EXEMPLOS: movie theater / pharmacy — *There is a movie theater next to the pharmacy.*
Italian restaurant / Main Street — *There isn't an Italian restaurant on Main Street.*

1. bakery / post office ________________
2. parking lot / downtown Porter City ________________
3. café / corner of Main Street and River Road ________________
4. library / park ________________
5. two Indian restaurants / downtown Porter City ________________

6. hospital / bank ______________________________

7. library / Main Street ______________________________

8. trees / park ______________________________

Yes/No Questions usando *There Is/There Are*

Verbo BE	There	Sujeito	Localização
Is	there	a gas station	on the corner?
Are	there	fast-food restaurants	downtown?

Quando você faz uma yes/no questions usando there is/there are, a resposta geralmente é curta. Veja as respostas a seguir.

Pergunta	Resposta
Excuse me. Is there a gas station on the corner?	Yes, there is.
	No, there isn't.
Pardon me. Are there fast-food restaurants downtown?	Yes, there are.
	No, there aren't.

Vamos praticar respostas curtas com there is/there are.

Exercício 4.14

Responda às seguintes perguntas com uma resposta curta adequada. A resposta pode ser afirmativa ou negativa. Use o mapa de Porter City para ajudá-lo.

EXEMPLO: Is there a movie theater downtown Porter City? *Yes, there is.*

1. Is there an Italian restaurant on Main Street? ______________________________
2. Is there a place to buy groceries downtown? ______________________________
3. Are there any places to park my car? ______________________________
4. Is there more than one bank downtown? ______________________________
5. Is there a place where I can buy nice clothing? ______________________________

Quando damos uma resposta curta, geralmente damos mais informações, como na tabela a seguir.

Pergunta	Resposta + Informações Adicionais
Excuse me. Is there a gas station on the corner?	No, there isn't. But there is one up Main Street about five blocks.
Excuse me. Is there a gas station on the corner?	Yes, there is. You can see the sign there. (apontando)
Pardon me. Are there any fast-food restaurants downtown?	No, there aren't. There are take-out restaurants but no fast-food places.
Pardon me. Are there any fast-food restaurants downtown?	Yes, there are. There's a burger place on River Road and a taco place on Main Street.

Agora vamos praticar yes/no questions e respostas curtas com *there is/there are*. Note que há mais informações para ajudá-lo.

Exercício 4.15

Complete as frases sobre Porter City. Use as perguntas e respostas de exemplo anteriores como guia.

EXEMPLO: Excuse me. *Is there* a church downtown?
No, there isn't. But you can find one about five blocks down Main Street.

1. Pardon me. ________________ any bookstores around here?
________________. But there is a library on River Road.
2. Excuse me. On Main Street, ________________ a place to get my car washed?
________________. I don't know where you can get your car washed.
3. Excuse me. ________________ any places to get some lunch?
________________. There are a couple of restaurants and a café close by.
4. Pardon me. ________________ a doughnut shop around here?
________________. It's at the end of Main Street next to the office building.
5. Excuse me. ________________ a hardware store downtown?
________________. It's over there (pointing) on the corner of Main Street and River Road.

WH Questions com *There Is/There Are*

Quando você está procurando um lugar em especial, você pode usar a palavra interrogativa WH *where* (onde):

Excuse me. ***Where*** *is there a bookstore around here?*

Pardon me. ***Where*** *is there an ice cream shop, please?*

Veja como formar essas perguntas na tabela

Palavra de WH	Verbo BE	There	Sujeito	Localização
Where	is	there	a gas station, please?	
Where	are	there	fine dining restaurants	downtown?

Exercício 4.16

Complete as perguntas usando as palavras dadas. Use as perguntas de exemplo anteriores como guia. Certifique-se de terminar a frase com uma question mark (ponto de interrogação). Adicione please *(por favor) no final da pergunta por educação.*

EXEMPLO: Where / BE / there / a hospital?
Where is there a hospital, please?

1. Where / BE / there / a police station downtown?

____

2. Where / BE / there / a place to get breakfast?

____

3. Where / BE / there / a café with Wi-Fi?

____

4. Where / BE / there / a place to donate clothes?

____

Descrevendo Sua Cidade

Falamos sobre Porter City. Agora é hora de falar sobre a sua cidade.

Exercício 4.17

Crie um mapa simples de sua cidade. Mostre o centro com ruas, lojas e outros prédios. Use o mapa de Porter City como exemplo.

Exercício 4.18

Forme cinco frases sobre onde as coisas estão localizadas em sua cidade. Use preposições, vocabulário referente ao centro e there is/there are. Reveja as tabelas e exercícios neste capítulo para ajudá-lo.

1. ______________________________
2. ______________________________
3. ______________________________
4. ______________________________
5. ______________________________

Exercício 4.19

Agora, crie orientações para cinco destinos diferentes. Escolha um ponto de partida no mapa. Comece no mesmo ponto de partida para cada destino. Use preposições, vocabulário para o centro da cidade, frases com there is/there are e expressões para orientações. Reveja as tabelas e exercícios deste capítulo para ajudá-lo.

Starting Point	Destination	Directions
1. ______	______	______
2. ______	______	______
3. ______	______	______
4. ______	______	______
5. ______	______	______

Estratégia de Comunicação: Entendendo Orientações

Às vezes, é difícil entender as informações. Alguém pode falar rápido demais ou usar um vocabulário desconhecido. Há duas maneiras de verificar se você entendeu as orientações. Uma, é pedir que a repitam. Outra, é parafrasear (to paraphrase) ou confirmar o que você ouviu. ***To paraphrase*** significa **dizer de outro jeito ou com suas próprias palavras**. Vamos praticar pedir repetição.

Pedindo por Repetição

> Não há problema em dizer que está aprendendo inglês. Quando não entender alguém, peça para repetir. É importante compreender a informação.

Há muitas formas de pedir repetição. Veja algumas expressões que você pode usar:

Could you please repeat that? (Você poderia repetir isso, por favor?)

I'm sorry. I didn't catch that. Could you say that again, please? (Desculpe-me. Eu não entendi. Poderia repetir, por favor?)

I'm sorry. I didn't understand what you said. Could you please repeat that? (Desculpe-me. Eu não entendi o que você disse. Você poderia repetir, por favor?)

Sorry, what was that? (Desculpe-me, como é?)

Pardon me. Could you speak more slowly, please? I'm learning English. (Smile) (Desculpe-me. Você poderia falar mais devagar, por favor? Estou aprendendo inglês. [Sorria])

Excuse me. Could you say that again, please? (Desculpe-me. Você poderia repetir isso, por favor?)

Dica de Pronúncia

Quando você pede que alguém repita o que disse ou quando parafraseia para verificar o entendimento, use o tom ascendente para mostrar incerteza. Veja mais informações no Apêndice.

Agora, vamos ver como usar perguntas para repetição. Nos dois exemplos a seguir, James está dando orientações a Isabel. Ela não entende, então pede que ele as repita.

Dando Orientações	Pedindo Repetição
JAMES: Once you get to the hardware store, take a right, and you'll see the café next to the Italian restaurant on the right.	ISABEL: I'm sorry, I didn't understand what you said. Could you repeat that, please?
JAMES: Go right at the department store, and it's on your left after the library.	ISABEL (smiling): I'm sorry. I'm learning English. Could you speak more slowly, please?

Exercício 4.20

Leia as orientações que James dá. Forme uma pergunta diferente que peça a repetição de cada grupo de orientações dadas.

Dando Orientações	Pedindo Repetição
JAMES: Take a left at the intersection. Go two blocks, and it's on your right.	1. ______________________
JAMES: Cross the street and walk behind the bank. It's next to the police station.	2. ______________________

Parafraseando para Conferir o Entendimento

Quando você quer ter certeza de que entendeu algo como orientações, pode parafrasear o que ouviu. Há várias formas de começar uma paráfrase:

So, . . . ? (Então) / Do you mean . . . ? (Você quer dizer) / So, I should (verbo no infinitivo) . . . ? (Então eu deveria)

What you mean is . . . ? (Você está querendo dizer que)/ I need to (verbo no infinitivo) . . . ? (Eu preciso) / You're saying . . . ? (Você está dizendo)

Agora veremos como usar essas expressões. James está dando informações a Isabel. Ela verifica seu entendimento das informações com paráfrases.

Dando Orientações	**Parafraseando para Entender**
JAMES: Once you get to the hardware store, take a right, and you'll see the café next to the Italian restaurant on the right.	ISABEL: **What you mean is** after I take a right at the hardware store, the café will be on the right side of the street?
JAMES: Once you get to the hardware store, take a right, and you'll see the café next to the Italian restaurant on the right.	ISABEL: **So,** after I take a right at the hardware store, the café will be on the right side of the street?
JAMES: Once you get to the hardware store, take a right, and you'll see the café next to the Italian restaurant on the right.	ISABEL: **I need to** take a right at the hardware store, and the café will be on the right side of the street?

Dica de Pronúncia

Lembre-se de usar o tom ascendente para mostrar incerteza. Veja mais informações no Apêndice.

Exercício 4.21

Leia as orientações que James dá. Use paráfrases para verificar a compreensão. Crie uma paráfrase diferente para cada uma usando expressões diferentes. Reveja os exemplos anteriores para ajudá-lo.

Orientações	**Parafraseando para Entender**
JAMES: Go right and walk to the intersection. Cross River Road. Walk half a block. Hotel Casa is on the right.	1. ____________________
JAMES: Walk up River Road. Take a right at the hardware store. The Italian restaurant is on the right just past the café.	2. ____________________

Exercício 4.22

Veja a conversa embaralhada a seguir. Jackie está perguntando como chegar ao cinema e um pedestre está lhe dando informações. Coloque as frases na ordem correta, numerando-as. A primeira e a última já estão feitas para você.

1 Pardon me. Do you know where the movie theater is?

_______ Okay, great! Thank you very much!

_______ So, I should take a right, and it will be on my right?

_______ Yes. Walk down this street, and take a left at the traffic light. You'll see it on the right.

_______ No. Actually, you take a **left**, and it's on the right.

_______ Just half a block.

_______ Ah, okay. I take a left, and it's on the right. How far down is it on the right?

8 Sure.

Exercício 4.23

*Agora que você aprendeu a dar e obter orientações, tente fazê-lo sozinho. O ponto de partida de Maria é o correio em Porter City e seu destino é o restaurante chinês. Ela pede informações de como ir ao restaurante a um passerby (*transeunte*), Eric, que dá as orientações. Complete a conversa entre Maria e Eric usando o mapa de Porter City. Reveja a conversa no início deste capítulo para ajudá-lo. Para completar a conversa, use vocabulário, preposições, imperativos e expressões de repetição/paráfrases que aprendeu.*

1. Chame a atenção de alguém educadamente. / Maria: _______________
2. Use uma WH question para pedir orientações para o restaurante chinês. / Maria: _______________
3. Dê informações usando o imperativo. / Eric: _______________
4. Peça repetições. / Maria: _______________
5. Repita as instruções. / Eric: _______________
6. Faça paráfrases para compreensão. / Maria: _______________
7. Responda *sim* ou *não*. Se incorreto, dê orientações corretas e use letras maiúsculas em palavras enfatizadas. / Eric: _______________

8. Repita as informações para mostrar entendimento. / Maria: ______________
9. Peça mais informações. / Maria: ______________
10. Dê uma resposta. / Eric: ______________
11. Diga obrigado. / Maria: ______________
12. Responda. / Eric: ______________

Usando Transporte Público

Às vezes, precisamos usar o transporte público. Você pode pegar um ônibus ou trem para ir ao trabalho ou fazer compras. Nesta seção, aprenderemos expressões de tempo, o tempo verbal e os verbos geralmente usados com horários de transporte público.

Conversa: Horários de Transportes Públicos[2]

Primeiro, vejamos uma conversa sobre itinerários. Nesta conversa, Sebastian está em Porter City e precisa ir a Emeryville. Ele não sabe os horários dos ônibus, então anda até a estação rodoviária. Quando chega lá, vai até o *ticket counter* (balcão de passagens). Aqui está sua conversa com o *customer service agent* (funcionário do atendimento ao cliente).

Conversation	Guia de conversação
SEBASTIAN: Excuse me.[1] Which bus goes to Emeryville?[2]	1. Expressões para chamar a atenção de alguém: Excuse me, please. / Pardon me. / Pardon me, please. 2. Expressões para fazer uma WH question sobre o itinerário do ônibus ou trem: How can I get to ______? / What train should I take to get to ______? / Do you know which bus I need to get to ______?
CUSTOMER SERVICE AGENT: Where do you want to go in Emeryville—downtown or to the beach?[3]	3. Faça uma pergunta para conseguir mais informações. Você pode fazer yes/no questions ou WH questions.
SEBASTIAN: I need to get to[4] the shopping district.	4. Expressões alternativas: I'd like to go to / I want to go to / I'm trying to get to ______.
CUSTOMER SERVICE AGENT: Then you'll want to[5] take the bus that goes downtown. It's the Emeryville 26 bus.	5. Expressões alternativas: Then you should/ Then you'll need to/ You should take ______.
SEBASTIAN: Oh, okay. Where do I catch the Emeryville 26?[3]	

2 Essa "conversation" é narrada na Faixa 18 dos áudios do livro (Baixe os áudios em altabooks.com.br - procure pelo título do livro ou ISBN).

Conversation	Guia de conversação
CUSTOMER SERVICE AGENT: You can catch it right here at the station. Go to terminal 2 and wait there.[6]	6. Como aprendemos antes neste capítulo, você pode usar o imperativo para dar informações.
SEBASTIAN: And terminal 2 is over there[7]? (Points)	7. Use o tom ascendente para mostrar incerteza. O tom ascendente mostra que Sebastian precisa de uma resposta.
CUSTOMER SERVICE AGENT: It's on the side of this building. (Points[8])Look for the sign.	8. Apontar ajuda a mostrar locais às pessoas.
SEBASTIAN: Thank you! And when's[9] the next one?[10]	9. *When's* é a contração de *when* + *is*. 10. *One* é um pronome. Usamos *one* quando falamos sobre algo e sabemos o que é. Aqui, Sebastian está falando do próximo ônibus.
CUSTOMER SERVICE AGENT: In the mornings, it runs[11] every 10 minutes. But now that it's afternoon, it comes[11] every 30 minutes. Here's[12] the schedule for all the bus routes.	11. Use o simple present para os horários. 12. *Here's* é a contração de *here* + *is*. Usamos esse termo quando mostramos ou oferecemos algo a alguém.
SEBASTIAN: And where do I buy a bus ticket?[13]	13. Faça uma WH question para obter mais informações, e use o tom descendente.
CUSTOMER SERVICE AGENT: You can buy[14] individual tickets or bus passes at the kiosk near the terminals. Information about tickets and passes is on the bus schedule I gave you.	14. Use *you can* + verbo no infinitivo para mostrar habilidade.
SEBASTIAN: So, I can buy a ticket or pass at the kiosk over there (pointing) near the terminal I leave from?[15]	15. Verifique seu entendimento com paráfrases.
CUSTOMER SERVICE AGENT: That's right.[16]	16. Confirme ou corrija. Para confirmar, você também pode usar outras expressões: Yes. / That's correct. / Mm hm. (*Acenando com cabeça*) Para corrigir, diga, "No" ou "Actually"e dê a informação correta.
SEBASTIAN: Thank you very much.[17] Have a nice day![18] (Smiles[19])	17. É educado mostrar reconhecimento. 18. Dizemos, "Have a nice day," para sermos corteses. Também podemos dizer, "Have a good day," "Have a good one," ou "Have a great day!" 19. Sorrir é sempre algo educado e amigável.
CUSTOMER SERVICE AGENT: You're welcome. You have a good day too, sir.[20]	20. É comum um funcionário de atendimento a cliente tratar os homens como *sir* e mulheres como *ma'am*. O termo usado depende da região.

Gramática: O Simple Present para Horários

Você aprendeu no Capítulo 2 a usar o simple present para falar sobre hábitos, costumes e tradições. Também usamos o simple present para falar sobre horários fixos como os de ônibus e trens ou de atendimento de lojas. Quando se usa o transporte público, é preciso saber ler um horário. Nesta seção, você aprenderá a falar sobre horários usando o simple present. As tabelas a seguir vão lembrá-lo de como formar o simple present. (Para uma revisão completa, veja o Capítulo 2.) Read the example sentences aloud as you go (no decorrer).

O Simple Present: Formando o Afirmativo

SUJEITO OU PRONOME PESSOAL	*VERBO NO SIMPLE PRESENT*	*FRASES DE EXEMPLO*
I/You/We/They	take	They *take* the bus to work. / Jim and Cindy *take* the bus to work.
He/She/It	takes	She *takes* the bus to work. / Cindy *takes* the bus to work.

O Simple Present: Formando o Negativo

SUJEITO OU PRONOME PESSOAL	*DO OU DOES*	*NEGATIVO*	*VERBO NO SIMPLE PRESENT*	*FRASES DE EXEMPLO*
I/You/We/They	do	not	take	I *do not take* the bus to work.
	don't			I *don't take* the bus to work.
He/She/It	does	not	take	He *does not take* the bus to work.
	doesn't			He *doesn't take* the bus to work.

Veja os verbos geralmente usados para discutir horários.

to come	to arrive	to open	to start	to begin
(*vir*)	(*chegar*)	(*abrir*)	(*começar*)	(*começar*)
to leave	to depart	to close	to end	to finish
(*sair*)	(*partir*)	(*fechar*)	(terminar)	(*acabar*)

to run (to operate) (operar)

Vejamos algumas frases de exemplo ligadas a horários usando o simple present e esses verbos:

The bus ***comes*** *every 10 minutes.*

The bus ***leaves*** *at 7:15* A.M.

The train usually ***arrives*** *on time.*

The train ***departs*** *every hour on the hour.*

The store ***opens*** *at 8* A.M. *and* ***closes*** *at 8* P.M.

Vocabulário: Transporte Público

Vejamos o vocabulário relacionado a transporte público. Veja as ilustrações de uma bus station (estação rodoviária) e uma train station (estação ferroviária). Você verá números ao lado das imagens. Agora, veja o vocabulário a seguir. Identifique as palavras que conhece.

1 Bus station

6 Train station

Veja o vocabulário relativo ao transporte público:

Substantivos: Coisas	Substantivos: Pessoas	Verbos
A bus station (uma estação rodoviária)	A bus driver (um motorista de ônibus)	To catch a bus/train (pegar um ônibus/trem)
A bus stop (um ponto de ônibus)	A customer service agent (um funcionário do atendimento ao cliente)	To miss a bus/train (perder um ônibus/trem)
A ticket counter (um balcão de passagens)	A conductor (um fiscal)	To get on a bus/train (entrar em um ônibus/trem)
A terminal (um terminal)		To get off a bus/train (descer do ônibus/trem)
A kiosk (um quiosque)		To embark (embarcar)
A train station (uma estação ferroviária)		To disembark (desembarcar)
A ticket (uma passagem)		
A schedule (um cronograma/horário)		
A bus/train line (uma linha de ônibus/trem)		
A bus route (um itinerário de ônibus)		

Exercício 4.24

Escolha as palavras que descrevam as imagens numeradas nas ilustrações. A primeira está feita. Inclua o artigo indefinido adequado (a ou an*).*

1. *A bus station*
2. ______________________
3. ______________________
4. ______________________
5. ______________________
7. ______________________
7. ______________________
8. ______________________
9. ______________________
10. ______________________
11. ______________________

Vocabulário: Expressões de Tempo

Muitas vezes usamos expressões de tempo quando falamos sobre horários. Veja algumas das expressões mais comuns.

To be on time (estar no horário) / to not be on time (não estar no horário)/ to be late (estar atrasado) (Essas expressões sempre são usadas com o Verbo BE.)

At ______________ (Use uma hora específica, como 8:15 A.M.)

Every hour (*a cada hora*)/ every hour on the hour (*de hora em hora*)/ on the hour (a cada hora) / every half-hour (a cada meia hora) / every 15 minutes (a cada 15 minutos)

Until / till (Até) ______________ (Use uma hora específica como 8:15 A.M.)

The first bus/train (o primeiro ônibus/trem) / the last bus/train (o último ônibus/ trem)

Vejamos algumas frases de exemplo que descrevem horários usando o simple present e expressões de tempo:

*The bus runs **every half hour**.*

*The bus leaves **at 6:30** A.M.*

*The bus **is** often **late**.*

*The train **is** always **on time**.*

*The train departs **every 15 minutes**.*

Exercício 4.25

Veja o seguinte horário de ônibus, depois complete a frase com o nome da rota de ônibus correto.

Bus / Route	**Arrival Times**						
	Morning Schedule						
Alameda 8	6:00	6:10	6:20	6:30	6:40	6:50	7:00
Alameda 31	5:30	6:00	6:30	7:00	7:30	8:00	8:30
Berkeley 5	4:00	4:15	4:30	4:45	5:00	5:15	5:30
Berkeley 29	6:00	6:10	6:20	6:30	6:40	6:50	7:00
Emeryville 3	4:00	5:00	6:00	7:00	8:00	9:00	—
Emeryville 26	5:30	5:40	5:50	6:00	6:10	6:20	6:30
Oakland 11	6:30	7:00	7:30	8:00	8:30	9:00	9:30
Oakland 27	5:00	5:15	5:30	5:45	6:00	6:15	6:30

EXEMPLO: The Emeryville 3 comes every hour on the hour.

Lembre-se de que quando há somente um item de algo, usamos o artigo *the*.

1. The last bus on the ________________ runs at 9:30 A.M.
2. The ________________ comes every 10 minutes until 7:00 A.M.
3. The bus that runs every 15 minutes till 5:30 A.M. is the ________________.
4. The ________________ comes every half hour starting at 5:30 A.M.

5. The ______________ runs every 15 minutes till 6:30 A.M.
6. The last bus you can catch in the morning is the ______________ at 9:30 A.M.

Exercício 4.26

Observe o horário do ônibus novamente. Agora, complete frases sobre as rotas de ônibus. Use expressões de tempo e vocabulário.

EXEMPLO: The Oakland 27 <u>*runs every 15 minutes until 6:30 A.M.*</u>

1. The Oakland 11 ______________.
2. The Emeryville 3 ______________.
3. The Berkeley 29 ______________.
4. The Alameda 31 ______________.

Exercício 4.27

Agora que aprendeu a usar o simple present para falar sobre horários e praticou expressões de tempo, junte tudo e crie uma conversa. Nesta conversa, você está na estação ferroviária em Porter City. Você precisa ir ao centro de Oakland. Crie uma conversa entre você e o funcionário de atendimento ao cliente. Para ajudá-lo, reveja a conversa no começo desta seção. Use o vocabulário, as expressões de tempo e o simple present que aprendeu. Use também o imperativo e expressões de repetição/paráfrases. Certifique-se de seguir a conversa de exemplo, as expressões e estrutura gramatical corretamente.

1. Chame a atenção do funcionário do atendimento ao cliente com educação. Use uma WH question para perguntar que trem vai até o centro de Oakland. / You: ______________
2. Faça uma WH question para obter mais informações. / Customer service agent: ______________
3. Responda a pergunta. / You: ______________
4. Dê informações sobre que trem vai ao centro de Oakland. / Customer service agent: ______________
5. Peça mais informações sobre o horário do trem usando uma pergunta de esclarecimento. / You: ______________
6. Responda a pergunta sobre o horário do trem usando o simple present. / Customer service agent: ______________

7. Peça informações adicionais sobre onde pegar o trem. / You:
____
8. Responda à pergunta. Aponte. / Customer service agent:
____
9. Faça a paráfrase da informação para verificar a compreensão. / You:
____
10. Confirme ou corrija. / Customer service agent:
____
11. Expresse reconhecimento. Seja educado. / You: ______________
12. Responda ao reconhecimento. / Customer service agent:
____

Vocabulário: Phrasal Verbs para Andar pela Cidade

Usamos verbos frasais quando andamos pela cidade. Vejamos os mais comuns.

Exercício 4.28

Leia os verbos frasais à esquerda e depois as definições à direita. Talvez você conheça alguns. Combine os verbos com a definição adequada. Tente adivinhar os phrasal verbs que não sabe. Alguns deles podem ser separados por um substantivo ou pronome, mostrados em **negrito**.

1. to top **something** off
2. to pick **something/someone** up
3. to drop **something/someone** off
4. to ask around
5. to get around
6. to look **something** up
7. to figure **something** out

a. to investigate and discover
b. to add an amount to fill completely
c. to investigate by asking many people
d. to retrieve
e. to leave at a location
f. to travel
g. to find in a schedule or guide

Exercício 4.29

Complete as frases com o phrasal verb correto. Use verbo no infinitivo em cada uma.

EXEMPLO: The bus driver *will pick* 10 people *up* at the bus stop.

1. The print was so small, Leo needed his glasses to ________________ which train to take on the train schedule.
2. Can you ________________ me ________ after school?
3. Josie's car had some gas, but the gas station was very close. She decided to ________________ the gas tank.
4. I need to ________________ which bus is the fastest in the morning.
5. Josie loves how easy it is to ________________ Porter City. There are many buses, trains, and walking paths.
6. Isabel didn't know what bus to take, so she had to ________________.

Leitura

Você se lembra das três etapas para ler com eficiência? Elas são: (1) fazer pré-leitura; (2) ler ativamente; e (3) testar o entendimento. Reveja essas informações com mais detalhes no Capítulo 1.

Interpretação de Texto

Neste capítulo, focamos andar pela cidade. Vamos praticar as três etapas para ler com eficiência com a passagem a seguir. O primeiro passo é a pré-leitura.

Reveja a Pré-Leitura

Vamos rever como realizar a pré-leitura:

1. Read the title of the passage. (Leia o título da passagem.)
2. Read the first sentence of the paragraph. (Leia a primeira frase do parágrafo.)
3. Read the last sentence of the paragraph. (Leia a última frase do parágrafo.)

Exercício 4.30

Faça a pré-leitura da passagem rapidamente e responda estas duas perguntas:

1. What is the topic? ____________________

2. What is the main idea? ____________________

____

Josie Gets around Porter City

Josie enjoys living and working in Porter City. She lives on the outskirts, or the outer area, of the city. She works downtown in the financial district. The public transportation system is very convenient. Every weekday, she takes the bus to work because it is too far to walk. She catches the bus at 8:00 A.M. At 6:15 P.M., she takes the bus back home, where she arrives at 7:00 P.M. Every Saturday, Josie walks to the grocery store to buy food for the week. On Sundays, she rides her bicycle to the park. Her neighborhood park is five blocks from her house. There are many activities to do in the park such as exercising, barbecuing, and relaxing. Right now, Josie is playing tennis in the park with her friend. Porter City is a nice place to live, and Josie likes it because it is easy to get around.

Leia Ativamente

Quando ler, lembre-se de ler ativamente circulando as palavras que não conhece e destacando as ideias importantes. Siga estes passos:

1. Underline the topic. (Sublinhe o tema.)

2. Circle new vocabulary. (Circule vocabulário novo.)

3. Put a question mark (?) next to unclear parts. (Coloque um ponto de interrogação ao lado de partes obscuras.)

4. Take notes. (Tome notas.)

5. Highlight the main idea and key words. (Destaque a ideia principal e as palavras-chave.)

6. Mark examples with "Ex." (Marque exemplos com "Ex.")

7. Number main points, lists or ideas. (Enumere os pontos, listas ou ideias principais.)

8. Make a list of comments or questions. (Faça uma lista de comentários ou perguntas.)

Exercício 4.31

Leia ativamente a passagem sobre Josie. Depois de marcar a passagem, veja um exemplo de leitura ativa no Gabarito.

Entenda o Que Leu

Você entendeu a passagem? Depois de ler ativamente, verifique o entendimento dos detalhes.

Exercício 4.32

Reveja a passagem e suas anotações. Depois responda a estas perguntas sobre a passagem.

1. What time does Josie catch the bus to work every weekday? ____________
2. What time does she arrive home from work? ____________
3. Where does Josie play tennis? ____________
4. Does she like living in Porter City? ____________
5. Why does she like living in Porter City? ____________

Descobrindo o Significado pelo Contexto

Às vezes, quando lemos, encontramos palavras que não conhecemos. No Capítulo 3, descobrimos como encontrar o significado de uma palavra nova pela definição de pistas do contexto. Neste capítulo, aprenderemos outra forma de encontrar o significado de uma palavra — de pistas de exemplo de contexto. **Pistas de exemplo de contexto** fornecem exemplos ou detalhes para ajudá-lo a entender o significado de palavras novas. Há muitas pistas de exemplo que podem ajudá-lo. Aprenderemos cinco delas. Exemplos geralmente são apresentados por frases como *for example, for instance, including, such as*, e *like*. Veja as frases de exemplo a seguir. A palavra sublinhada é a palavra nova. A frase que introduz um exemplo está em negrito, e os exemplos que nos ajudam a entender o significado da palavra nova, em itálico.

Dicas de Exemplo de Contexto	Frases de exemplo
1. For example, Coloque uma vírgula depois de *For example* no início de uma frase.	There are many ways to commute. **For example,** you can *walk, bike, drive, or take the train to work.*

Dicas de Exemplo de Contexto	Frases de exemplo
2. For instance, Coloque uma vírgula depois de *For instance* no início de uma frase.	There are many ways to commute. **For instance,** you can *walk, bike, drive, or take the train to work.*
3. including Às vezes, usamos uma vírgula antes de *including*.	There are many ways to commute**, including** *walking, biking, driving, taking the train, taking the bus, and carpooling to work.*
4. such as Às vezes, usamos uma vírgula antes de *such as*.	There are many ways to commute**, such as** *walking, biking, driving, taking the train, taking the bus, and carpooling to work.*
5. like Às vezes, usamos uma vírgula antes de *like*.	There are many ways to commute, **like** *walking, biking, driving, taking the train, taking the bus, and carpooling to work.*

Por essas frases, vemos que driving, walking, biking, taking the bus, taking the train, e carpooling são meios de chegar ao trabalho. Assim, **to commute** significa ir ao trabalho.

Vamos praticar a compreensão do significado das palavras pelos exemplos.

Exercício 4.33

Veja as frases a seguir. A palavra nova está em negrito. Identifique os exemplos na frase que descrevem a palavra nova.

EXEMPLOS: ***High Occupancy Vehicles (HOVs),*** such as vans, shuttles, and cars carrying multiple people, save people money on tolls. *vans, shuttles, and cars carrying multiple people*

1. Some cities promote **commute rewards,** such as tax benefits and discounted tolls.

 ____

2. One way to get downtown is to **carpool**. For instance, you can drive to work with a family member, a friend, or a coworker. ____________________

3. Using public transportation is **environmentally friendly**. For example, taking the bus and the train saves gas and decreases air pollution.

 ____

4. **Rideshare programs** like the vanpool and company shuttles save fuel.

 ____

5. Many cities have designated **bicycle lanes**. For instance, most Montclair Village streets leave space for cyclists to ride alongside cars.

 ____

Escrita

Em inglês, usamos a estrutura de frase sujeito-verbo-objeto (SVO). A maioria das frases segue esta estrutura: (S) o sujeito geralmente vem no início da frase; (V) o verbo de ação segue o sujeito; e (O) um objeto segue o verbo. Vejamos alguns exemplos da leitura sobre Josie. Em cada frase, o sujeito está em negrito, o verbo está sublinhado e o objeto está em itálico.

Every week day, **she** takes the *bus* to work.

She catches the *bus* at 8:00 A.M. At 6:15 P.M., **she** takes the *bus* back home.

On Sundays, **she** rides her *bicycle* to the park.

Right now, **Josie** is playing *tennis* in the park with her friend.

Josie likes *Porter City* because it is easy to get around.

Identificando a Estrutura de Frase SVO (Sujeito + Verbo + Objeto)

Há três passos para encontrar o S, o V, e o O de uma frase.

1. **Passo 1:** Encontre o verbo. O verbo é a ação da frase. Você pode perguntar *What is the action*?
2. **Passo 2:** Encontre o sujeito. O sujeito é o substantivo que geralmente vem antes do verbo em frases simples. Pergunte *Who/what is doing the action*?
3. **Passo 3:** Encontre o objeto. O objeto do verbo geralmente vem depois dele. Faça uma pergunta usando o verbo + *what/whom*?

Vejamos um exemplo usando esta frase:

On Sundays, she rides her bicycle to the park.

1. Encontre o verbo. What is the action of the sentence? Resposta: *rides*. Então, o verbo é rides.

2. Encontre o sujeito. Who/what rides? Resposta: *she*. O sujeito é **she**.

3. Encontre o objeto. Rides what? (verbo + what/whom) Resposta: *her bicycle*. O objeto do verbo é her bicycle.

On Sundays, she rides her bicycle to the park.

S V O

Veja as outras frases de exemplo dadas anteriormente. Siga os passos 1 a 3 para identificar o sujeito, o verbo, e o objeto em cada frase. Agora pratique achar os sujeitos, verbos, e objetos em outras frases.

Exercício 4.34

Leia as frases a seguir. Ache a SVO em cada uma delas. Use os passos anteriores para ajudá-lo.

EXEMPLO: *Henry takes the train to work every day.*
Subject: Henry / Verb: takes / Object: the train

1. Jacob gets a paycheck every two weeks. ____________________
2. Right now, Sandra is walking her dog. ____________________
3. Geraldo likes movies. ____________________
4. Every day, the bus takes Audrey to school. ____________________
5. Joseph plays baseball. ____________________
6. Mike is taking a taxi to work. ____________________
7. This semester, Tanaka is studying economics. ____________________
8. The Williams family plans a vacation every year. ____________________

Exercício 4.35

Forme frases sobre a cidade em que você mora e suas atividades. Pense em como você vai ao trabalho. Considere o sistema público de transporte. Use a passagem de leitura sobre Josie como guia. Use o simple present (veja o Capítulo 2) para falar sobre hábitos, atividades regulares e costumes. Use o present progressive (veja o Capítulo 3) para falar de ações temporárias acontecendo agora. Use vocabulário deste capítulo e dos anteriores. Pratique tudo o que aprendeu. Certifique-se de que cada frase siga a estrutura SVO. Depois de criar cada frase, siga os três passos para conferir se você tem um sujeito, um verbo e um objeto. Use as palavras dadas como guia.

Dicas de Escrita

Lembre-se de iniciar cada frase com letra maiúscula e terminar cada frase com um ponto final, ponto de interrogação ou de exclamação. Nesta atividade, termine cada frase com um ponto final.

EXEMPLO: Weekly activity / simple present *Every Friday night, I see a movie.*
S V O

1. Daily activity / simple present ____________________
2. How you commute to work / simple present ____________________

3. What you are doing right now / present progressive ______________________
4. Bus or train schedule information / simple present ______________________
5. A custom in your city / simple present ______________________

Dicas de Escrita: Abreviações

Muitas vezes usamos abreviações em endereços; contudo, geralmente não as usamos na escrita formal. Ao escrever seu endereço de correspondência, use abreviações. Veja algumas abreviações comuns de ruas:

Street = St.	Avenue = Ave.	Road = Rd.
Boulevard = Blvd.	Terrace = Ter.	Circle = Cir.
Place = Pl.		

Este é o formato que usamos ao escrever um endereço de correspondência:

Name (Nome)
Street address (Endereço)
City, State, Zip code (Cidade, Estado, CEP)

Veja um exemplo de um endereço de correspondência:

Josie Ferem
2652 Lincoln St.
Porter City, CA 95499

Exercício 4.36

Escreva seu nome e endereço de correspondência usando este formato.

____

____

____

Quiz

Você terminou o Capítulo 4. Ótimo trabalho! Agora, faça o quiz para ver do que você se lembra. Escolha as respostas certas para cada pergunta. Pode haver várias respostas certas para algumas das perguntas.

1. Que tipo de verbo usamos para dar informações?

Simple present — Present progressive
Simple past — Imperative

2. Que expressão usamos no plural?

   There is
   There are

3. Qual é a preposição que tem o mesmo significado de *in back of*?

   Near | Across from
   Behind | In front of

4. Qual *não* é uma preposição que usamos em inglês?

   Next to | Near to
   In between | In

5. Podemos pedir a repetição de uma informação quando não a entendemos. Verdadeiro ou Falso?

6. Que tempo verbal usamos para falar sobre horários?

   Simple present | Present progressive
   Simple past | Imperative

7. Quando não sabemos o significado de uma palavra, que expressão usamos para encontrar exemplos em uma passagem?

   Such as | For example
   Like | Including

8. Qual é a estrutura de frase usada em inglês?

   VOS | SOV
   SVO | OSV

9. Que respostas significam o mesmo que *take a right*?

   Make a right. | Turn right.
   Go right. | Be right.

10. O que fazemos quando queremos verificar a compreensão?

    Ask for repetition | Say thank you
    Paraphrase | Shake hands

Pratique o que Aprendeu!

Agora que você aprendeu a falar sobre horários e como pedir informações sobre o transporte público, tente fazê-lo por aí. Reveja este capítulo, saia e use seu inglês! Marque cada atividade que completar.

Faça Esta Semana

- Use o afirmativo e o negativo do simple present para falar sobre horários.
- Pratique o uso de vocabulário e expressões de tempo novas.
- Pergunte às pessoas sobre horários de ônibus, trens e lojas. Lembre de usar o tom ascendente.
- Peça às pessoas para que repitam o que disseram. Lembre de usar o tom ascendente.
- Verifique seu entendimento parafraseando. Lembre de usar o tom ascendente.
- Dê informações às pessoas usando o imperativo.
- Use preposições de lugar ao dar orientações.
- Diga às pessoas onde as coisas estão ou quantas existem usando *there is* e *there are*.

Registro Semanal

Registre o seu progresso semanal. Anote como foi a sua prática. O que aconteceu? Foi bem-sucedida? Como você sabe? Foi malsucedida? Como você sabe? Reveja todas as instruções, dicas e notas culturais no Capítulo 4.

___

___

___

___

___

___

5

Recreação e Hobbies

Neste capítulo você vai aprender:

Fala

- Como falar sobre o que você fez no último fim de semana
- Como perguntar sobre o fim de semana de alguém
- Como falar sobre hobbies e recreação
- Como expressar gostos e aversões
- Como encorajar alguém
- Como expressar incredulidade

Vocabulário, Leitura e Escrita

- Vocabulário para recreação e hobbies
- Expressões de tempo para o passado
- Como descobrir vocabulário usando contraste
- Como escrever sobre ações passadas
- Como usar o ponto de exclamação

Gramática

- Como usar o passado simples
- Como usar gerúndio e infinitivo com os verbos *like, love, hate*, e *prefer*
- Como usar *go* + verbo-**ing**
- Alguns verbos irregulares
- Como usar adjetivos possessivos

Linguagem Corporal

- O significado de "thumbs-up" e o "fist bump"
- O significado de "high five" e "giving ten"

Falando sobre o Fim de Semana Passado

Vamos falar sobre o último fim de semana. Geralmente, o fim de semana é um período de recreação. Passamos tempo com a família e amigos e nos divertimos. Participamos de atividades recreativas e dedicamos tempo aos nossos hobbies.

Conversa: Falando sobre o que Você Fez[1]

Para formar relacionamentos com as pessoas no trabalho ou manter relacionamentos com amigos, geralmente falamos sobre o que fizemos no fim de semana anterior. Vejamos um exemplo de conversa

Conversation	Guia de conversação
MARISA: Hey there! How are you?[1]	1. Você também pode usar outras expressões do Capítulo 1. Outras perguntas para fazer sobre o fim de semana: *What did you do this weekend?* / *How was your weekend?*
ANGELITA: Wish it were still the weekend.[2]	2. Em uma conversação, muitas vezes omitimos o "I" no início da frase. Por exemplo: I wish it were still the weekend.
MARISA: Really? What did you do?[3]	3. **Dica de pronúncia:** *What did you do?* é pronunciado *Whadidja do?*
ANGELITA: Oh, we had such[4] a great weekend! We went camping[5] all weekend and went white-water rafting[5] on the Russian River. It was so much fun)!	4. *Such* é usado como intensificador aqui. Outros intensificadores são *very*, *so*, *really*, *totally* e *too*. Geralmente são usados antes de um verbo ou um adjetivo. *Such* geralmente é usado antes de um adjetivo e um substantivo. 5. Algumas atividades são usadas com *go*. A estrutura é go + verbo-**ing**. Há mais sobre isso na seção "Atividades com a Palavra *Go*" mais adiante neste capítulo.
MARISA: Wow![6] That sounds like fun! How was the weather?[7]	6. Interjeições são palavras que usamos para expressar emoção. Geralmente são formadas por uma palavra seguida por um ponto de exclamação. *Wow!* mostra entusiasmo. Expressões alternativas: Fun! / Really? / Nice! / Cool! 7. Fazer WH questions faz a conversa fluir. É um ótimo jeito de formar e cultivar relacionamentos.

1 Essa "conversation" é narrada na Faixa 20 dos áudios do livro (Baixe os áudios em altabooks.com.br - procure pelo título do livro ou ISBN).

Conversation	Guia de conversação
ANGELITA: Just beautiful.[8] Sunny all day with a cool breeze and cool at night.[8] We had such[4] a great time.[9] It was so relaxing.[9] We really enjoyed it.[9]	8. Em uma conversa casual, muitas vezes omitimos *It is* ou *It was*. Just beautiful. = It was just beautiful. / Sunny all day with a cool breeze and cool at night. = It was sunny all day with a cool breeze and cool at night. 9. É comum repetir um sentimento de formas diferentes para dar ênfase e mostrar entusiasmo.
MARISA: I've never been white-water rafting. Is it hard?[10] It seems so scary![11]	10. Fazer yes/no questions é outra boa estratégia de mostrar interesse e continuar a conversa. 11. Dar sua opinião educadamente evoca ainda mais assunto.
ANGELITA: Well, I was a little nervous. And I did have[12] to pay attention. But my adrenaline kicked in[13] and it was really exhilarating! What about you? What did *you*[14] do over the weekend?[15]	12. *Did have* é usado em vez de *had* para dar ênfase. 13. **Kicked in** é um phrasal verb para initiated, started ou began (*iniciou/começou*). 14. *You* é enfatizado para mostrar a mudança do sujeito. Como *you* é enfatizado, *what did you* **não** soa como *whadidja*. 15. Over the weekend = during the weekend.
MARISA: Nothing as fun as you.[16] We went food shopping[5] and cleaned the house. Mostly, we relaxed, watched TV, and rented a movie. But next weekend, I'll do something fun outdoors![17]	16. As + adjetivo + as = uma comparação. Outras expressões: as short as / as cool as / as strange as / as fun as / as enjoyable as. 17. Termine a conversa com um tom positivo.

Gramática: Usando o Passado Simples

Em inglês, usamos o simple past para falar sobre ações e eventos no passado. O passado é qualquer período antes deste momento. Nos exemplos a seguir, *now* significa o momento em que se está falando. Vejamos algumas frases de exemplo. O verbo está em negrito. Expressões de tempo para o simple past estão em itálico. A palavra entre parênteses é o verbo usado no infinitivo.

EXEMPLO 1: Shauna **read** a mystery novel *last weekend.* (read)

NOTA O simple past de *read* é escrito como no simple present para *I*, *you*, *we* e *they*.

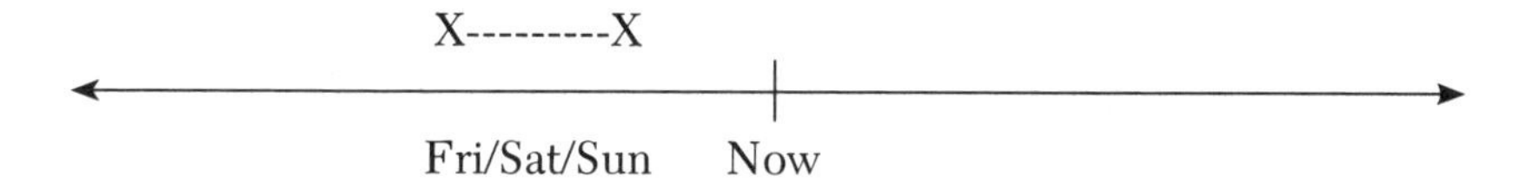

Shauna leu um livro de sexta-feira (Friday) a domingo (Sunday). Ela também fez outras coisas. Mas na maior parte do fim de semana, ela leu um romance.

EXEMPLO 2: Mason **went** clothes **shopping** *on Saturday*. (go shopping)

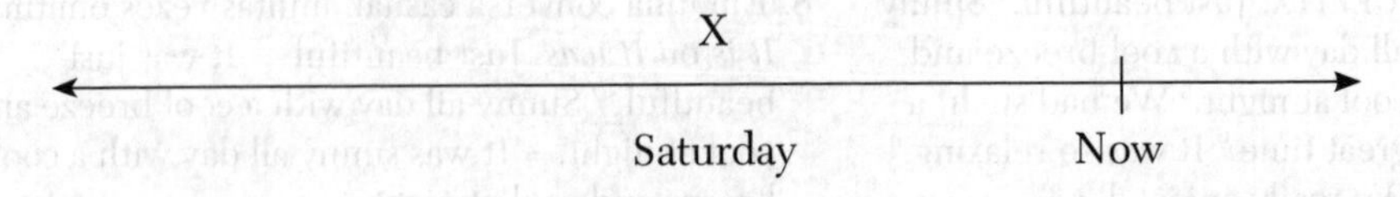

Por algumas horas no sábado (Saturday), Mason saiu para comprar roupas. Ele comprou algumas camisas e algumas calças.

EXEMPLO 3: We **drove** to Lake Tahoe *for the weekend*. (drive)

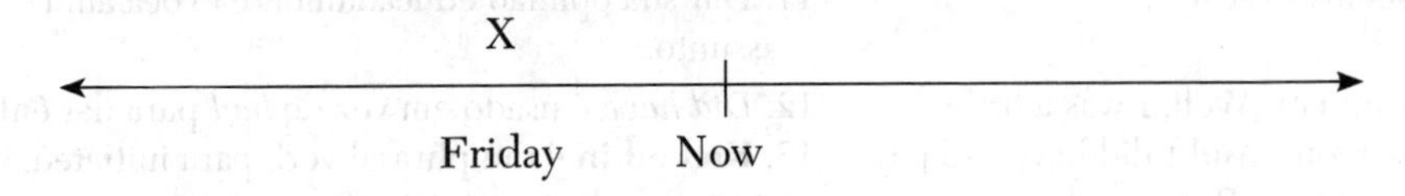

A família Williams foi ao Lago Tahoe no fim de semana. Eles foram para lá na sexta-feira (Friday) e voltaram no domingo (Sunday). Ficaram em uma casa de campo no lago. Eles jogaram, nadaram e relaxaram ao redor do lago.

O Simple Past: Formando o Afirmativo

Como formamos o simple past? Geralmente adicionamos -**d** ou **-ed** ao infinitivo. Estude a tabela a seguir; read the example sentences aloud.

Sujeito ou pronome pessoal	Verbo no passado simples	Frases de exemplo
I/You/We/They/ He/She/It	played	I played soccer on Saturday and Sunday.
		They played soccer on Saturday and Sunday.
		She played soccer on Saturday and Sunday.

Regras de Ortografia para o Simple Past

Para formar o simple past com verbos regulares, lembre-se de quatro regras:

1. Se a palavra terminar em *-e*, adicione **-d**.
   exercise → exercise**d**
   like → like**d**
   rake → rake**d**
2. Se a palavra terminar com uma vogal + uma consoante, dobre a consoante e adicione **-ed**.
   shop → shop**ped**
   plan → plan**ned**
   jog → jog**ged**
3. Se a palavra terminar com uma consoante + *y*, troque o *y* por *i* e adicione **-ed**.
   study → stud**ied**
   cry → cr**ied**
   supply → suppl**ied**

4. Em todos os outros casos, adicione **-ed**. play → play**ed**
look → look**ed**
mow → mow**ed**

Vamos praticar o uso do simple past.

Exercício 5.1

Complete as frases com o simple past do verbo dado entre parênteses.

EXEMPLO: (enjoy) Ashish really *enjoyed* the weekend at the beach.

1. (cook) Tad ____________ dinner for six people on Friday night.
2. (exercise) On Sunday, Cheryl ____________ at the gym.
3. (rake) Nathan ____________ the front and back yards this past weekend.
4. (walk) The whole class ____________ five miles on Saturday to raise money.
5. (bike) Marilyn and Michelle ____________ 30 miles last weekend.
6. (work) Unfortunately, we ____________ all day Sunday.
7. (grill) This past weekend, my father ____________ on the barbecue.
8. (carry) My brother ____________ my luggage for me.

Dica de Pronúncia: Três Sons Diferentes da Terminação -ed

Em inglês, emitimos três sons diferentes para a terminação **-ed**. O som é determinado pelo som da última consoante na palavra. Por exemplo, vejamos a palavra *walk*. O som da última consoante é /**k**/. O som /**k**/ é mudo, então o som final de **-ed** será /**t**/. Outro exemplo é a palavra *love*. O som da última consoante é /**v**/. Como o som /**v**/ é expresso, a terminação **-ed** soará como /**d**/. A palavra *want* termina com o som /**t**/, então precisamos acrescentar uma sílaba para pronunciá-la corretamente no simple past. *Want* tem uma sílaba; *wanted* tem duas. Veja uma lista de sons e regras na tabela.

A tabela a seguir é referenciada no áudio da Faixa 22 (Baixe os áudios em altabooks.com.br - procure pelo título do livro ou ISBN)

Som	/t/	/d/	/id/
Exemplos	wor**k**ed, sto**pp**ed, ra**c**ed, lau**gh**ed, wa**tch**ed, fi**sh**ed	pla**y**ed, exerci**s**ed, li**v**ed, stud**i**ed, ju**dg**ed, mo**w**ed	star**t**ed, deci**d**ed, wan**t**ed, crea**t**ed
Sons finais de consoantes	/**s**/; /**f**/; /**p**/; /**k**/; /q/; / **ʧ**/; /**ʃ**/	/**m**/; /**n**/; /**z**/; /**v**/; /**b**/; /**g**/; /**l**/; /**w**/; /**y**/; /**ŋ**/; /**ʤ**/; todos os sons de vogais	/**t**/; /**d**/
Regras e notas	Esta terminação **-ed** têm o som de /**t**/ em *time*. É um som mudo porque não usa as cordas vocais; apenas o ar é usado para fazer o som. Coloque a mão na garganta enquanto emite o som; não há vibração.	Esta terminação **-ed** têm o som de /**d**/. É um som expresso porque usa as cordas vocais, ou seja, elas vibram. Coloque a mão na garganta e sinta a vibração enquanto emite o som /**d**/ como em ***d**og*.	Este final adiciona uma sílaba à palavra. É um som expresso e pronunciado como /**id**/, como em ***did***.

Exercício 5.2

*Veja os verbos dados no simple past; Identifique o som da última consoante antes da terminação **-ed**. Depois, verifique a tabela anterior. O som da terminação é de /**t**/, /**d**/, ou /**id**/? Escolha o som correto para cada verbo.*

1. divided	/t/	/d/	/ɪd/	5. counted	/t/	/d/	/ɪd/
2. missed	/t/	/d/	/ɪd/	6. picked	/t/	/d/	/ɪd/
3. danced	/t/	/d/	/ɪd/	7. jogged	/t/	/d/	/ɪd/
4. moved	/t/	/d/	/ɪd/	8. mailed	/t/	/d/	/ɪd/

Exercício 5.3

*Pense em dois verbos diferentes para cada som de terminação **-ed** mostrado. Para ajudá-lo, pense nas atividades que realizou no último fim de semana e use a tabela anterior como guia.*

/t/	/d/	/ɪd/
________	________	________
________	________	________

Verbos Irregulares no Passado

Em inglês, geralmente formamos o simple past com a terminação **-ed**. Verbos que têm essa terminação são chamados de **verbos regulares**. **Verbos irregulares**, no entanto, não têm terminação **-ed**. Em vez disso, o simple past desses verbos têm formas diferentes. Estude a tabela a seguir; read the example sentences aloud.

Sujeito ou pronome pessoal	Verbo irregular no simple past	Frases de exemplo
I/You/We/They/ He/She/It	drove	The Williams family drove to Lake Tahoe for the weekend.
		They drove to Lake Tahoe for the weekend.

Veja uma lista de verbos irregulares comuns:

Infinitivo	Simple past	Infinitivo	Simple past
Go	Went	Buy	Bought
See	Saw	Do	Did
Drive	Drove	Make	Made
Put	Put	Have	Had
Sing	Sang	Give	Gave
Forget	Forgot	Come	Came
Read	Read	Ride	Rode
Drink	Drank	Eat	Ate
Understand	Understood	Stand	Stood
Sit	Sat	Feel	Felt
Is	Was/were	Tell	Told
Say	Said	Catch	Caught
Get	Got	Sleep	Slept
Write	Wrote	Think	Thought
Run	Ran	Teach	Taught
Swim	Swam	Find	Found
Shake	Shook	Lose	Lost
Break	Broke	Win	Won

Agora vamos praticar o uso do simple past com verbos irregulares.

Exercício 5.4

Complete as frases com o simple past do verbo dado entre parênteses.

EXEMPLO: (come) Lois *came* to my house for the weekend.

1. (swim) My aunt ______________ in the pool last week.
2. (run) I ______________ six miles yesterday.

3. (drink) On Saturday afternoon, we ______________ homemade iced tea.
4. (buy) Cole ______________ a new car last weekend.
5. (sleep) My husband ______________ terribly last night.
6. (sing) Julie ______________ in the church choir on Sunday.
7. (forget) He ______________ his keys on the kitchen counter this morning.
8. (make) His sister ______________ a delicious dinner Tuesday night.

Expressões de Tempo no Simple Past

Veja algumas expressões de tempo muito usadas no simple past. Estude as expressões e read the example sentences aloud.

Expressões de Tempo	Frases de exemplo
On + dia	On Saturday, we watched the football game.
For + período de tempo	John was in Las Vegas for the weekend.
Over + período de tempo	They relaxed over the weekend.
All + período de tempo	She attended art school all summer.
Yesterday / yesterday morning / yesterday afternoon / last night	Last night, Mary went to dance class.
*Last Monday/Tuesday/*etc.	We won the game last Thursday.
Last week/weekend/month/year	Last year, I played on the baseball team.
This past weekend (use esta frase quando for logo após o fim de semana, como na segunda ou terça-feira)	This past weekend, I tried water skiing.
Quantidade de tempo + *ago*	Three years ago, I broke my leg.
This morning (A manhã já passou; é mais tarde agora.)	I lost my car keys this morning.
Earlier today / this week / this month	Earlier this month, I was sick.

Agora, pratique o uso de diferentes expressões de tempo para o simple past.

Exercício 5.5

Crie frases usando as palavras dadas, e coloque o verbo no simple past. Não se esqueça de colocar um ponto no fim da frases.

EXEMPLO: Celina / walk / five miles / last weekend.
Celina walked five miles last weekend.

1. Denise and Kerry / dance / all night / at the party.

____

2. Jeremy and his friends / ride / their motorcycles / last weekend.

____

3. On Friday, / she / drive / to the country.

____

4. Earlier this week, / Matt / move / to a new apartment.

____

5. I / hike / the mountain / yesterday afternoon.

____

6. They / enjoy / the weather / this past weekend.

____

O Simple Past: Formando o Negativo

Quando formamos o simple past no negativo, precisamos usar *did* + *not* + verbo no infinitivo. Ao estudar a tabela a seguir, read the example sentences aloud.

Sujeito ou Pronome pessoal	Did	Negativo	Verbo no simple past	Frase de exemplo
I/You/We/They/ He/She/It	did	not	play	We did not play basketball last weekend.

Importante: No negativo, *não* coloque o verbo principal no simple past. A palavra *did* mostra o passado, então não precisa mudar o verbo principal. Veja as frases de exemplo.

INCORRETO: *He **did not played** tennis on Sunday.*

CORRETO: *He **did not play** tennis on Sunday.*

Exercício 5.6

Complete as frases com a forma correta do simple present no negativo.

EXEMPLO: (play) Marvin did not play with his friends yesterday.

1. (cook) Faith ______________ the meal by herself on Friday night.
2. (run) The track team ______________ after school on Tuesday.

3. (come) Mrs. Oberman ______________ to the celebration last weekend.

4. (have) Last night, Judy ______________ fun at the party.

5. (win) The team ______________ the game yesterday.

6. (hike) Harry and I ______________ the long trail on Sunday.

O Simple Present: Formando Contrações no Negativo

Em inglês, geralmente falamos usando contrações. É menos formal. Veja como formamos contrações no negativo no simple present. Read the example sentences aloud.

Sujeito ou pronome pessoal	Did	Negativo	Contração de Did e Negativo	Verbo no simple present	Frases de exemplo
I/You/We/They/ He/She/It	did	not	didn't	find	She didn't find her car keys.

Exercício 5.7

Crie frases usando as palavras dadas. Primeiro use o simple present no negativo, depois use a contração negativa.

EXEMPLO: Nan / NEGATIVE / go / to the graduation ceremony.
Nan did not go to the graduation ceremony.
Nan didn't go to the graduation ceremony.

1. Vera / NEGATIVE / like / the movie.

____

____

2. Hilal and her mother / NEGATIVE / go / to the store.

____

____

3. He / NEGATIVE / understand / the math class.

____

____

4. I / NEGATIVE / forget / the concert tickets.

____

____

Vocabulário: Recreação e Hobbies

O que é recreation? **Recreation** é o que as pessoas fazem para se divertir, entreter, passar o tempo e relaxar. Há muitos tipos de recreação. Por exemplo, algumas pessoas gostam de ir a museus históricos. Outras gostam de assistir a peças de teatro. **Hobbies** também são atividades que as pessoas gostam de fazer fora do trabalho, mas geralmente são feitas repetidamente. A maioria das pessoas passa muito tempo com seu hobby e se interessa em aprender tudo sobre a atividade. Por exemplo, algumas pessoas gostam de pintar quadros e o fazem sempre. Outras gostam de colecionar moedas antigas e sabem tudo sobre elas. Veja a curta lista de diferentes tipos de recreação e hobbies a seguir.

Recreation	Hobbies
Go to the museum, the movies, the park, the library, the amusement park,	Collect things such as baseball cards, stamps, coins, and antique furniture
the circus, the theater, poetry readings, comedy shows, and musical plays	Take lessons in dancing, music, singing, and art
Play sports such as baseball, basketball, soccer, football, tennis, or volleyball	Create art—paint, color, draw, illustrate, take photographs, and make scrapbooks and collages
Do yoga, meditate, and volunteer	Play a musical instrument, sing in a band or choir, write song lyrics
Go to concerts and other live-music events	Make candles, soap, jewelry, or pottery
	Sew, quilt, knit, and crochet
	Cooking and gardening

Dica Cultural: Nos Estados Unidos, **American football** é jogado com uma bola marrom e oval e os jogadores usam roupas de proteção. O jogo chamado **soccer** nos Estados Unidos é chamado de **football** em outras partes do mundo.

Exercício 5.8

Combine a ilustração de um tipo de recreação ou hobby com o vocabulário.

1. Attending a concert — a. 

2. Doing yoga — b. 

3. Playing the guitar — c. 

4. Taking photographs — d. 

5. Playing tennis — e. 

Atividades com o Verbo *Go*

Em inglês, alguns verbos muitas vezes são usados com o verbo *go*. A forma é *go* + verbo-**ing**. Veja a lista a seguir de atividades comumente usadas com o verbo *go*:

Shopping	Hiking	Camping
Skiing/waterskiing	Hunting	Running/walking/jogging
White-water rafting	Bungee jumping	Swimming
Sailing/parasailing	Rock climbing	Golfing
Dancing	Gambling	Skydiving
Bike riding/cycling	Hang gliding	Scuba diving
Snorkeling	Horseback riding	Snowboarding
Snowshoeing	Fishing	Boating/canoeing/rowing/kayaking

Vejamos algumas frases de exemplo que usam essa forma. Esses exemplos estão no simple past:

Afirmativo	**Negativo**
She *went swimming* yesterday.	She *didn't go swimming* yesterday.
They *went shopping* on Thursday night.	They *didn't go shopping* on Thursday night.
This past weekend, I *went bungee jumping*.	This past weekend, I *didn't go bungee jumping*.

Exercício 5.9

*Complete as frases a seguir com uma atividade da lista anterior. Use a estrutura go + verbo-***ing** *no simple past. Algumas são negativas. Não se esqueça de colocar um ponto no final de cada frase.*

EXEMPLO 1: Darcy / go / ACTIVITY / all summer.
Darcy went swimming all summer.

EXEMPLO 2: Bo / NEGATIVE / go / ACTIVITY / yesterday.
Bo didn't go bungee jumping yesterday.

1. Raman / go / ACTIVITY / over the weekend.

____

2. Tamara / NEGATIVE / go / ACTIVITY / last week.

____

3. This morning, my mom / go / ACTIVITY.

____

4. Last weekend, he / NEGATIVE / go / ACTIVITY.

____

5. Gretel / NEGATIVE / go / ACTIVITY / on Saturday.

____

6. Ulya / go / ACTIVITY / all winter.

____

Gramática: Fazendo Perguntas com o Simple Past

Usamos o simple past para fazer perguntas sobre atividades que ocorreram no passado.

O Simple Past: Formando Yes/No Questions

Em uma conversa, fazemos perguntas sobre o que as pessoas fizeram, por exemplo, no fim de semana. Usamos yes/no questions para começar ou manter uma conversa. Como você viu nos capítulos anteriores, respondemos essas perguntas com *yes* ou *no*. Para yes/no questions no simple past, usamos *did*. Ao observar a tabela, read the example sentences aloud.

Did	Sujeito ou pronome pessoal	Verbo Principal no Infinitivo	Resto da Frase	Frases de exemplo
Did	you	enjoy	your weekend?	Did you enjoy your weekend?
Did	he	go	on vacation yesterday?	Did he go on vacation yesterday?
Did	your sister	have	a good time at the party?	Did your sister have a good time at the party?

Dica de Pronúncia

Lembre-se de usar o tom ascendente no final de yes/no questions para indicar incerteza. Veja mais informações na tabela de entonação no Apêndice.

Você pode responder yes/no questions com respostas longas, usando o verbo completo e incluindo todas as partes da frase. Ou você pode dar uma resposta curta que inclua só parte do tempo verbal. Você também pode dar uma resposta rápida que consiste só em *yes* ou *no*. Todos esses tipos de respostas são aceitáveis. Note que respostas longas usam o verbo no simple past e que as respostas curtas usam apenas *did*.

Yes/no question: Did she have a good time at the party?

Respostas Afirmativas

RESPOSTA LONGA: Yes, she *did* have a good time at the party. / Yes, she had a *great* time at the party!

RESPOSTA CURTA: Yes, she did.

RESPOSTA RÁPIDA: Yes. (Você também pode usar uma expressão alternativa para **yes**. Veja mais informações no Capítulo 1.)

Respostas negativas

RESPOSTA LONGA: No, she *didn't* have a good time at the party.

RESPOSTA CURTA: No, she didn't.

Quando a resposta é negativa, muitas vezes apresentamos uma razão ou causa para a negativa. Por exemplo, podemos dizer, "No, she didn't. She wasn't feeling very well."

RESPOSTA RÁPIDA: No. (Você também pode usar uma expressão alternativa para *no*. Veja mais informações no Capítulo 1.)

Dica de Pronúncia

Em respostas afirmativas longas, dê ênfase a *did* quando usado: *Yes, she **did** have a good time at the party*. Quando o simple past for usado sem *did*, dê ênfase à ideia principal: *Yes, she had a **great** time at the party!* Em respostas afirmativas curtas, dê ênfase a *did*: *Yes, she **did***. Em respostas negativas curtas e longas, dê ênfase à contração negativa ou ao *not*: *No, she **didn't** have a good time at the party. / No, she **didn't**. / No, she did **not**.*

NOTA: Não dê ênfase em respostas rápidas.

O Simple Past: Respostas curtas para Yes/No Questions

Há algumas regras para dar respostas curtas a yes/no questions no simple past.

- Geralmente omitimos o verbo principal em respostas curtas.
- Não contraímos uma resposta curta afirmativa.

Yes ou No + vírgula	Sujeito ou pronome pessoal	Did	Negativo	Contração Negativa*
Yes,	I/you/we/	did.		Yes, they did.
No,	they/he/she/it	did	n't.	No, she didn't.

*Não há contrações em respostas afirmativas.

Exercício 5.10

Forme yes/no questions com o verbo no simple past usando as palavras dadas. Depois, crie respostas longas, curtas e rápidas para ela. Responda às perguntas afirmativamente (Yes) ou negativamente (No) como indicado.

EXEMPLO 1: Did / Heidi / attend / the meeting / yesterday? (Yes)

PERGUNTA: *Did Heidi attend the meeting yesterday?*

RESPOSTA LONGA: *Yes, she did attend the meeting yesterday.*

RESPOSTA CURTA: *Yes, she did.*

RESPOSTA RÁPIDA: *Yes.*

EXEMPLO 2: Did / Thurston / go golfing / last Sunday? (No)

PERGUNTA: *Did Thurston go golfing last Sunday?*

RESPOSTA LONGA: *No, he didn't go golfing last Sunday.*

RESPOSTA CURTA: *No, he didn't.*

RESPOSTA RÁPIDA: *No.*

1. Did / Felicia / go / to the museum / on Saturday? (Yes)

PERGUNTA: ______________________________

RESPOSTA LONGA: ______________________________

RESPOSTA CURTA: ______________ RESPOSTA RÁPIDA: ______

2. Did / Manny / catch / his flight to Hong Kong this morning? (Yes)

PERGUNTA: ______________________________

RESPOSTA LONGA: ______________________________

RESPOSTA CURTA: ______________ RESPOSTA RÁPIDA: ______

3. Did / Dr. Lane / run / the marathon / last week? (No)

PERGUNTA: ______________________________

RESPOSTA LONGA: ______________________________

RESPOSTA CURTA: ______________ RESPOSTA RÁPIDA: ______

4. Did / you / get / the tickets / for the musical? (Yes)

PERGUNTA: ______________________________

RESPOSTA LONGA: ______________________________

RESPOSTA CURTA: ______________ RESPOSTA RÁPIDA: ______

5. Did / Salvatore / register / for ballroom dancing lessons? (No)

PERGUNTA: ______________________________

RESPOSTA LONGA: ______________________________

RESPOSTA CURTA: ______________ RESPOSTA RÁPIDA: ______

O Simple Past: Formando WH Questions

Em uma conversa, perguntamos às pessoas sobre ações no passado. Usamos WH questions ou perguntas informativas, para perguntar sobre o tempo, localização, modo ou motivo de uma ação. Essas perguntas começam com palavras ou frases WH como *who, what, when, where, why, how, what kind, which one, how long, how many* e *how much*. (Encontre uma lista de palavras para

WH questions no Apêndice.) Reveja os seguintes exemplos e como formar essas perguntas; read the example sentences aloud.

Palavra ou Frase para WH question	Did	Sujeito ou pronome pessoal	Verbo Principal no Infinitivo	Resto da Frase	Frases de exemplo
When	did	you	go skiing	?	When did you go skiing?
Where	did	they	take	singing lessons?	Where did they take singing lessons?
How long	did	the band	play	in the park?	How long did the band play in the park?
How much	did	the tickets	cost	?	How much did the tickets cost?
Who/whom (objeto do verbo)	did	she	call	yesterday?	Who/whom did she call yesterday?

Quando *who* for o sujeito da frase, não adicionamos outros sujeito. Não adicionamos *I, you, we, they, he, she*, ou *it*. Nessas perguntas, **não** usamos *did*. Ao ler os exemplos a seguir, read the example sentences aloud.

Who (Sujeito da Frase)	Verbo Principal no Simple Present	Resto da frase	Frases de exemplo
Who	went scuba diving	in Mexico?	Who went scuba diving in Mexico?
Who	saw	the movie last night?	Who saw the movie last night?

Dica de Pronúncia

Geralmente usamos o tom descendente no final de WH questions. Porém, se quiser que a pessoa repita algo, use o tom ascendente. Para as perguntas no Exercício 5.11, use o ascendente. Veja mais informações na tabela de entonação no Apêndice.

Assim como nas respostas yes/no, podemos responder WH questions de maneiras diferentes. Damos uma resposta longa, que é uma frase completa. Embora ela possa ser encurtada, a resposta longa deve ser uma frase completa. Também podemos dar uma resposta curta só com informações essenciais que respondam à pergunta. Veja os exemplos a seguir.

Exercício 5.11[2]

Forme WH questions com o simple past usando as afirmações dadas. Forme respostas longa e curtas usando as informações entre parênteses. Note que as perguntas e respostas longas geralmente podem ser encurtadas.

EXEMPLO 1: Jessie and Paula went bungee jumping off a bridge last weekend. (Where)

PERGUNTA: *Where did Jessie and Paula go bungee jumping? / Where did they go bungee jumping? / Where did they go?*

RESPOSTA LONGA: *They went bungee jumping off a bridge.* (frase completa)

RESPOSTA CURTA: *Off a bridge.* (apenas informações essenciais)

EXEMPLO 2: Ned and Tara went snorkeling in the Red Sea last summer. (When)

PERGUNTA: *When did Ned and Tara go snorkeling in the Red Sea? / When did they go snorkeling in the Red Sea? / When did they go snorkeling? / When did they go?*

RESPOSTA LONGA: *They went snorkeling in the Red Sea last summer. / They went snorkeling last summer. / They went last summer.*

RESPOSTA CURTA: *Last summer.*

EXEMPLO 3: Sue and Cathy went to the zoo yesterday afternoon. (Who)

PERGUNTA: *Who went to the zoo yesterday afternoon? / Who went to the zoo? / Who went?*

RESPOSTA LONGA: *Sue and Cathy went to the zoo yesterday afternoon. / Sue and Cathy went.*

RESPOSTA CURTA: *Sue and Cathy.*

> Lembrete: quando você faz uma pergunta com *who*, não use *did*. Use apenas o verbo principal no pretérito perfeito. Isso ocorre porque *who* está no lugar do sujeito na frase. Compare a pergunta no exemplo 3 com as perguntas nos exemplos 1 e 2. Os exemplos 1 e 2 têm *did* na pergunta, mas o exemplo 3, não. (Consulte a tabela na seção anterior "O Simple Past: Formando WH Questions".)

1. Eveline and Jack went to the symphony on Sunday evening. (When)

PERGUNTA: ______________________________

RESPOSTA LONGA: ______________________________

RESPOSTA CURTA: ______________________________

2. Ingrid and her mother quilted a beautiful blanket for the raffle. (Who)

PERGUNTA: ______________________________

RESPOSTA LONGA: ______________________________

RESPOSTA CURTA: ______________________________

2 O áudio da faixa 27 referencia as perguntas do exercício 5.11 e a dica de pronúncia anterior a esse exercício (Baixe os áudios em altabooks.com.br - procure pelo título do livro ou ISBN).

3. Her aunt baked three delicious berry pies for the picnic. (What)

PERGUNTA: ______________________________

RESPOSTA LONGA: ______________________________

RESPOSTA CURTA: ______________________________

4. Paul and Martin walked in Spain last spring. (Where)

PERGUNTA: ______________________________

RESPOSTA LONGA: ______________________________

RESPOSTA CURTA: ______________________________

5. The mediation group lived in the Himalayas for one month. (How long)

PERGUNTA: ______________________________

RESPOSTA LONGA: ______________________________

RESPOSTA CURTA: ______________________________

Gramática: O Verbo BE no Simple Past

Em inglês, muitas vezes usamos o verbo BE para descrever pessoas, lugares e coisas no passado. Nesta seção, praticaremos o uso do verbo BE no simple past. Ao ver as frases de exemplo, read them aloud.

*I **was** a student last year.* (Eu **era** um estudante no ano passado.)

*Sue and Bob **were** at work an hour ago.* (Sue e Bob **estavam** no trabalho uma hora atrás.)

*We **were** happy last night!* (**Estávamos** felizes na noite passada!)

*They **were** excited yesterday.* (Eles **estavam** animados ontem.)

*It **was** broken a week ago.* (**Estava** quebrado há uma semana.)

*Lonnie **was** late this morning.* (Lonnie **estava** atrasada esta manhã.)

O Simple Past do Verbo BE: A Forma Afirmativa

Para escrever o verbo BE na forma afirmativa do simple past, use a tabela a seguir. Read the example sentences aloud.

Pronome pessoal	Verbo BE no Simple Past	Frases de exemplo
I	was	I was sad yesterday.
You/We/They	were	You were happy. / We were happy. / They were happy.
He/She/It	was	He was okay. / She was okay. / It was okay.

Exercício 5.12

Escolha a forma correta do verbo BE no simple past nas frases. Use a tabela anterior como guia.

EXEMPLO: The little boy was/were brave. *was*

1. At lunch, the cafeteria was/were noisy. ____________
2. Guadalupe was/were a nurse 10 years ago. ____________
3. I was/were hungry for ice cream! ____________
4. Julian and Joselyn was/were good students. ____________
5. Ms. Wyler was/were our teacher last year. ____________
6. We was/were sad about the rain. ____________
7. She was/were here earlier. ____________
8. It was/were red before. Now it's blue. ____________
9. The books was/were heavy last semester. ____________
10. That was/were a useful lesson. ____________

Exercício 5.13

Complete as frases com a forma correta do simple past no afirmativo.

EXEMPLO: Sandra was my neighbor two years ago.

1. I ________ angry this morning.
2. Suzy ________ my coworker before.
3. We ________ friends growing up.
4. Juan and Tyler ________ neighbors earlier this year.
5. Myron ________ an employee there a few years ago.
6. Zhou and I ________ classmates last semester.
7. He ________ fine this morning.
8. It ________ rainy yesterday.
9. Jesus and Daphne ________ at school an hour ago.
10. I ________ busy last weekend.

Nota: *Não* contraímos o simple past do verbo Be. Sempre usamos a forma completa do simple past na afirmativa.

O Simple Past de BE: A Forma Negativa

Para escrever o verbo BE no negativo do simple past, use o verbo BE + *not*. Read the example sentences aloud.

Pronome pessoal	Verbo Be no Simple Past	Negativo	Contração (BE + Negativo)	Frases de exemplo
I	was	not	wasn't	I wasn't at school.
You/We/ They	were	not	weren't	You weren't at work. / We weren't at work. / They weren't at work.
He/She/ It	was	not	wasn't	He wasn't at the movies. / She wasn't at the movies. / It wasn't a problem.

Exercício 5.14

Leia as frases e escolha a contração certa do verbo BE no simple past.

EXEMPLO: Moe wasn't/weren't an engineer last year. *wasn't*
They wasn't/weren't coworkers. *weren't*

1. Linda wasn't/weren't a theater actor. ______________
2. We wasn't/weren't in that class. ______________
3. Juana wasn't/weren't there. ______________
4. My parents wasn't/weren't happy with my grades. ______________
5. Kisa and Morgan wasn't/weren't friends. ______________
6. You wasn't/weren't at the party. ______________
7. I wasn't/weren't an accountant. ______________
8. She wasn't/weren't angry with you. ______________
9. We wasn't/weren't tired last night. ______________
10. He wasn't/weren't serious. ______________

Exercício 5.15

Forme frases usando as palavras dadas e o verbo BE no negativo do simple past. Contraia o verbo BE com not. *Consulte a tabela anterior para ajudá-lo.*

EXEMPLO: Margit and Tina / BE / not / at school. *Margit and Tina weren't at school.*

1. Marion and Trudy / BE / not / at the café this morning. ____________

2. They / BE / not / happy yesterday. ____________
3. Cheyenne and I / BE / not / bad students last year. ____________

4. Lucy / BE / not / worried. ____________
5. My computer / BE / not / broken. ____________
6. We / BE / not / hungry at lunch. ____________

Exercício 5.16

Crie frases sobre você, seus amigos e sua família. Forme duas frases usando o verbo BE no afirmativo e duas no negativo. Use contrações nas frases negativas.

BE no Simple Past: Afirmativo

1. ____________
2. ____________

BE no Simple Past: Negativo

3. ____________
4. ____________

Exercício 5.17

Crie fases afirmativas usando pronomes pessoais e expressões de tempo para o passado. Não use contrações.

EXEMPLO: (They) *They were coworkers last year.*

Verbo BE Afirmativo (Sem Contração)

1. (She) ____________
2. (He) ____________

3. (It) ______
4. (You) ______
5. (We) ______
6. (They) ______

Exercício 5.18

Crie frases negativas usando pronomes pessoais e expressões de tempo para o passado. Contraia o verbo BE com not.

EXEMPLO: (They) *They were not coworkers last year.* / (They) *They weren't coworkers last year.*

Verbo BE Negativo (Sem Contração)

1. (She) ______
2. (He) ______
3. (It) ______
4. (You) ______
5. (We) ______
6. (They) ______

Verbo BE Negativo (Com Contração)

7. (She) ______
8. (He) ______
9. (It) ______
10. (You) ______
11. (We) ______
12. (They) ______

O Simple Past com BE: Formando Yes/No Questions

Quando falamos com as pessoas, fazemos perguntas sobre eventos e atividades no passado. Quando fazemos yes/no questions, usamos o verbo BE no simple past. Ao ler a tabela a seguir, read the example sentences aloud.

Simple Past do Verbo BE	Sujeito ou pronome pessoal	Resto da frase	Frases de exemplo
Was	I	a student last year?	Was I a student last year?
Were	you/we/they	there last week?	Were you there last week? / Were we there last week? / Were they there last week?
Was	he/she/it	fun at the party?	Was he fun at the party? / Was she fun at the party? / Was it fun at the party?

Dica de Pronúncia

Use o tom ascendente no final de yes/no questions. Essas perguntas indicam incerteza, então usamos o tom ascendente para mostrar que gostaríamos de uma resposta. Veja mais informações na tabela de entonação no Apêndice.

Você pode responder uma yes/no question com uma resposta longa, usando o tempo verbal completo e todas as partes da frase. Ou você pode dar uma resposta curta que inclua só parte do tempo verbal. Você também pode dar uma resposta rápida apenas com *yes* ou *no*. Todos esses tipos de respostas são aceitáveis. A mais comum é a resposta curta. Veja os exemplos a seguir.

Yes/no question: Was he fun at the party?

Respostas Afirmativas

RESPOSTA LONGA: Yes, he *was* fun at the party.

RESPOSTA CURTA: Yes, he was.

RESPOSTA RÁPIDA: Yes.

Respostas Negativas

RESPOSTA LONGA: No, he was *not* at the party. / No, he *wasn't* fun at the party.

RESPOSTA CURTA: No, he was not. / No, he wasn't.

RESPOSTA RÁPIDA: No.

Dica de Pronúncia: Em respostas afirmativas longas, enfatize o verbo BE: *Yes, he* ***was*** *fun at the party*. Em respostas curtas afirmativas, enfatize o verbo BE: *Yes, he* ***was***. Em respostas negativas longas e curtas, enfatize a contração negativa ou o *not*: *No, he was* ***not*** *fun at the party. / No, he* ***wasn't***. **Nota:** não enfatize resposta rápidas.

O Simple Past do Verbo BE Respostas Curtas para Yes/No Questions

Yes ou No + Vírgula	Sujeito ou Pronome pessoal	Simple Past do Verbo BE	Negativo	Contração Negativa*
Yes,	I	was.		
No,	I	was	not.	No, I wasn't.
Yes,	you/we/they	were.		
No,	you/we/they	were	not.	No, they weren't.
Yes,	he/she/it	was.		
No,	he/she/it	was	not.	No, she wasn't.

*Não há contrações em respostas afirmativas.

Atenção

Às vezes, a resposta rápida pode ser percebida como abrupta ou rude. Dê respostas rápidas em tom educado. Ao dar uma resposta negativa, muitas vezes damos mais informações, como uma explicação. Por exemplo, podemos dizer, "No, he wasn't fun at the party. He was angry with me." Quando a resposta for negativa, às vezes omitimos essa resposta negativa, mas a corrigimos com a palavra *actually*. Por exemplo, podemos dizer, "Actually, he was angry with me."

Exercício 5.19

Forme yes/no questions com o simple past do verbo BE usando as palavras dadas. Depois crie respostas longas, curtas e rápidas à pergunta. Responda às perguntas afirmativamente (Yes) ou negativamente (No) como indicado. Use um pronome pessoal e contrações nas respostas curtas.

EXEMPLO 1: BE / you / tired? (Yes)

PERGUNTA: *Were you tired?*

RESPOSTA LONGA: *Yes, I was tired.*

RESPOSTA CURTA: *Yes, I was.* RESPOSTA RÁPIDA: *Yes.*

EXEMPLO 2: BE / they / happy about it? (No)

PERGUNTA: *Were they happy about it?*

RESPOSTA LONGA: *No, they were not happy about it.* / *No, they weren't happy about it.*

RESPOSTA CURTA: *No, they were not. / No, they weren't.* RESPOSTA RÁPIDA: *No.*

1. BE / they / the owners of the store? (Yes)

PERGUNTA: ______________________________

RESPOSTA LONGA: ______________________________

RESPOSTA CURTA: ____________________ RESPOSTA RÁPIDA: ______

2. BE / it / a good movie? (No)

PERGUNTA: ______________________________

RESPOSTA LONGA: ______________________________

RESPOSTA CURTA: ____________________ RESPOSTA RÁPIDA: ______

3. BE / we / at school / at that time? (Yes)

PERGUNTA: ______________________________

RESPOSTA LONGA: ______________________________

RESPOSTA CURTA: ______________ RESPOSTA RÁPIDA: ________

4. BE / she / a student / at the art school / last semester? (Yes)

PERGUNTA: ______________________________

RESPOSTA LONGA: ______________________________

RESPOSTA CURTA: ______________ RESPOSTA RÁPIDA: ________

5. BE / you / happy / yesterday afternoon? (Yes)

PERGUNTA: ______________________________

RESPOSTA LONGA: ______________________________

RESPOSTA CURTA: ______________ RESPOSTA RÁPIDA: ________

O Simple Past do Verbo BE: Formando WH Questions

Para obter informações ou manter uma conversa, podemos usar WH questions com o verbo BE. Veja a tabela a seguir para entender como formar essas perguntas. Read the example sentences aloud.

Palavra ou Frase para WH Question	Simple Past do verbo BE	Sujeito ou pronome pessoal	Resto da frase	Frases de exemplo
When	was	I	a student?	When was I a student?
Where	were	you/we/they	over the summer?	Where were they over the summer?
Why	was	he/she/it	so bad?	Why was it so bad?

Dica de Pronúncia

Geralmente usamos o tom descendente no final de WH questions. Porém, se você não ouviu ou entendeu alguma informação e precisa que a pessoa a repita, use o ascendente. Veja mais informações na tabela de entonação no Apêndice.

Você pode responder WH questions usando o verbo BE de diferentes formas. Você pode dar uma resposta longa, que é uma frase completa e geralmente usa pronomes pessoais e contrações com o verbo BE. Você também pode dar uma resposta curta só com as informações essenciais que respondam à pergunta.

Exercício 5.20

Forme WH questions com o verbo BE no simple past usando as palavras dadas. Forme respostas longas e curtas usando as informações dadas.

EXEMPLO 1: Where / BE / Sonja / last weekend? (at a jazz festival)

PERGUNTA: *Where was Sonja last weekend?*

RESPOSTA LONGA: *She was at a jazz festival.* (frase completa)

RESPOSTA CURTA: *At a jazz festival.* (frase incompleta)

EXEMPLO 2: Why / BE / Amanda / at home / during the party? (She was sick.)

PERGUNTA: *Why was Amanda at home during the party?*

RESPOSTA LONGA: *She was at home during the party because she was sick.*

RESPOSTA CURTA: *Because she was sick.*

> Quando usamos a palavra *why* para WH questions, geralmente usamos *because* na resposta.

1. When / BE / Vivian and Marcelle / there? (in the afternoon)

PERGUNTA: ______________________________

RESPOSTA LONGA: ______________________________

RESPOSTA CURTA: ______________________________

2. Why / BE / the car / dead? (It ran out of gas.)

PERGUNTA: ______________________________

RESPOSTA LONGA: ______________________________

RESPOSTA CURTA: ______________________________

3. How often / BE / you / at the beach? (every weekend)

PERGUNTA: ______________________________

RESPOSTA LONGA: ______________________________

RESPOSTA CURTA: ______________________________

4. Where / BE / he / last week? (on vacation)

PERGUNTA: ______________________________

RESPOSTA LONGA: ______________________________

RESPOSTA CURTA: ______________________________

5. How / BE / she? (okay)

PERGUNTA: ______________________________

RESPOSTA LONGA: ______________________________

RESPOSTA CURTA: ______________________________

6. What / BE / the problem? (The printer ran out of paper.)

PERGUNTA: ______________________________

RESPOSTA LONGA: ______________________________

RESPOSTA CURTA: ______________________________

Expressando Atitudes para Recreação e Hobbies

Quando falamos sobre nossos hobbies e atividades que fazemos para nos divertir, muitas vezes discutimos nossas atitudes em relação a eles. Falamos sobre atividades que gostamos (like), amamos (love), detestamos (hate) e preferimos (prefer). Usamos o simple present neste caso porque é como nos sentimos no momento. Reveja as regras gramaticais para o simple present no Capítulo 2, e veja as frases de exemplo a seguir que usam os verbos *like*, *love*, *hate* e *prefer*:

Jenny loves hiking every Sunday morning. (Jenny ama caminhar todo domingo de manhã.)

Emily prefers jogging in the evening. (Emily prefere fazer cooper à noite.)

Paul likes to walk five miles every day. (Paul gosta de caminhar cinco milhas todos os dias.)

Jeremy hates exercising. (Jeremy odeia se exercitar.)

I like going to free concerts in the park. (Eu gosto de ir a concertos gratuitos no parque.)

You hate watching plays! (Você odeia assistir a peças!)

We prefer to see early shows. (Preferimos ver os shows mais cedo.)

She loves to dance the tango. (Ela ama dançar tango.)

Em inglês, usamos duas estruturas gramaticais específicas: o gerúndio e o infinitivo. Vamos aprender as duas.

Gramática: Gerúndio e Infinitivo

Os verbos *like*, *love*, *hate* e *prefer* podem ser seguidos pelo gerúndio e pelo infinitivo. O significado é semelhante. Vejamos como formar essas estruturas.

Gerúndio	Infinitivo
verbo + **-ing**	*to* + verbo no infinitivo
Exemplo: snowboarding	**Exemplo:** to snowboard

Essas estruturas seguem os verbos *like*, *love*, *hate* e *prefer*, como mostram as frases de exemplo a seguir:

Gerúndio	Infinitivo
Jenny loves *hiking* every Sunday morning.	Paul likes *to walk* five miles every day.
Emily prefers *jogging* in the evening.	We prefer *to see* early shows.
You hate *watching* plays!	Joey hates *to go* to the movies early.
Jeremy hates *exercising*.	She loves *to dance* the tango.
I like *going* to free concerts in the park.	They like *to buy* tickets online.

Vamos praticar a identificação dessas estruturas nas frases.

Exercício 5.21

Leia as frases a seguir com like, love, hate e prefer. Encontre o verbo principal na frase, depois identifique que estrutura segue o verbo — gerúndio ou infinitivo.

EXEMPLO: Vivian loves watching movies at home.
verb = loves / watching = *Gerund*

1. Sia prefers to go to art museums. Gerund Infinitive
2. Christina hates going to museums. Gerund Infinitive
3. Don and Ed like listening to live music. Gerund Infinitive
4. Adele and her friends love bungee jumping. Gerund Infinitive
5. Aunt Alice prefers to take guided tours of historic places. Gerund Infinitive
6. They hate to wait in line for tickets. Gerund Infinitive

Exercício 5.22

Complete cada frase com o gerúndio e o infinitivo.

exemplos Shelly likes *knitting* sweaters for her children. (knit / gerund)
Shelly likes *to knit* sweaters for her children. (knit / infinitive)

1. a. Mike loves ______________ in the Pacific Ocean. (fish / infinitive)
   b. Mike loves ______________ in the Pacific Ocean. (fish / gerund)
2. a. Tammy prefers ______________ in Baja, California. (scuba dive / gerund)
   b. Tammy prefers ______________ in Baja, California. (scuba dive / infinitive)

3. a. Elise and Daniel like ______________ in the Cayman Islands. (snorkel / infinitive)

   b. Elise and Daniel like ______________ in the Cayman Islands. (snorkel / gerund)

4. a. They hate ______________ in the bay. (waterski / gerund)

   b. They hate ______________ in the bay. (waterski / infinitive)

Exercício 5.23

Forme quatro frases diferentes expressando atividades que você gosta, ama, odeia e prefere. Use duas formas no gerúndio e duas formas no infinitivo. Use cada verbo uma vez. Reveja e use os exemplos anteriores como guia.

1. (like) ______________________________
2. (love) ______________________________
3. (hate) ______________________________
4. (prefer) ______________________________

Agora que praticou expressar atitudes em relação a atividades de recreação e hobbies, vamos aprender adjetivos possessivos.

Gramática: Adjetivos Possessivos

Em inglês, usamos adjetivos possessivos para falar de propriedade — coisas que nos pertencem e pessoas com quem nos relacionamos. As frases de exemplo a seguir usam adjetivos possessivos:

***My** mother likes to cook large meals for the family.* (**Minha** mãe gosta de cozinhar grandes refeições para a família.)

***His** brother went skydiving.* (O irmão **dele** foi praticar paraquedismo.)

***Her** dog prefers to chew on raw bones. **Its** teeth are so white and clean.* (O cachorro **dela** prefere mastigar ossos crus. **Seus** dentes são tão brancos e limpos.)

*Did **your** class go to the opera?* (A **sua** turma foi para a ópera?)

*We love going to **their** parties.* (Nós amamos ir às festas **deles**.)

*Uncle Hank loves to read **my** poetry.* (Tio Hank ama ler **minhas** poesias.)

***Our** coworkers hate going to meetings.* (**Nossos** colegas odeiam ir a reuniões.)

*Mandy and Regina love to grow flowers in **their** garden.* (Mandy e Regina amam plantar flores em **seu** jardim.)

A tabela a seguir fornece uma lista de adjetivos possessivos.

	Singular	Plural
Primeira pessoa	My	Our
Segunda pessoa	Your	Your
Terceira pessoa	His	
	Her	Their
	Its	

Dica: *His* é masculino, e *her* é feminino. Esses são os únicos pronomes de gênero específico. Todos os outros adjetivos possessivos não têm gênero específico. *Its* é usado para coisas e animais. *Their* se refere a coisas ou pessoas. Quando *their* se refere a pessoas, pode se referir a homens, mulheres, ou ambos. *Their* também é usado para coisas, sem gênero específico.

Apenas Pessoas	Apenas Coisas	Pessoas e Coisas
My	Its	Their
Your		
His		
Her		
Our		

Nota Cultural: Nos estados Unidos, *his*, *her*, e *their* também são usados para animais de estimação.

Adjetivos possessivos sempre precedem um substantivo: adjetivo possessivo + substantivo. Podemos ver isso nas frases de exemplo anteriores:

My mother	His brother	Her dog	Your class
Their parties	My poetry	Our coworkers	Their garden

Agora, vamos praticar a identificação de adjetivos possessivos em frases.

Exercício 5.24

Identifique os adjetivos possessivos nas frases a seguir. Pode haver mais de um em cada frase.

EXEMPLO: He went hiking on the trails in my backyard yesterday. my

1. Their friends went dancing all night. ____________
2. My brothers love to go camping in the mountains. ____________
3. His cat went hunting for birds and mice. ____________
4. My children like eating watermelon at your summer parties. ____________
5. Her friends didn't like singing in the choir. ____________
6. Her son came to my house. ____________
7. They picnicked in the park at the end of my street. ____________
8. Our kids went sailing on the lake behind our house. ____________

Agora vamos praticar a escrita de frases usando adjetivos possessivos e o simple past.

Exercício 5.25

Crie frases usando as palavras dadas. Use pronomes pessoais (veja o Capítulo 1) para substituir o sujeito. Use o verbo no simple past e procure verbos irregulares. Use adjetivos possessivos que correspondam aos pronomes pessoais.

EXEMPLO 1: Sarah and Ana / hike / in the Redwoods / behind / POSSESSIVE ADJECTIVE / house.
They hiked in the Redwoods behind their house.

EXEMPLO 2: Sam / write / short stories / in / POSSESSIVE ADJECTIVE / bedroom.
He wrote short stories in his bedroom.

1. Dionne and Rich / take / POSSESSIVE ADJECTIVE / daughter / to the park / last Saturday.

   ____

2. Michelle / swim / for one hour / yesterday afternoon / in / POSSESSIVE ADJECTIVE / pool.

   ____

3. Janet and Kyla / bring / POSSESSIVE ADJECTIVE / guitars / to the beach.

   ____

4. Charlie / paint / a mural / on / POSSESSIVE ADJECTIVE / front yard fence.

   ____

Exercício 5.26

Forme quatro frases sobre atividades recreacionais e hobbies que você, seus amigos e sua família realizam. Use pronomes pessoais, o simple past e adjetivos possessivos. Reveja e use as frases de exemplo anteriores como guia.

1. ____________________
2. ____________________
3. ____________________
4. ____________________

Estratégia de Comunicação: Encorajando Alguém

Em conversas com pessoas que conhecemos bem, como amigos e parentes, mostramos encorajamento. Também encorajamos novos amigos e pessoas que queremos conhecer melhor. **To encourage** (encorajar) alguém é dar apoio. O encorajamento faz as pessoas se sentirem bem. Muitas vezes, usamos interjeições quando encorajamos. **Interjections** (interjeições) são palavras ou frases curtas ditas com entusiasmo:

Wow!
That's amazing/fantastic/great/cool/wild/excellent/awesome!
Nice!
Yay!
Woohoo!
Good for you!
Yes!
Right on!
Rock on!

Dica Cultural: ***Brilliant*** é uma palavra comum para *great* ou *wonderful* no Reino Unido.

Dica Cultural

Nos Estados Unidos, quando encorajamos alguém, às vezes usamos linguagem corporal. Geralmente, amigos usam estes gestos. Normalmente eles *não* são usados no trabalho ou com um superior. Veja diferentes modos de expressar encorajamento com amigos usando a linguagem corporal.

Give a Thumbs-Up (*Sinal de positivo*)	**High-Five Someone** (*Bate aqui!*)
Quando damos *thumbs-up*, fechamos o punho e erguemos o polegar em direção ao céu da seguinte forma: 	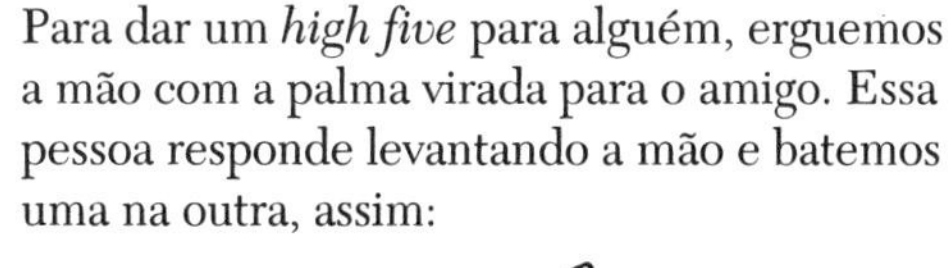 Para dar um *high five* para alguém, erguemos a mão com a palma virada para o amigo. Essa pessoa responde levantando a mão e batemos uma na outra, assim: 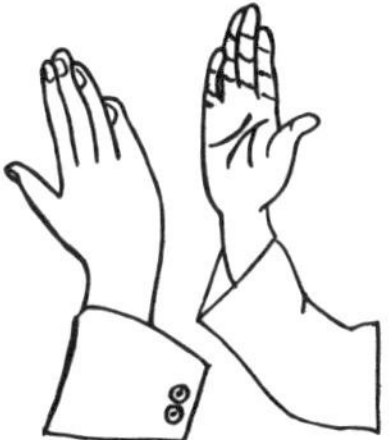 Às vezes, dizemos, "Give me five!" Five = five fingers (cinco dedos). High five é tanto um substantivo quanto um verbo.
Fist-bump Someone (*Bater os Punhos*)	**Give Someone Ten** (*Bate aqui! com as duas mãos*)

Quando fazemos *fist-bump* com alguém, fechamos o punho com os nós dos dedos para frente. A pessoa faz o mesmo e batemos os punhos um no outro.

Para *give someone ten*, erguemos as duas mãos abertas com as palmas viradas para a pessoa. Ela responde também levantando as dela e batemos as duas mãos:

Geralmente dizemos, "Give me ten (que quer dizer os 10 dedos)!"

Agora que você sabe algumas formas de encorajar um amigo, vejamos alguns jeitos de demonstrar incredulidade.

Estratégia de Comunicação: Expressando Incredulidade

Às vezes, é difícil acreditar em algo que alguém diz. Quando isso acontece, podemos expressar incredulidade. Talvez seu amigo tenha feito algo incomum, assustador, perigoso, empolgante ou inesperado. Geralmente usamos interjeições para expressar incredulidade. A seguir estão alguns exemplos de interjeições usadas nesses casos:

Really? (Sério?)
No way! (Não acredito!)
You did? (Você fez isso?)
Get out! (Ah, pare!)
Are you kidding me? (Você está de brincadeira?)
What? (O quê?)

Dica de Pronúncia

Quando fazemos uma pergunta para expressar incredulidade, erguemos o tom de voz para o máximo (nível 4) bem rapidamente.

1. Really? / Are you kidding me? / You did?!

Quando fazemos uma declaração (com um ponto de exclamação), começamos com o tom elevado e o baixamos em seguida.

2. No way! / Get out!

Conversa: Falando sobre o Fim de Semana

Vejamos uma amostra de conversa sobre eventos do fim de semana passado. A conversa usa o simple past com verbos regulares e irregulares, expressões comuns em conversas e as interjeições aprendidas. À esquerda, está uma conversa entre dois amigos, Doris e Lloyd. À direita, estão explicações, expressões alternativas e outras notas sobre conversa. Primeiro, leia toda a conversa entre Doris e Lloyd. Depois, leia-a de novo com o Guia de Conversação à direita.

CONVERSATION	*GUIA DE CONVERSAÇÃO*
DORIS: Hey, Lloyd![1]	1. Este é um cumprimento. (Veja mais cumprimentos e respostas no Capítulo 1.)
LLOYD: Hi, Doris. What's up?[1]	
DORIS: Nothing much.[1] What did you[2] do this weekend?	2. *What did you* muitas vezes se pronuncia *Whadidja*.
LLOYD: Oh, I just relaxed and took it easy.[3, 4] What about you?[5]	3. Aqui usa-se o simple past. Procure verbos regulares e irregulares. 4. *To take it easy* significa relaxar. 5. Esta pergunta volta a atenção para a outra pessoa. Em vez de repetir a pergunta, "What did you do this weekend?" Lloyd pode perguntar, "What about you?"
DORIS: You'll never believe[6] what I tried this weekend.	6. *You'll never believe* é um jeito comum de começar uma história, principalmente para contar algo inesperado.
LLOYD: What did you try?[7]	7. WH questions continuam a conversa, obtêm mais informações e desenvolvem o relacionamento.
DORIS: Bungee jumping![8]	8. Resposta curta à WH question, dando apenas informações essenciais.
LLOYD: No way![9] How was it?[7] You obviously survived.	9. Expressão de incredulidade.
DORIS: It was crazy, Lloyd.[10] I never thought[3] I'd do something like that. I'm afraid of heights!	10. Dizer o nome da outra pessoa desenvolve o relacionamento.
LLOYD: Rock on![11] So, what was it like?[7]	11. Expressão de encorajamento.
DORIS: It was *so*[12] scary at first. To jump off a cliff like that. I thought[3] I was going to die.	12. Palavras em itálico indicam ênfase. A pessoa pronuncia a palavra de maneira mais forte, longa e alta do que as outras.

(continua)

CONVERSATION	*GUIA DE CONVERSAÇÃO*
LLOYD: Well, some people have died bungee jumping. How did you feel after?[7]	
DORIS: I felt *so exhilarated!*[12] My heart was beating so fast. I felt so *alive!*[12] My adrenaline is *still* flowing.[12] It was amazing.	
LLOYD: Wow! That's really great. Good for you![13] High five! (Lloyd puts his hand up for a high five.[14])	13. É comum mostrar encorajamento usando algumas expressões diferentes para enfatizar o sentimento. 14. *High five* é um gesto comum de encorajamento. Veja a Nota Cultural anterior sobre meios de mostrar encorajamento com a linguagem corporal.
DORIS: Yeah. (Responds to high five by raising her hand and clapping Lloyd's.) Now I have to try to concentrate at work today.[15] My mind is still on the weekend.	15. Doris começa a falar sobre trabalho. Desviando a atenção do tema (bungee jumping/atividades do fim de semana) é um jeito de indicar o fim da conversa.
LLOYD: Well, hang in there![16] I've got to[17] go. I'll talk to you later.[18]	16. Lloyd entende o recado sobre mudar o foco para o trabalho. Ele começa a despedida com "Well, hang in there", cujo significado é parecido com "Take care". 17. *Got to* muitas vezes é pronunciado como *gotta*. 18. Veja expressões alternativas para dizer good-bye no Capítulo 1.
DORIS: I'll try.[19] Bye.[18]	19. Resposta comum para "Hang in there".

Neste capítulo você aprendeu:

1. Como usar o simple past para falar sobre o que fez no último fim de semana
2. Como expressar atitudes em relação a atividades
3. Vocabulário para atividades recreativas e hobbies
4. Como usar adjetivos possessivos
5. Como mostrar encorajamento e incredulidade

Nos exercícios a seguir, reuniremos tudo isso.

Exercício 5.27

Para completar a conversa a seguir use o simple past, estratégias de comunicação, expressões de tempo para o passado, adjetivos possessivos e vocabulário aprendido neste capítulo. Aqui, Jack e Kareem são amigos. Eles também trabalham juntos. É segunda-feira de manhã e eles estão tomando café na cantina do trabalho e falando sobre as atividades do fim de semana. Jack começa a conversa.

1. Cumprimenta a amiga. / Jack: ____________________
2. Cumprimenta o amigo. / Kareem: ____________________
3. Pergunta sobre o fim de semana. / Jack: ____________________
4. Descreve uma atividade recreacional empolgante. / Kareem: ____________________

   ____
5. Pede esclarecimento. / Jack: ____________________
6. Esclarece. / Kareem: ____________________
7. Expressa incredulidade. / Jack: ____________________
8. Pede mais informações sobre a atividade usando uma WH question. / Jack:

   ____
9. Responde a pergunta. / Kareem: ____________________
10. Demonstra encorajamento. / Jack: ____________________
11. Encerra a conversa mudando o foco para o trabalho. / Kareem:

    ____
12. Diz tchau. / Jack: ____________________

Vocabulário: Phrasal Verbs para Recreação e Hobbies

Usamos alguns phrasal verbs comuns quando falamos sobre recreação e hobbies. Vejamos seus significados.

Exercício 5.28

Leia os phrasal verbs à esquerda, depois as definições à direita. Talvez você conheça alguns deles. Combine os verbos com as definições adequadas. Tente adivinhar os que não conhece. Alguns são separados por um substantivo ou pronome, que estão em **negrito**.

1. To look forward to **something**
2. To come down
3. To warm **something** up
4. To cool **something** down
5. To check in
6. To show up
7. To let **someone** down

a. To increase the heart rate and heat the body
b. To disappoint
c. To decrease a feeling of euphoria
d. To be excited about
e. To appear, arrive
f. To register for an event
g. To decrease heart rate and cool the body

Exercício 5.29

Complete as frases com o phrasal verb correto. Certifique-se de usar a forma e tempo verbais corretos. Use a terceira pessoa do singular quando necessário.

EXEMPLO: When Abel arrived at the five-kilometer race, he _checked in_ and got his race number. (simple past)

1. Before he works out, Moe ________________ so he doesn't hurt his muscles. (simple present)
2. Mary was very happy that her friends ________________ to watch her perform in the music concert last night. (simple past)
3. Bart ________________ after every bicycle ride so that he doesn't get muscle cramps. (simple present)
4. Natasha's boyfriend ________________ her ________________ when he didn't show up for her performance. (simple past)
5. Mack always ________________ the annual family reunion picnic. He loves to see his whole family and play games. (simple present)
6. It is difficult for Orlando to ________________ after running in a marathon. After running for many hours, he experiences a feeling of euphoria. (simple present)

Leitura

Nesta seção, você aprenderá a descobrir o significado pelo contexto usando dicas de contraste. Também revisaremos a pré-leitura e a leitura ativa.

Descobrindo Significado pelo Contexto: Contraste

Às vezes, quando lemos, encontramos vocabulário novo. No Capítulo 3, aprendemos a descobrir o significado de uma palavra nova pela definição de pistas de definição do contexto, e no Capítulo 4 aprendemos a usar pistas de exemplo do contexto. Neste capítulo, aprenderemos outra forma de achar o significado de uma palavra: com pistas de contraste do contexto. **Pistas de contraste do**

contexto fornecem contraste, ou diferenças, para ajudá-lo a entender o significado de palavras novas.

Há muitas pistas de contraste: *but* (mas), *however* (porém), *although* (embora), *though* (todavia), *even though* (mesmo que), *instead of* (em vez de) e *on the other hand* (por outro lado). Leia as frases de exemplo a seguir. A palavra nova está sublinhada. A frase que introduz contraste está em negrito, e a(s) palavra(s) contrastante(s) que ajuda(m) a entender o vocabulário novo está(ão) em itálico. Lembre-se: pistas de contraste do contexto apresentam a definição oposta ou diferente da sua palavra nova. Ao encontrar a pista de contraste, pense no significado oposto. Isso o ajudará a descobrir a definição da palavra nova.

Pistas de Contraste do Contexto	Frases de exemplo
1. **But** **, but** Coloque uma vírgula e um espaço antes de *but* quando estiver no meio de uma frase.	He really liked the exhilaration of hang-gliding, **but** it also made him *very tired.* Explicação: *Very tired* é o oposto de exhilaration, então deve significar algo similar a high energy (com muita energia).
2. **However** **However, / ; however,** Coloque uma vírgula depois de *however* quando ele iniciar uma frase. Coloque ponto e vírgula e um espaço antes de *however* e uma vírgula depois quando estiver no meio da frase.	She loves to do tai chi because it is meditative. **However,** sometimes she *can't focus or be silent and peaceful.* / She loves to do tai chi because it is meditative**; however,** sometimes she *can't focus or be silent and peaceful.* Explicação: ser incapaz de *focus or be silent* é o oposto de being meditative, então meditative deve significar algo parecido com focused, silent, and peaceful (focado, em silêncio e em paz).
3. **Although / though / even though** **, although / , though / , even though** Coloque uma vírgula e um espaço antes de *although*, *though*, e *even though* quando estiverem no meio da frase. **Although** ____________, ____________ Coloque uma vírgula depois da oração que começar com *although*, *though* e *even though*.	Most of the magic show was mesmerizing, **though** some parts were *too boring to watch.* / **Though** some parts of the magic show were *too boring to watch*, most of it was mesmerizing. Explicação: Mesmerizing é diferente de *too boring to watch*, então deve significar algo parecido com attractive and exciting to watch (atraente e animador de assistir).

Pistas de Contraste do Contexto	Frases de exemplo
4. Instead of **Instead of** ________, ________ Coloque uma vírgula depois da oração que começar com *instead of*. Não coloque pontuação quando *instead of* estiver no meio da frase.	**Instead of** being frustrated when they didn't catch any fish, they were *patient and looked for better strategies*. / When they didn't catch any fish, they were *patient and looked for better strategies instead of* being frustrated. Explicação: *Being patient and looking for better strategies* é diferente de being frustrated, então esta palavra deve significar algo similar a upset and stuck (chateado e empacado).
5. On the other hand **On the other hand, / ; on the other hand,** Coloque uma vírgula depois de *on the other hand* quando ele iniciar a frase. Coloque um ponto e vírgula e um espaço antes de *on the other hand* e uma vírgula depois quando ele estiver no meio da frase.	Some kinds of yoga are invigorating. **On the other hand,** some yoga styles are *very relaxing*. / Some kinds of yoga are invigorating; *on the other hand,* some yoga styles are *very relaxing*. Explicação: *Relaxing* faz contraste com invigorating, então invigorating deve significar algo parecido com energizing (energizador).

Vamos praticar o descobrimento do significado das palavras com as pistas de contraste do contexto.

Exercício 5.30

Veja as frases a seguir. A palavra nova está em **negrito**. *Identifique o contraste na frase que descreva o oposto dessa palavra. Depois, veja a lista de vocabulário e indique a letra do item do vocabulário que melhor defina a palavra nova em cada frase, que é o oposto do contraste dado.*

EXEMPLO: Golfing can be extremely **relaxing**. On the other hand, if you compete, it can be stressful. *stressful / f*

1. Although exercising can be **therapeutic**, it can be damaging if you overexercise. ________
2. Sally likes to take dance lessons because it's **rejuvenating**. On the other hand, sometimes it makes her very tired. ________
3. Jared loves singing in a choir because it's **cathartic**, but if he doesn't release his negative feelings while singing, it isn't cathartic. ________

4. The light show at the concert was **captivating**. However, after 30 minutes of the bright lights, it wasn't exciting to look at anymore. ____________

5. Though a few of the comedians were not funny, most of the comedy show was **hilarious**. ____________

a. attention-grabbing
b. healing/purifying
c. releasing/purging
d. very funny
e. getting energy back
f. calming

Interpretação de Texto

Agora que discutimos outro meio de achar significado de vocabulário novo, vamos praticar todas as estratégias aprendidas para ler com eficácia.

Como fazer a pré-leitura?

1. Read the title of the passage. (Leia o título da passagem.)
2. Read the first sentence of the first paragraph. (Leia a primeira frase do primeiro parágrafo.)
3. Read the last sentence of the last paragraph. (Leia a última frase do último parágrafo.)

O que fazer depois da pré-leitura? Você lê ativamente circulando palavras que não conhece e destacando ideias importantes.

Para Ler Ativamente

- Underline the topic. (Sublinhe o tema.)
- Circle new vocabulary. (Circule o vocabulário novo.)
- Put a question mark (?) next to parts that are unclear. (Coloque um ponto de interrogação nas partes confusas.)
- Take notes. (Tome notas.)
- Highlight the main idea and key words. (Destaque a ideia principal e as palavras-chave.)
- Mark examples with "Ex." (Marque exemplos com "Ex.")
- Number main points, lists, or ideas. (Enumere os pontos, listas ou ideias principais.)
- Write down comments or questions. (Escreva comentários ou perguntas.)

Exercício 5.31

Primeiro, faça uma pré-leitura rápida da passagem e responda estas duas perguntas:

1. What is the topic? ____________
2. What is the main idea? ____________

Khaled's First Adventure

On his first adventure, Khaled jumped out of an airplane. He graduated from college a month ago, and he is celebrating by doing new recreational activities. He works full time, so he planned exciting weekends for the summer. Last weekend, he went skydiving. He jumped out of an airplane and free-fell until he opened the parachute. His parachute worked perfectly, and Khaled landed safely. After he landed, he yelled, "Woohoo!" He loved it. It was scary but also exhilarating. He is very excited about his adventure next weekend—parasailing. But he won't forget his first skydiving adventure.

Agora que fez a pré-leitura da passagem, volte e leia-a ativamente.

Exercício 5.32

Leia a passagem anterior novamente. Siga os passos para a leitura ativa.

Entenda o Que Leu

A leitura ativa o ajuda a entender as informações da passagem. Você entendeu o que leu?

Exercício 5.33

Verifique sua compreensão dos detalhes da passagem respondendo as perguntas a seguir. Use as notas da leitura ativa para ajudá-lo.

1. Why did Khaled plan adventures? ______________________
2. When did he graduate from college? ______________________
3. What was his first adventure? ______________________
4. Did he like his first adventure? ______________________
5. What adventure does he plan to take next? ______________________

Escrita

Vamos praticar a escrita. Nesta seção, você vai rever o ponto de exclamação e praticar sua escrita. Você também praticará a escrita de frases no simple past usando a estrutura de frases SVO.

Interjeições: Usando o Ponto de Exclamação e de Interrogação

Como aprendeu no início do capítulo, interjeições são frases curtas ou palavras únicas ditas com entusiasmo. Geralmente, elas são respostas a uma situação ou informação. Algumas interjeições pedem ponto de exclamação e, outras, de interrogação. Você aprendeu essa pontuação de final de frase no Capítulo 1. Vamos praticar a escrita do ponto de exclamação.

Exercício 5.34

Volte para as listas de expressões que usamos para mostrar encorajamento e incredulidade. Faça uma lista de expressões que usam ponto de exclamação e outra para expressões que usam ponto de interrogação.

Interjeições com Exclamation Point (!)	Interjeições com Question Mark (?)
______________________	______________________
______________________	______________________
______________________	______________________
______________________	______________________
______________________	______________________
______________________	______________________
______________________	______________________
______________________	______________________
______________________	______________________
______________________	______________________
______________________	______________________

Escrevendo sobre Ações Passadas

Antes de começar a escrever sobre ações passadas, vamos rever a estrutura sentença-verbo-objeto aprendida no Capítulo 4. Volte à leitura da seção anterior. Use os passos aprendidos no Capítulo 4: (1) encontre o verbo; (2) encontre o sujeito, e (3) encontre o objeto. Rotule o verbo com um V; rotule o sujeito com um S; e rotule o objeto com um O. Se você precisar de ajuda, vá ao Capítulo 4 e reveja a estrutura SVO.

Agora, vamos praticar a escrita de frases. Crie frases sobre atividades recreativas e hobbies que realizou no fim de semana passado ou em qualquer época passada. Use a passagem de leitura sobre Khaled como guia. Use a estrutura de frase SVO (Sujeito + Verbo + Objeto), o simple past, expressões de tempo e outro vocabulário deste capítulo, e expressões especiais que usamos para algumas atividades como *went swimming*. Pratique tudo o que aprendeu. Certifique-se de começar cada frase com letra maiúscula e terminá-la com um ponto se for uma afirmação, com um ponto de interrogação se for uma pergunta e uma exclamação se for uma interjeição.

Exercício 5.35

Crie frases sobre suas atividades do fim de semana passado. Use os lembretes para ajudá-lo.

EXEMPLO: Fun activity *On Saturday, I played soccer in the park with my friends.*
S V O

1. Fun activity or hobby: ____________________
2. Group activity with friends, family, or coworkers: ____________________

   ____
3. Exciting activity or hobby: ____________________
4. Invigorating activity: ____________________
5. Relaxing activity: ____________________
6. Meditative activity: ____________________

Quiz

Você terminou o Capítulo 5. Ótimo trabalho! Agora, faça o quiz para ver do que você se lembra. Escolha as respostas certas para cada pergunta. Pode haver várias respostas certas para algumas das perguntas.

1. Gloria ______________ last weekend with some friends.

   camping | go camping
   went camping | camp

2. Lori and Rob went white-water rafting ______________.

   yesterday | last summer
   all summer | on Friday

3. Qual é o simple past do verbo *buy*?

buyed
bought
boughted
buy

4. Qual é o simple past do verbo *see*?

seed
said
sow
saw

5. O gerúndio é formado assim: *to* + verbo no infinitivo. Verdadeiro ou Falso?

6. Quais perguntas estão formadas corretamente?

a. Did Anne-Marie have a good weekend?
b. Where did Anne-Marie go last weekend?
c. Who had a good weekend?
d. What did Anne-Marie do last weekend?

7. Quando expressamos atitudes em relação a recreação e hobbies, quais verbos podem ser usados com gerúndio e infinitivo?

Like
Love
Hate
Prefer

8. Que adjetivo possessivo podemos usar *somente para coisas*?

Its
Their
His
Your

9. Leia a frase a seguir e tente adivinhar o significado da palavra em itálico com a pista de contraste do contexto.

Playing basketball is *stimulating*, but it can also be tiring.

Relaxing
Exciting
Peaceful
Exhausting

10. Usamos pontos de exclamação para expressar incredulidade e mostrar encorajamento. Verdadeiro ou Falso?

Pratique o que Aprendeu!

Agora que você aprendeu a falar sobre recreação e hobbies, pratique por aí. Reveja este capítulo, saia e use seu inglês! Marque cada atividade quando a completar.

Faça Esta Semana

- Use o simple past no afirmativo e no negativo para falar de atividades no passado.
- Use expressões de tempo para o passado.
- Faça yes/no questions para as pessoas sobre seu fim de semana, atividades recreativas ou hobbies. Use uma entonação ascendente.
- Faça WH questions às pessoas para manter a conversação. Use uma entonação descendente.
- Procure ouvir interjeições (expressões de incredulidade e encorajamento).
- Use interjeições em conversas. Veja a Dica de Pronúncia na seção Estratégia de Comunicação: Expressando Incredulidade neste capítulo para as mudanças corretas de entonação.
- Fale sobre atividades recreativas e hobbies usando o vocabulário aprendido.
- Fale sobre suas atitudes em relação a atividades. Use *like*, *love*, *hate* e *prefer*.
- Use adjetivos possessivos para falar sobre familiares e amigos.

Registro Semanal

Registre o seu progresso semanal. Anote como foi a sua prática. O que aconteceu? Foi bem-sucedida? Como você sabe? Foi malsucedida? Como você sabe? Reveja todas as instruções, dicas e notas culturais no Capítulo 5.

____

____

____

____

____

____

6

Fazendo Amigos

Neste capítulo, você vai aprender:

Fala

- Bate-papos, incluindo cumprimentos e perguntas
- Como fazer convites
- Como aceitar e recusar convites
- Como compartilhar informações
- Como dar um número de telefone com clareza

Vocabulário, Leitura e Escrita

- Verbos auxiliares modais: *have to, have got to, must, be supposed to, will, might, may, can* e *be able to*
- Phrasal verbs
- Como escrever frases usando a estrutura de frases SVC

Gramática

- Como usar pronomes possessivos
- Como usar adjetivos demonstrativos com pronomes
- Modais de obrigação e necessidade
- Modais de possibilidade
- Modais de capacidade

Linguagem Corporal

- Como apontar para coisas e pessoas

Falando com Novos Amigos

Quando você se muda para um novo país, é bom fazer novos amigos. Como fazer amigos em um país de língua inglesa? O jeito mais fácil é **ter algo em comum** (to have something in common). Isso significa que há algo que as pessoas têm, fazem ou acreditam que é similar, como atividades recreativas, hobbies, trabalho ou escola. Por exemplo, se duas pessoas gostam de filmes de ficção científica, elas têm filmes de ficção científica em comum. Se duas pessoas nadam na mesma piscina todos os dias, elas têm essa atividade em comum. Se duas pessoas trabalham na mesma empresa ou frequentam a mesma escola, elas têm esse lugar em comum. Neste capítulo, aprenderemos expressões e meios de fazer novos amigos.

Exercício 6.1

Leia as situações a seguir. Identifique quais situações mostram pessoas que têm algo em comum.

1. Paula and Johanna eat lunch in the same cafeteria every weekday.
2. Jasmina, Nan, and Gilbert all own vintage bicycles.
3. Maximilian and Jake take the same economics class.
4. Gloria and Roshana live in the same apartment building. They do not know this, and they never see each other.
5. Farrah and Josh take the same bus every morning. They do not know this. Farrah always reads her book on the bus, while Josh wears his headphones and closes his eyes.
6. Sal, Marie, and Tony show up to play volleyball every Saturday afternoon in the same park.
7. Mick and Sally square-dance at the same hall every Tuesday and Saturday night.
8. Sofie and her boss both work at the same company.

Em cada situação do exercício anterior, as pessoas têm algo em comum. Contudo, algumas situações são melhores para se fazer amigos. Vejamos algumas regras culturais para fazer amigos. Lembre-se: embora essas sejam regras geralmente aceitas, há *exceptions* (exceções). **Exceptions** são situações que não seguem as regras.

1. Para fazer amigos, as pessoas têm que notar umas às outras (notice each other). Por exemplo, nas situações 4 e 5, as pessoas não se notaram, então não sabem que têm algo em comum. Essas situações não são boas para fazer amigos.
2. Na América do Norte, quando há só duas pessoas envolvidas, é mais comum que duas mulheres ou dois homens fiquem amigos. Assim, as situações 1 e 3 são boas para fazer amigos.
3. Quando três ou mais pessoas estão envolvidas, homens e mulheres ficam amigos. Nas situações 2 e 6, os homens e mulheres fazem amizade por que têm algo em comum.
4. Na situação 7, Sally e Mick podem iniciar um romance, em vez de amizade.
5. Geralmente, pessoas do mesmo nível — pares, colegas e colegas de trabalho — fazem amizade; Na situação 8, Sofie é subordinada de seu chefe, o que significa que não são iguais. Sofie e seu chefe provavelmente *não* fariam amizade.

As melhores situações para fazer amizade são 1, 2, 3, e 6. Agora, vejamos uma conversa de exemplo na qual Emeline faz uma nova amizade.

Conversa: Fazendo um Novo Amigo[1]

Emeline e Cassandra gostam de **to knit**. Elas fazem parte de um clube de tricô, onde as pessoas se reúnem para socializar e tricotar. Emeline acabou de começar a tricotar. Cassandra já tricota há bastante tempo. Ambas estão sentadas no sofá tricotando.

To knit é tecer fios com agulhas de tricô para fazer roupas.

Reveja a seção "Greeting People" no Capítulo 1 para dicas de como iniciar uma conversa.

Conversation	Guia de conversação
EMELINE: Oh, those are pretty colors.[1] What are you making?[2] (Smiles[3])	1. É comum começar uma conversa com um elogio. 2. Fazer uma simples WH question é um bom jeito de iniciar uma conversa porque pede mais que uma resposta de sim ou não. 3. Sorria ao conhecer alguém. É caloroso e acolhedor.
CASSANDRA (smiling[3]): It's a scarf and hat set for my sister.[4]	4. Cassandra responde a pergunta.

1 Essa "conversation" é narrada na Faixa 33 dos áudios do livro (Baixe os áudios em altabooks.com.br - procure pelo título do livro ou ISBN).

Conversation	Guia de conversação
EMELINE: What stitch are you using?[5] It's beautiful.[6]	5. Fazer WH questions faz a conversa fluir. 6. Elogios sinceros ajudam a formar relacionamentos.
CASSANDRA: It's the stockinette stitch. It's pretty[7] common, but I'm using this colorful yarn, which makes it look more fancy.[8]	7. *Pretty* tem vários significados. Neste caso, Cassandra quer dizer "fairly" (relativamente). Também pode significar "very" (muito). 8. Cassandra quer continuar a conversa, então dá mais informações sobre o fio.
EMELINE: It **does** look more complicated than the stockinette.[9] I finally mastered the basic stitch.[10] But that yarn you're using makes it look like an advanced stitch.	9. **Dica de pronúncia:** Enfatize a palavra *does* ou outros verbos auxiliares que mostram concordância. 10. Emeline dá informações para mostrar que é iniciante no tricô. Contar fatos sobre você ajuda a fazer amigos. Cria confiança.
CASSANDRA: Yeah, that's the trick to looking like a good knitter: use colorful yarn![11] Seriously though,[12] this yarn really is great. I got it at that new yarn store on Lincoln Road. Have you been there?[13]	11. Cassandra responde os comentários de Emeline. Ela tem senso de humor. 12. *Seriously though* muitas vezes é usado na América do Norte para falar sério depois de uma brincadeira. Outra expressão é *but seriously*. 13. Ela dá informações relacionadas ao tema e faz uma pergunta para continuar a conversa.
EMELINE: No, I haven't.[14] It sounds great.[15] Is it near downtown or at the other end of Lincoln?[16]	14. Responde a pergunta. 15. Outras expressões possíveis: sounds good / sounds like a great place. 16. Depois de algumas WH questions iniciais, é comum fazer yes/no questions, porque o diálogo flui mais depressa.
CASSANDRA: It's near the other end, over by the park. It's next to a coffee shop. You can take the 56 bus. But it's also close enough to ride your bike from here.[17]	17. Emeline está claramente interessada em tricô e fios, então Cassandra dá todas as informações que tem.

Conversation	Guia de conversação
EMELINE: Wow, that's right near my house! Like a block away![18] I should definitely go there and check out[19] the yarn.[20] I don't know a lot about the different kinds yet.[21] I'm still figuring it out.[22] I'm Emeline, by the way.[23]	18. Emeline exclama quão próximo mora da loja porque está empolgada. 19. **To check out** significa to look at (olhar), examine (examinar). 20. Ela mostra seu interesse. 21. Admite ser iniciante em tricô. 22. **To figure out** significa discover (descobrir), learn (aprender). 23. Emeline se apresenta. Ela também pode dizer, "My name is".
Inviting	
CASSANDRA: I'm Cassandra.[24] It's nice to meet a yarn enthusiast! Do you wanna[25] go together sometime?[26] I'd be happy to show you around and give you some tips on the best yarns.[27]	24. Veja mais informações sobre como se apresentar no Capítulo 1. 25. *Wanna* = want to. 26. Convidar Emeline para se encontrar fora do clube de tricô favorece a amizade. 27. Cassandra diz como Emeline pode se beneficiar com o evento.
EMELINE: I would love to![28] Thanks. I could learn so much.[29] That would be really fun.[30] When's good for you?[31,32]	28. *I would love to* geralmente significa *yes*. Outras expressões possíveis: That would be great! / Absolutely! / Yes, let's do it! 29. Emeline demonstra agradecimento. 30. Emeline reitera o entusiasmo. 31. *When's* é uma contração de *when* + *is*. 32. Perguntar horário indica o início de um plano.
Making a plan	
CASSANDRA: Are Wednesdays good for you?[33]	33. Cassandra pergunta sobre quartas-feiras em geral — não uma quarta-feira específica. Outras expressões: Do Wednesdays work for you? / How about a Wednesday?
EMELINE: Wednesday evenings are good. Would 6:00 P.M. be too late?[34] What are the store's hours?[35]	34. Expressão alternativa: Is 6:00 P.M. too late? 35. Expressão alternativa: What time does the yarn store close?

Conversation	Guia de conversação
CASSANDRA: It closes at 7:00 P.M., I think.[36] So 6:00 P.M. works. How is next Wednesday?[37]	36. Expressões alternativas para *I think*: I believe / as far as I know. 37. Agora Cassandra pergunta sobre uma quarta-feira específica. Expressões alternativas: What about next Wednesday? / Does next Wednesday work? / Are you free next Wednesday?
EMELINE: Next Wednesday is perfect.[38] Let's do it.[39]	38. Expressões alternativas: Next Wednesday works for me. / Next Wednesday it is. 39. Expressões alternativas: It's a plan. / Great, it's on my calendar. / It's a date!
CASSANDRA: Great![40] Should we just meet at the shop?[41]	40. Expressões alternativas: Okay! / Perfect! / Yay! / Woohoo! 41. Expressões alternativas para confirmar o local de encontro: Why don't we / Let's. (Veja mais informações sobre isso na seção "Estratégia de Comunicação: Sugerindo Atividades" posteriormente neste capítulo.)
EMELINE: Yes. I'll meet you there at 6:00 P.M. next Wednesday. Let me give you my cell phone number.[42]	42. Emeline quer ter certeza de poder entrar em contato. Ela pode dar seu número ou pedir o de Cassandra. Outras expressões possíveis: Shall I give you my cell phone number? / What's your cell? / Should we exchange phone numbers?
CASSANDRA: Yeah, that's a good idea. We can text each other to confirm. My cell is 510-555-9031.[43]	43. É importante poder entrar em contato caso a situação mude. Se Emeline precisar cancelar, ela pode ligar ou enviar uma mensagem de texto para Cassandra. Elas podem marcar uma outra data ou hora para ir ao armarinho.
EMELINE: Let me call you so you have my cell number.	
CASSANDRA: Great. Thanks. Your number is 510-237-4825?[44]	44. **Dica de pronúncia:** "Cante" a canção do número do telefone. Você aprenderá a respeito dela posteriormente neste capítulo.
EMELINE: Yup,[45] that's it.	45. Expressões informais alternativas para *yes*: Yeah / Yessiree.
Continue a conversa ou diga good-bye	
CASSANDRA: Now what are you knitting over there?[46]	46. A conversa sobre tricô continua enquanto trabalham em seus projetos.

Agora que vimos uma conversa de exemplo, vamos focar iniciar uma conversa com dois tipos de bate-papos.

Estratégia de Comunicação: Bate-papo

No Capítulo 1, você aprendeu muitos jeitos de jogar conversa fora (make small talk), como falar sobre o tempo. Nesta seção, você aprenderá dois jeitos novos. Como Emeline começa a conversa com Cassandra? Que estratégia ela usou? Veja os pontos 1 e 2 na conversa. Emeline usou um elogio e uma pergunta simples. Elogios e perguntas simples iniciam a conversa com facilidade. Vamos falar sobre elogios.

Compliments (Elogios)

Um **compliment** é um comentário positivo sobre algo. Vejamos alguns exemplos:

Those are beautiful shoes! (Esses sapatos são lindos!)

That scarf is lovely. (Aquele lenço é adorável.)

That antique car runs well. (Aquele carro antigo roda bem.)

Your dog is well trained. (Seu cachorro é bem treinado.)

That boat is beautiful. (Aquele barco é bonito.)

That was a great presentation. (Foi uma ótima apresentação.)

Note que comentamos sobre *something* (algo) e não *someone* (alguém). Para ser educado, não elogie o cabelo ou o corpo de alguém. Isso é muito particular. Os melhores elogios são sobre roupas ou coisas ligadas à pessoa, como um animal de estimação ou um carro. Qual foi o elogio de Emeline para Cassandra?

Simple Questions (Perguntas Simples)

Uma **simple question** é uma yes/no question ou uma WH question fácil de responder. Perguntas simples muitas vezes são feitas logo depois de elogios. Vejamos alguns exemplos de perguntas simples:

Those are beautiful shoes! Where did you get them? (Onde você os comprou?)

That antique car runs well. What year is it? (De que ano é?)

That boat is beautiful. What kind is it? (De que tipo é?)

That scarf is lovely. Is it silk? (É de seda?)

Your dog is well trained. Did you train him? (Você o treinou?)

That was a great presentation. Can I see it again online? (Posso assisti-la novamente online?)

Note que a pergunta em cada situação está relacionada ao elogio. Qual foi a pergunta simples de Emeline para Cassandra?

Como Fazer Amigos

Quando fazemos um amigo, certas coisas acontecem no processo:

- Achamos algo que temos em comum.

- Decidimos que queremos saber mais um sobre o outro.
- Há um diálogo.
- Compartilhamos informações pessoais como nome, número de telefone ou endereço de e-mail.
- Podemos planejar outro encontro.

Na situação anterior, Emeline e Cassandra estão se tornando amigas. As pessoas geralmente entram para um clube para conhecer pessoas e fazer amigos, porque é fácil de encontrar algo em comum. Quais são outras maneiras para fazer amigos? Liste as formas pelas quais *você* faz amigos novos. (Tente escrevê-las em inglês.)

___

___

___

Como vimos, o jeito mais fácil de fazer amigos é encontrando algo em comum. Veja uma lista com dez meios de conhecer pessoas e fazer amigos. Como bônus, você também pode praticar seu inglês em cada uma dessas situações!

1. Entre para um clube. Faça atividades do seu interesse, como fotografia (photography), culinária (cooking) ou tricô (knitting). Há clubes em escolas, online e na comunidade. Quais atividades você *gosta* de fazer? Faça uma lista em inglês.

___ ___ ___

___ ___ ___

2. Pratique esportes individuais como corrida (running), natação (swimming) e escalada (rock climbing), e conheça outras pessoas que gostam do mesmo esporte. Ou pratique esportes coletivos como futebol (soccer), tênis (tennis), volleyball (vôlei) e basketball (basquete), e conheça seus colegas de time. Talvez você goste de assistir a eventos esportivos ao vivo ou pela televisão. Você poderia conhecer outras pessoas que gostam de assistir aos mesmos eventos ou torçam para mesmo time. Quais esportes *você* joga ou assiste? Faça uma lista em inglês.

___ ___ ___

___ ___ ___

3. Se você estuda, faça amigos na escola. Você pode criar grupos de estudo (study groups), participar de atividades extracurriculares (extracurricular activities), entrar para clubes acadêmicos (academic clubs) ou fazer aulas do seu interesse, como arte (art) ou produção de filmes (movie production). Como *você* pode conhecer pessoas na sua escola? Faça uma lista em inglês.

___ ___ ___

___ ___ ___

4. Se você trabalha, faça amigos no trabalho. Participe de comitês para ajudar com projetos sociais. Por exemplo, você poderia participar do comitê de organização da festa de fim de ano (holiday party organizing comittee). Como *você* pode conhecer pessoas no trabalho? Faça uma lista em inglês.

_______________ _______________ _______________

_______________ _______________ _______________

5. Se tiver filhos, envolva-se nas atividades deles. Voluntarie-se para ajudar com eventos escolares, como os esportivos, teatrais e musicais. Ajude a angariar fundos (raise money) com **bake sales** e **fairs**. Você pode fazer amizade com outros pais. Seus filhos estudam em um país de língua inglesa? Como *você* pode se voluntariar para ajudar? Faça uma lista em inglês.

Uma **bake sale** é uma feira de biscoitos, brownies, torta e bolos. As escolas as promovem para angariar fundos para seus programas. Os pais preparam as sobremesas em casa e as levam para vender na escola. Uma **fair** é um festival ou festa ao ar livre. Há comida, música e jogos.

_______________ _______________ _______________

_______________ _______________ _______________

6. Dependendo da sua carreira, participe de um programa de desenvolvimento pessoal. Por exemplo, você pode fazer aulas de oratória (public speaking). Participe de conferências do setor (industry conferences) e conheça outras pessoas em seu campo. Que tipo de desenvolvimento pessoal *você* pode fazer? Faça uma lista em inglês.

_______________ _______________ _______________

_______________ _______________ _______________

7. Conheça pessoas por meio da sua religião. Por exemplo, você poderia conhecer pessoas na igreja (church), no templo (temple) ou na mesquita (mosque). Talvez possa se voluntariar, entrar para um clube ou participar de um comitê. Em quais comitês ou projetos religiosos *você* pode participar? Faça uma lista em inglês.

_______________ _______________ _______________

_______________ _______________ _______________

8. Faça trabalho voluntário. O voluntariado (volunteerism) é muito popular na América do Norte. Voluntários ajudam pessoas menos afortunadas; por exemplo, servem comida em cozinhas públicas (soup kitchens) ou organizam eventos para angariar fundos para **charities**. Quais charities você gostaria de ajudar? Faça uma lista em inglês.

Charity é uma organização que ajuda pessoas necessitadas.

_______________ _______________ _______________

_______________ _______________ _______________

9. Defenda uma causa, o que é similar ao voluntariado. Por exemplo, você pode oferecer ajuda, conhecimento ou tempo para ajudar em um programa no qual acredita. Causas são similares a instituições de caridade; elas protegem espécies em extinção (endangered species), ajudam os pobres, salvam animais e brigam por justiça. Exemplos de algumas organizações são Habitat for Humanity, Save the Whales e Amnesty International. Em quais causas você acredita? Faça uma lista em inglês.

_______________ _______________ _______________

_______________ _______________ _______________

10. Ajude nas atividades da sua comunidade e vizinhança. Sua vizinhança promove **block parties**? Sua biblioteca local precisa de voluntários? Envolva-se com seu centro comunitário (community center) e ofereça ajuda. Quais programas e eventos são oferecidos em sua comunidade? Faça uma lista em inglês.

> Uma **block party** é uma festa dada por uma determinada vizinhança. A rua é fechada, e os vizinhos se encontram e se divertem. Elas geralmente têm comida, música e jogos.

_______________ _______________ _______________

_______________ _______________ _______________

Dica Cultural

Na América do Norte, as duas formas mais comuns para fazer amigos são (1) em atividades, hobbies e interesses compartilhados e (2) por outros amigos. Não é comum conhecer pessoas e fazer amigos em locais públicos, como em um ponto de ônibus ou na mercearia. Mas é possível conhecer pessoas e fazer amigos em locais públicos aos quais você vai sempre. Por exemplo, se você vai a uma cafeteria todos os dias às 8:00, vê as mesmas pessoas o tempo todo. Você pode conhecer essas pessoas e, talvez, fazer amizade.

Gramática: Pronomes Possessivos

Em inglês, usamos pronomes possessivos para falar sobre coisas que nos pertencem e pessoas com quem nos relacionamos. Veja algumas regras para usá-los:

1. Pronomes possessivos substituem substantivos possessivos, como *Mary's* e *Jim's*.
2. Pronomes possessivos também substituem um adjetivo possessivo + substantivo, como *their children*.
3. Pronomes possessivos podem ser sujeitos ou objetos.
4. Pronomes possessivos podem se referir a substantivos no singular ou no plural.
5. Pronomes demonstrativos têm gênero neutro.

> Lembre-se: Um **sujeito** geralmente vem antes do verbo em uma frase. Um **objeto** geralmente vem depois do verbo. Reveja a estrutura de frase sujeito-verbo-objeto no Capítulo 5.

As frases de exemplo a seguir usam pronomes possessivos.

Substantivo Possessivo ou Adjetivo Possessivo + Substantivo	Pronome possessivo
That sweater is my sweater. (singular) Those sweaters are my sweaters. (plural)	That sweater is *mine*. Those sweaters are *mine*.
The blue car is our car. (singular) The blue cars are our cars. (plural)	The blue car is *ours*. The blue cars are *ours*.
Is this book your book? (singular) Are these books your books? (plural)	Is this book *yours*? Are these books *yours*?
The barking dog is Joseph's.	The barking dog is *his*.
Mary's is the white house with a red door.	*Hers* is the white house with a red door.
Mary and John's is the blue house on the corner.	*Theirs* is the blue house on the corner.

A lista a seguir mostra os pronomes possessivos.

Pronomes possessivos		
	SINGULAR	*PLURAL*
Primeira pessoa	Mine (*meu*)	Ours (*nosso*)
Segunda pessoa	Yours (seu)	Yours (*seus*)
Terceira pessoa	His (*dele*)	
	Hers (*dela*)	Theirs (*deles*)

Dica: *His* é masculino; *hers* é feminino. Esses são os únicos pronomes com gênero específico. Os outros têm gênero neutro. *Theirs* pode se referir a pessoas (masculino, feminino ou os dois juntos) e coisas.

Agora vamos praticar a identificação dos pronomes possessivos em frases.

Exercício 6.2

Identifique os pronomes possessivos nas frases a seguir.

EXEMPLO: The book on the desk is hers. *hers*

1. Look at all the sweaters the knitting club made! His is the green one. ____________

2. My brother has a beautiful flower garden. It's much prettier than mine. ____________

3. See that shiny new car over there? It's hers. ____________

4. Their nature photographs are in this gallery. Theirs are the pictures of mountains and lakes. ____________
5. Is this pencil yours? ____________
6. Here are two coats. Are the coats theirs? ____________

Agora, vamos praticar a escrita de frases usando pronomes possessivos.

Exercício 6.3

Crie frases usando pronomes possessivos para substituir as palavras sublinhadas.

EXEMPLO: The homework is *Steven's*. / *The homework is his.*

1. *Our house* was the red house on the right. It's not our house any longer. We sold it. / ____________
2. Those shoes are *Sherry's*. / ____________
3. The kids in the pool are *my kids*. / ____________
4. The children eating popcorn are *Mary and Jim's kids*. / ____________

Exercício 6.4

Use alguns pronomes possessivos. Crie seis frases sobre coisas que pertencem a você ou descreva o que seus amigos e família têm. Essas frases devem ser sobre coisas que as pessoas possuem (como nas frases 1 e 2 do exercício anterior) e sobre relacionamentos entre as pessoas (como nas frases 3 e 4). Use as frases de exemplo do Exercício 6.3 como guia.

1. (mine) ____________
2. (ours) ____________
3. (theirs) ____________
4. (his) ____________
5. (hers) ____________
6. (yours) ____________

Gramática: Adjetivos Demonstrativos

Em inglês, usamos adjetivos demonstrativos para falar sobre coisas e pessoas específicas. Vejamos os quatro adjetivos demonstrativos:

	Singular	**Plural**
Near (*perto*)	This (*este*)	These (*estes*)
Far (*longe*)	That (*aquele*)	Those (*aqueles*)

Usamos *this* e *these* para falar sobre coisas e pessoas que estão perto na distância ou no tempo. Usamos *that* e *those* para falar sobre coisas e pessoas que estão longe na distância e no tempo.

Agora, vamos revisar algumas frases de exemplo com adjetivos demonstrativos.

	Singular	**Plural**
Near	*This* person is my best friend. My friend made *this* hat.	*These* people are in my history class. Do you like *these* pants?
Far	*That* story is wonderful! Look at *that* bicycle!	*Those* flowers are colorful. She baked *those* chocolate chip cookies.

Adjetivos demonstrativos agem como adjetivos possessivos, dos quais falamos no Capítulo 5. Eles sempre precedem o substantivo: adjetivo demonstrativo + substantivo. Usamos adjetivos demonstrativos no singular com substantivos no singular e adjetivos demonstrativos no plural com substantivos no plural, como mostrado nos exemplos das frases na tabela anterior:

This person (substantivo singular)
These people (substantivo plural)
That story (substantivo singular)
Those flowers (substantivo plural)

Exercício 6.5

Veja os exemplos de adjetivos demonstrativos e substantivos de a até d na lista, depois responda as perguntas a seguir.

a. This hat

b. That bicycle

c. These pants

d. Those chocolate chip cookies

1. Quais substantivos estão no singular? ______
2. Quais adjetivos demonstrativos estão no singular? ______
3. Quais substantivos estão no plural? ______
4. Quais demonstrativos estão no plural? ______

Veja algumas características dos adjetivos demonstrativos:

- Adjetivos demonstrativos agem como adjetivos possessivos como *my*, *her* e *their*.
- Adjetivos demonstrativos falam de um substantivo específico (ou mais).
- Adjetivos demonstrativos respondem a pergunta *Which one?* ou *Which ones?*
- Adjetivos demonstrativos têm gênero neutro.

Nota: Às vezes, mostramos de que objeto falamos apontando para ele, segurando-o, tocando-o ou olhando para ele.

Vejamos dois exemplos de coisas ou pessoas que estão perto e longe.

JACK: This person is Sally. That person is Tina. (Sally está próxima de Jack. Tina está longe dele.)

JACK: These trees are in my yard. Those trees are in the park. (As árvores do jardim de Jack estão próximas dele. As árvores no parque estão longe dele.)

Embora às vezes apontemos ao usar adjetivos demonstrativos, você sabe pelo Capítulo 1 que não é educado apontar para pessoas com o dedo. Em vez disso, aponte com a mão aberta. Veja a figura a seguir em que Jack apresenta Sally.

Jack está apontando para Sally com a mão, não com o dedo. Sally é uma pessoa (singular) próxima a ele, então ele usa *this*. Porém, quando apontamos para coisas, podemos usar o dedo indicador. Para um exemplo, veja a ilustração a seguir onde o menino aponta pra a bicicleta.

Agora, pratique o uso de adjetivos demonstrativos.

Exercício 6.6

Veja as figuras a seguir e complete as frases sobre elas. Indique se this, that, these ou those pertencem a cada espaço em branco. A pessoa está perto ou longe? O substantivo está no singular ou plural?

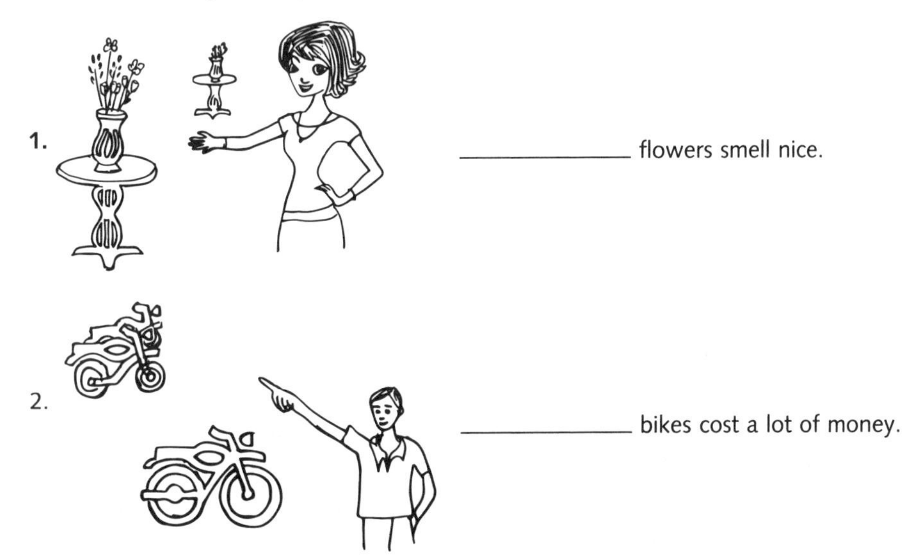

1. _______________ flowers smell nice.

2. _______________ bikes cost a lot of money.

3. ______________ money is mine.

4. ______________ house is Maddy's.

Exercício 6.7

Crie quatro frases sobre coisas e pessoas que estão perto e longe. Use os adjetivos demonstrativos this, that, these, e those. Use as frases de exemplo no exercício anterior como guia.

1. ____
2. ____
3. ____
4. ____

Lugares: *Here* e *There*

Falamos sobre lugares próximos e distantes. Às vezes, usamos *here* e *there* em vez de *this place* e *that place*. Quando falamos sobre um lugar que está perto, dizemos *this place*. Também dizemos *this* + um lugar específico, como *this house*, *this city*, *this street* ou *this field*. Podemos substituir *this* + um lugar específico com *here*.

Quando falamos sobre um lugar distante, dizemos *that place*. Também podemos dizer *that* + um lugar específico, como *that house*, *that city*, *that street* ou *that field*. Às vezes, substituímos *that* + um lugar específico por *there*. *Here* e *there* substituem a preposição + o adjetivo demonstrativo + o substantivo. Vejamos alguns exemplos.

Preposição + Adjetivo Demonstrativo + Substantivo	***Here* e *There***
I live in this house. Preposição = *in* Adjetivo demonstrativo = *this* Substantivo = *house*	I live here.

Nota: Se *não* houver preposição, você não pode usar *here* ou *there*.

Exercício 6.8

Pratique usar here e there no lugar dos adjetivos demonstrativos this e that. Crie uma frase para cada um dos seguintes usando here ou there no lugar da frase sublinhada.

EXEMPLO: I play tennis <u>at that club</u>. *I play tennis there.*

1. We live on this street. ______
2. Penelope studies at that college. ______
3. Gwen sings in that church. ______
4. He works in this hotel. ______
5. They often eat dinner at that restaurant. ______
6. My parents live in this country. ______

Exercício 6.9

Crie oito frases sobre lugares near e far. Primeiro, crie uma frase com preposição + adjetivo demonstrativo + substantivo. Certifique-se de ter uma preposição. Depois, forme a mesma frase usando here e there. *Reveja as frases de exemplo dos exercícios anteriores como guia.*

Preposição + Adjetivo demonstrativo + Substantivo ***Here* e *There***

EXEMPLO: *My mother lives in that house.* *My mother lives there.*

1. a. ______ b. ______
2. a. ______ b. ______
3. a. ______ b. ______
4. a. ______ b. ______

Outro modo de usar *here* é falar sobre pessoas e coisas que estão no mesmo lugar que nós. De maneira similar, usamos *there* para falar de pessoas e coisas que não estão no mesmo lugar que nós. Vejamos alguns exemplos.

Exemplo: *My parents live* ***in this country.*** → *My parents live* ***here***.

Frase com Here	Explicação
My parents live here.	Os pais moram no mesmo país que o interlocutor. Por exemplo, todos moram na Austrália.

Exemplo: *My parents live* ***in that country.*** → *My parents live* ***there***.

Frase com There	Explicação
My parents live there.	Os pais moram em um país diferente do interlocutor. Por exemplo, o interlocutor mora na Austrália e seus pais moram na China.

Agora que você aprendeu maneiras de usar adjetivos demonstrativos e *here* e *there*, vamos falar sobre pronomes demonstrativos.

Gramática: Pronomes Demonstrativos

Assim como nos adjetivos demonstrativos, usamos pronomes demonstrativos para falar sobre coisas e pessoas específicas. Vejamos algumas frases de exemplo que usam pronomes demonstrativos.

Singular	Plural
This is my best friend. My sister made *this*.	*These* are my glasses. Do you like *these*?
That is a wonderful story! Look at *that*!	*Those* are pretty flowers. She baked *those*.

As diferenças entre adjetivos demonstrativos e pronomes demonstrativos é que os adjetivos demonstrativos pedem substantivos; os pronomes demonstrativos *são* os substantivos na forma de pronome. Veja a diferença:

Adjetivo Demonstrativo	**Pronome demonstrativo**
My friend made this hat. Adjetivo demonstrativo = *this* Substantivo = *hat*	My sister made this. Pronome = *this*
Do you like these pants? Adjetivo demonstrativo = *these* Substantivo = *pants*	Do you like these? Pronome = *these*
Look at that bicycle! Adjetivo demonstrativo = *that* Substantivo = *bicycle*	Look at that! Pronome = *that*
She baked those chocolate chip cookies. Adjetivo demonstrativo = *those* Substantivo = *chocolate chip cookies*	She baked those. Pronome = *those*

Estas são as regras para usar pronomes demonstrativos:

- Pronomes demonstrativos substituem adjetivos demonstrativos + substantivos, como this car e those shoes.
- Pronomes demonstrativos podem ser sujeitos ou objetos.
- Pronomes demonstrativos têm gênero neutro.

	Singular	**Plural**
Near	This	These
Far	That	Those

Nota: É menos comum usar pronomes demonstrativos para pessoas e mais comum usá-los para coisas. Há uma lista de pronomes demonstrativos nesta tabela. Note que a tabela é a mesma que você viu antes na seção "Grammar: Demonstrative Adjectives".

As frases de exemplo a seguir usam pronomes demonstrativos como sujeitos e objetos. Note que os pronomes demonstrativos na posição de sujeito vêm antes do verbo na frase, e os na posição do objeto vêm depois do verbo.

Pronome Demonstrativo como Sujeito	**Pronome Demonstrativo como Objeto**
Hannah, *this* is Jade.*	Does she like *this*?
That smells delicious.	I didn't know *that*.
These are the right answers.	I sell *these* every day.
Those are hers.	Where did you get *those*?

*No Capítulo 2, você aprendeu a apresentar uma pessoa a outra. Usamos *This is* para fazer a apresentação.

Agora vamos praticar a identificação de pronomes demonstrativos em frases.

Exercício 6.10

Identifique os pronomes demonstrativos nas frases a seguir.

EXEMPLO: Do you like these? *these*

1. Those are the good Web sites. ___________
2. I can't believe that! ___________
3. Have you seen this? ___________
4. This is fun! ___________
5. You can't have these. ___________
6. That is bad news. ___________
7. These are very fashionable. ___________
8. What is that? ___________

Agora, vamos praticar a escrita de frases usando pronomes demonstrativos.

Exercício 6.11

Crie frases substituindo os adjetivos demonstrativos e substantivos dados por pronomes demonstrativos.

EXEMPLO: This eraser is Zoey's. *This is Zoey's.*

1. We love these games! ___________
2. Those shoes are Sherry's. ___________
3. These kids are my kids. ___________
4. Those kids are Jim's kids. ___________

Exercício 6.12

Crie quatro frases usando pronomes demonstrativos. Descreva coisas e pessoas em casa e no trabalho. Use as frases de exemplo no exercício anterior como guia.

1. this ___________
2. that ___________
3. these ___________
4. those ___________

Pergunta Bônus: Em cada frase criada, o pronome demonstrativo é um sujeito ou um objeto? Lembre-se: se ele aparecer antes do verbo principal, é um sujeito. Se vier depois, é um objeto. Anote *subject* ou *object* depois de cada frase.

Passando Tempo com Amigos

Quando temos amigos, fazemos atividades juntos. Passamos o tempo, ou **hang out**, com eles. Nesta seção, você aprenderá a fazer, aceitar e recusar convites com educação, assim como fazer sugestões e compartilhar informações com amigos. Você também aprenderá dois modos novos de jogar conversa fora.

Estratégia de Comunicação: Fazendo Convites

No início deste capítulo, Emeline e Cassandra se conheceram e fizeram amizade. Na conversa, Cassandra convidou Emeline para ir ao armarinho. Como ela fez isso? O que ela disse?

Exercício 6.13

Vá até a conversa e encontre o convite de Cassandra a Emeline. Anote o convite.
Cassanda's invitation to Emeline: ____________________

____

Há muitos modos de convidar pessoas a eventos ou só para passar o tempo. Vejamos algumas das expressões mais comuns. Elas vão do informal ao formal.

	Expressões para Convites	Frases de exemplo
Informal ↑	Wanna (do something)?	Wanna have lunch today? Wanna go to the movies Sunday afternoon?
	Do you want (to do something)? Do you fancy* (doing something)?	Do you want to study for the test together this weekend? Do you fancy studying for the test together this weekend?
	What are you doing (time/day)? Are you free (time/day)? Are you busy (time/day)?	What are you doing Saturday night? Are you free Saturday night? Are you busy Saturday night?

	Expressões para Convites	Frases de exemplo
	Can you (do something)?	Can you come to the party Friday night?
	Are you interested in (event/ doing something)?	Are you interested in having pizza for lunch?
	How do you fancy* (doing something)?	How do you fancy having pizza for lunch?
	I'd/We'd love/be delighted to have you (come over, join me/ us) for (an event/meal).	We'd love to have you come over for dinner Sunday evening. We'd be delighted to have you join us for dinner Sunday evening.
	Would you like (to do something)?	Would you like to go for a hike this weekend?
	Can you join me for (something)?	Can you join me for a drink after work?
↓	I was just wondering if you'd like/want (to do something).	I was just wondering if you'd like to work on the project together this week.
Formal	Would you be interested in (doing something)?	Would you be interested in going to the art museum on Saturday?

*Mais usado no inglês britânico do que no americano.

Note que algumas das expressões na tabela anterior usam gerúndio (verbo-**-ing**) e alguns usam infinitivo (*to* + infinitivo do verbo). O gerúndio é indicado com *doing something*. Infinitivos são indicados com *to do something*. Reveja o uso do gerúndio e do infinitivo no Capítulo 5.

Nota: Às vezes, usamos duas ou três expressões para formar um convite. Por exemplo, podemos dizer, "What are you doing Saturday night? Would you like to come to a dinner party at our house? We'd love to have you."

Dica de Pronúncia:
Would you soa como *Wouldju* ou *Wouldja*.

Quando Ser Menos Formal	Quando Ser Mais Formal
Em uma situação casual.	Em uma situação formal.
Você é jovem (adolescente, jovem adulto ou está na escola).	Você é um profissional ou está no trabalho.
Conhece alguém há muito tempo.	Conhece alguém há pouco tempo.

Vamos praticar fazer convites.

Exercício 6.14

Veja as situações a seguir. Depois, crie um convite usando as palavras dadas. A situação é informal ou formal? Reveja as expressões na seção anterior, se necessário.

SITUAÇÃO DE EXEMPLO: Joe e Dan acabaram de se conhecer em uma exposição de carros antigos. Ambos gostam do mesmo carro. Joe convida Dan para almoçar na exposição.
Dia e hora: now

DAN: *Are you free now? Can you join me for lunch?*

1. Danielle e Shradha estão na mesma turma. Elas terão uma prova em breve. Shradha convida Danielle para estudarem juntas para a prova.
Dia e hora: Friday afternoon

SHRADHA: ______________________________
____

2. Christine e Julia estão no mesmo grupo de caminhada. Elas já caminharam juntas três vezes. Christine convida Julia para fazer uma nova trilha.
Dia e hora: Sunday morning

CHRISTINE: ______________________________
____

3. Margie e Lynette têm filhos no primeiro ano. Elas se conheceram em uma bake sale. Margie convida Lynette e seu filho para irem ao parque.
Dia e hora: Wednesday after school

MARGIE: ______________________________
____

4. Howard e Seth são engenheiros. Eles se conheceram em uma conferência de engenharia. Seth convida Howard para jantarem juntos.
Dia e hora: that same evening

SETH: ______________________________
____

5. Henry e Rishi estão no mesmo clube de mergulho. Eles já fizeram mergulho juntos duas vezes. Henry convida Rishi para uma festa em sua casa.
Dia e hora: 7:00 P.M. next Saturday night

HENRY: ______________________________
____

Agora que você aprendeu a fazer convites, vamos ver como aceitá-los e recusá-los. Começaremos aceitando convites.

Estratégia de Comunicação: Aceitando Convites

Quando você recebe um convite, como o aceita? Quais são as formas diferentes de dizer yes? Anote essas expressões (tente anotá-las em inglês).

________________ ________________ ________________

Veja modos de aceitar convites.

	Expressões para Aceitar Convites
Informal ↑	Sure! / Yeah, sure. / Okay!
	Thanks, I'd love to! / Thanks, I'd like that.
	That sounds like fun!
	That sounds fun/great/wonderful.
	That'd/That would be fun/great/wonderful!
↓	Thank you, I would love to!
Formal	That's very kind of you, yes.

Agora, veja os modos de recusar convites.

Estratégia de Comunicação: Recusando Convites

Talvez você não possa aceitar um convite. Como recusar? Anote diferentes modos de dizer não a um convite (tente anotá-los em inglês).

________________ ________________ ________________

Quando recusamos um convite, geralmente damos um motivo por educação. Somos mais diretos com amigos que conhecemos bem e menos diretos com amigos novos ou colegas de trabalho. Aqui estão modos de recusar um convite.

Menos Direto/Mais Educado	Exemplo
1. Comece com uma frase educada. 2. Diga não. 3. Dê um motivo geral ou específico.	I'd love to[1], but I can't.[2] I have plans that night.[3]
1. Comece com uma frase educada. 2. Pule este passo. 3. Dê um motivo geral ou específico.	I'd love to[1], but I have plans that night.[3]

Mais Direto/Menos Educado	Exemplo
1. Pule este passo. 2. Diga não. 3. Dê um motivo geral ou específico.	I can't.[2] I'm working that day.[3]

Vejamos outras expressões para recusar convites. Em cada caso, pode-se adicionar um motivo no fim.

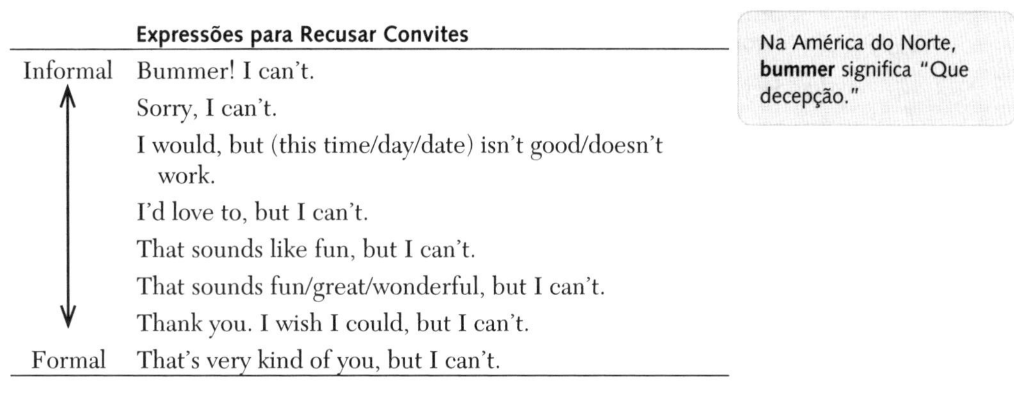

	Expressões para Recusar Convites
Informal	Bummer! I can't.
↑	Sorry, I can't.
	I would, but (this time/day/date) isn't good/doesn't work.
	I'd love to, but I can't.
	That sounds like fun, but I can't.
	That sounds fun/great/wonderful, but I can't.
↓	Thank you. I wish I could, but I can't.
Formal	That's very kind of you, but I can't.

Na América do Norte, **bummer** significa "Que decepção."

Vejamos exemplos de **courtesy statements**, expressões para recusar convites e motivos comuns dados.

Uma **courtesy statement** é uma frase educada ou algo dito gentilmente. Ela torna a recusa mais aceitável. Exemplos de courtesy statements são *I'd love to* e *That sounds like fun*.

Courtesy Statement	Recuse o convite	Razão
Bummer!	I can't.	**Razões específicas:**
Oh,	I can't go.	I'm (doing something).
Sorry, but	I can't make it.	I have to (do something).
I'd love to, but	I won't be able to.	I've got to (do something).
I wish I could, but	I won't be able to go.	I'm supposed to (do something).
I'm afraid	I won't be able to make it.	I must (do something).
		Razões gerais:
		I'm busy.
		I'm doing something else.
		I already have plans (at time/on day/on date).
		I have plans.

Agora, vamos praticar recusar convites.

Exercício 6.15

Leia as situações a seguir. Use os passos e expressões das seções anteriores para recusar cada convite com educação. Lembre-se de notar se a ocasião é informal ou formal.

EXEMPLO: Abdul and Hiro play on the same high school basketball team. Abdul invites Hiro to have pizza after the game. Hiro has other plans. He has to work at the mall.

ABDUL: Hey, do you wanna get pizza after the game?

HIRO: *Bummer! I can't. I have to work at the mall.*

1. Shauna and Sia take flute lessons together at school. Shauna invites Sia to hang out after school. Sia wants to hang out, but she can't. She has to babysit her brother after school.

   SHAUNA: Sia, do you wanna hang out after school today?

   SIA: (informal) ____________________

   ____

2. Jim and Ralph are at a business conference and just attended the same workshop. They were partners for role-playing. Jim wants to have lunch with Ralph after the workshop. Ralph must decline because he has a business meeting to attend during lunch.

   JIM: Are you free for lunch?

   RALPH: (more formal) ____________________

Dica de Pronúncia

É importante dizer *can* e *can't* corretamente. Elas não têm o mesmo som em inglês. Vejamos como dizê-las de maneiras diferente.

Características	Can	Can't
1. Enfatização	*can* = Sem ênfase	*can't* = Com ênfase
2a. Som da Vogal	Três sons de vogal possíveis: /ə/ como em **kən**; /ɛ/ como em **kɛn**; /ɪ/ com em **kɪn**	Um som de vogal: Americano: /æ/ como em **kænʔ** Britânico: /a:/ com em **ka:nt** ou **ka:nʔ**
2b. Comprimento da vogal	O som da vogal é reduzido ou falado depressa. Ele soa como **k'n.**	O som da vogal é cheio, e portanto é mais longo.

Características	Can	Can't
3. Som /**t**/	Sem som /**t**/	Americano: quase nunca se ouve o som /**t**/. Você não solta o som /**t**/ com ar. Ele soa como /**ʔ**/. Britânico: Às vezes, não se ouve o som /**t**/. Às vezes, é um som /**t**/ claro emitido com um sopro de ar. Às vezes, soa como /**ʔ**/.
4. Verbo principal Exemplo	Verbo principal = com ênfase I can **go**. → Ikɪn **go**.	Verbo principal = com ênfase I can't **go**. → Americano: I **kænʔ go**. Britânico: I **ka:nt go**. / I **ka:nʔ go**.

Gramática: Modais de Obrigação e Necessidade

Quando damos uma razão para recusar um convite, muitas vezes usamos modais de obrigação e necessidade. Veja alguns exemplos:

I have to study for my marketing test. (Eu tenho que estudar para a minha prova de marketing.)

She must finish her proposal. (Ela deve terminar sua proposta.)

We've got to work Friday afternoon. (Precisamos trabalhar na sexta-feira à tarde.)

I'm supposed to babysit my little sister. (Eu devo cuidar da minha irmãzinha.)

Verbos auxiliares modais são usados com verbos principais. Sempre use verbo principal no infinitivo e certifique-se de haver concordância verbal. Vejamos como formar os modais.

Sujeito ou Pronome Pessoal	Modal de Obrigação	Verbo Principal no Infinitivo (Igual para todos os sujeitos)	Frases de exemplo	Significado
I	have to	study	I have to study for my marketing test.	Necessidade — haverá consequências se eu não o fizer.
We	have got to ('ve got to)	work	We have got to work Friday afternoon. We've got to work Friday afternoon.	Necessidade.

Sujeito ou Pronome Pessoal	Modal de Obrigação	Verbo Principal no Infinitivo (Igual para todos os sujeitos)	Frases de exemplo	Significado
She	must*	finish	She must finish her proposal.	Grande necessidade.
I	am supposed to (use correct form of BE verb)	babysit	I am supposed to babysit my little sister. I'm supposed to babysit my little sister.	Obrigação — algo planejado ou esperado por outros.

*O modal *must* **não** usa *to*.

A forma do verbo principal é igual para todos os sujeitos: infinitivo. Mas os verbos auxiliares BE e HAVE devem concordar com o sujeito. Por exemplo, ***She has*** *got to work tonight* e ***They have*** *got to work tonight*. Pense em qual forma de BE e HAVE usar com modais de obrigação ao praticar a criação de frases com eles.

Exercício 6.16

Forme frases usando as palavras dadas. Crie quatro frases para cada pergunta. Reveja como formar modais. Certifique-se de usar a forma correta de BE e HAVE. Você pode usar contrações com BE em be supposed to e com HAVE em have got to.

EXEMPLO: I / MODAL OF OBLIGATION / see / my school counselor / on Tuesday afternoon.

I have to see my school counselor on Tuesday afternoon.

I have/I've got to see my school counselor on Tuesday afternoon.

I must see my school counselor on Tuesday afternoon.

I am/I'm supposed to see my school counselor on Tuesday afternoon.

1. We / MODAL OF OBLIGATION / have / dinner with my parents / Thursday evening.

____

____

____

____

2. I / MODAL OF OBLIGATION / walk / my dogs / after dinner.

3. He / MODAL OF OBLIGATION / finish / his research paper / this weekend.

4. They / MODAL OF OBLIGATION / visit / their sister / that day.

5. She / MODAL OF OBLIGATION / clean / her house / this afternoon.

6. I / MODAL OF OBLIGATION / work / on my résumé/ Wednesday evening.

7. We / MODAL OF OBLIGATION / do / our homework / tonight.

8. I / MODAL OF OBLIGATION / meet / with my supervisor / that morning.

____

____

____

____

Exercício 6.17

Crie quatro frases nas quais declara obrigações que suas ou de outras pessoas. A obrigação gera consequências se não a fizer? Se sim, use have to. *Os outros esperam que você faça algo? Se sim, use a forma correta de BE* supposed to. *Use contrações quando possível. Reveja como formar modais de obrigação.*

1. have to ______________________________
2. have got to ______________________________
3. am supposed to ______________________________
4. must ______________________________

Dica de Pronúncia

Em inglês, muitas vezes abreviamos e unimos sons ao falar. Com modais de obrigação, *have to = hafta, has to = hasta* e *got to = gotta*. Vejamos alguns exemplos.

She has to prepare for her big meeting.	=	She hasta prepare for her big meeting.
I have to practice my role in the play.	=	I hafta practice my role in the play.
I've got to spend time with my family.	=	I've gotta spend time with my family.
Mary's got to go to the doctor's office.	=	Mary's gotta go to the doctor's office.

Sugerindo Outro Horário

Às vezes, queremos aceitar um convite, mas estamos ocupados e sugerimos um outro horário para realizar a atividade. Para fazer sugestões, usamos estas expressões:

	Expressões para Sugerir Hora/Dia/Data Diferente	Frases de exemplo
Informal	What about (time/day/date)?	What about tomorrow afternoon?
↑	How about (time/day/date)?	How about tomorrow afternoon?
	Can we do it (time/day/date)?	Can we do it on Wednesday?
↓	Could you do it (time/day/date)?	Could you do it this weekend?
Formal	Would (time/day/date) work for you?	Would next Tuesday night work for you?

Também podemos pedir um *rain check*. Um ***rain check*** adia uma atividade. Geralmente dizemos, "*Can I take a rain check*?" para que possamos fazer um novo plano para passar tempo juntos.

Agora que você sabe como aceitar e recusar um convite, vamos praticar.

Exercício 6.18

Veja as situações a seguir. Você já escreveu convites. Agora crie respostas aos convites. A situação é formal ou informal? Que expressões você usa? É menos direta e mais educada, ou mais direta e menos educada?

EXEMPLO 1: Joe and Dan just met at an antique car show. They both like the same car. They are talking about the car. Joe invites Dan to lunch at the car show.
Hora e dia: now
Resposta: yes

DAN: *Are you free right now? Can you join me for lunch?*
JOE: *Yeah, sure. I have time. Where do you want to eat?*

EXEMPLO 2: Danielle and Shradha are in the same class in college. They have a test soon. Shradha invites Danielle to study with her for the test.
Hora e dia: Friday afternoon
Resposta: no; suggestion for another time
Razão: working

SHRADHA: *Hey, would you like to study for the test together Friday afternoon?*
DANIELLE: *I'd like that, but I can't on Friday. I'm working. How about Saturday morning?*

1. Christine and Julia are in the same hiking group. They have hiked together three times already. Christine invites Julia to hike at a new trail.
Hora e dia: Sunday morning
Resposta: no; rain check
Razão: general

CHRISTINE: ______________________________
____
JULIA: ______________________________
____

2. Margie and Lynette both have boys in first grade. They met at a bake sale. Margie invites Lynette and her son to the park. **Hora e dia:** Wednesday after school **Resposta:** yes	MARGIE: ____________________ ____________________ LYNETTE: ____________________ ____________________
3. Howard and Seth are both engineers. They met at an engineering conference. Seth invites Howard to join him for dinner. **Hora e dia:** that same evening **Resposta:** no **Razão:** finishing a work project	SETH: ____________________ ____________________ HOWARD: ____________________ ____________________
4. Henry and Rishi are in the same scuba diving club. They have been scuba diving together twice. Henry invites Rishi to a party at his house. **Hora e dia:** 7:00 P.M. next Saturday **Resposta:** yes	HENRY: ____________________ ____________________ RISHI: ____________________ ____________________

Estratégia de Comunicação: Sugerindo Atividades

Você pode fazer um convite dando uma sugestão. Geralmente usamos esse tipo de convite com velhos amigos e não com quem acabamos de conhecer. Há algumas expressões que podemos usar para fazer uma sugestão.

	Expressões para Sugerir Atividades	Frases de exemplo
Informal	Let's (do something).	Let's play soccer this Saturday.
	Why don't we (do something)?	Why don't we study for the test later today?
	Should we (do something)?	Should we finish this project tomorrow?
Formal	Shall we (do something)?	Shall we join the party?

Vamos praticar fazer sugestões.

Exercício 6.19

Sugira atividades. Crie frases usando as palavras dadas. Lembre-se de usar a pontuação correta no final das frases.

EXEMPLO: EXPRESSION FOR SUGGESTING ACTIVITY / rehearse/ for the recital / on Sunday
Let's rehearse for the recital on Sunday.

1. EXPRESSION FOR SUGGESTING ACTIVITY / work on / the art project / Thursday evening

____

2. EXPRESSION FOR SUGGESTING ACTIVITY / play / the game / today

____

3. EXPRESSION FOR SUGGESTING ACTIVITY / get together / soon

____

4. EXPRESSION FOR SUGGESTING ACTIVITY / eat / lunch / today

____

To get together significa passar tempo junto pessoalmente; to *hang out*. É informal.

Gramática: Modais de Possibilidade

Usamos modais para falar de possibilidade; por exemplo, quando fazemos planos com um amigo. Vejamos alguns exemplos:

I *might* go to the movies. (Eu *talvez* vá ao cinema.)

Jarrod *may* meet us at 5:00 P.M. (Jarrod *talvez* nos encontre às 17:00.)

The Johnsons *may* join us for the movie. (Os Johnsons *talvez* se juntem a nós para o cinema.)

Damian and Fred *will* be there. (Damian e Fred *estarão* lá.)

Você já aprendeu modais de obrigação; os de possibilidade são parecidos. Verbos auxiliares modais são usados com verbos principais. Sempre use o verbo principal no infinitivo. Vejamos como formar modais de possibilidade.

Sujeito ou Pronome Pessoal	Modal de Possibilidade	Negativo	Verbo Principal no Infinitivo	Resto da Frase	Nível de Possibilidade
I	will	(not)	meet	you at 10:00 A.M.	100% de certeza
She	might	(not)	eat	dinner with Noelle.	Cerca de 50% de certeza: informal; mais comum em conversas

Sujeito ou Pronome Pessoal	Modal de Possibilidade	Negativo	Verbo Principal no Infinitivo	Resto da Frase	Nível de Possibilidade
I	may	(not)	have	an appoint-ment that day.	Cerca de 50% de certeza: levemente mais formal, menos comum em conversas casuais

NOTA Outro modal de possibilidade é *can*. Usamos *can* para mostrar que algo é possível. Mais detalhes sobre *can* são dados na próxima seção sobre modais de capacidade.

Agora, vamos praticar modais de possibilidade.

Exercício 6.20

Forme frases usando as palavras dadas. Se precisar de ajuda para formar modais, reveja a tabela anterior.

EXEMPLO 1 I / MODAL OF POSSIBILITY / choose / the economics class / next term. (cerca de 50% de certeza)
I might choose the economics class next term. / *I may choose the economics class next term.*

EXEMPLO 2 I / MODAL OF POSSIBILITY / choose / the economics class / next term. (cerca de 50% de certeza do resultado negativo)
I might not choose the economics class next term. /
I may not choose the economics class next term.

Um **brunch** é um late breakfast/ early lunch. É uma combinação de café da manhã e almoço. A palavra é formada com *br* de breakfast e *unch* de lunch.

1. We / MODAL OF POSSIBILITY / cook / brunch / for Leyla's birthday / on Sunday. (100% de certeza)

___

2. Seamus / MODAL OF POSSIBILITY / do / his presentation / on Monday. (cerca de 50% de certeza do resultado negativo)

___

3. I / MODAL OF POSSIBILITY / pass / the test / in math class. (cerca de 50% de certeza)

___

4. My boss / MODAL OF POSSIBILITY / give / me / a raise / next year. (100% de certeza)

____

5. Professor Dunn / MODAL OF POSSIBILITY / give / a test / in computer class / next week. (cerca de 50% de certeza)

____

Exercício 6.21

Crie três frases sobre atividades possíveis em sua vida. Reveja como formar modais de possibilidade.

1. will _______________
2. might/might _______________
3. may/might (resultado negativo) _______________

Gramática: Modais de Capacidade (*Can* + *Be Able To*)

Também usamos modais para falar de capacidade, como quando fazemos planos. Vejamos alguns exemplos:

Afirmativo	**Negativo**
1. I *can* go to the party.	4. She *can't* meet you at 3:00 P.M.
2. I *am able to* join you for dinner.	5. We*'re not able to* attend the concert.
3. I *might be able to* come.	6. She *might not be able to* come.

Como os modais de obrigação e possibilidade, os verbos auxiliares modais de capacidade são usado com o infinitivo do verbo principal. Note que podemos usar um modal de possibilidade com *BE able to* (veja os exemplos 3 e 6 na lista). *Não* podemos usar um modal de possibilidade com *can*. Veja os exemplos a seguir:

CORRECT:	*We might play tennis.* (possibilidade)
CORRECT:	*We can play tennis.* (capacidade)
INCORRECT:	*We might can play tennis.*

Agora, veremos como formar modais de capacidade.

Sujeito ou Pronome Pessoal	Auxiliar Modal	Negativo	BE able To	Verbo Principal no Infinitivo	Resto da Frase
I	can	(not)	—	meet	you at 10:00 A.M.
I can meet you at 10:00 A.M. / I can't meet you at 10:00 A.M.					
She	—	→	is* (not) able to	eat	dinner with Noelle.
She is able to eat dinner with Noelle. / She isn't able to eat dinner with Noelle. / She's not able to eat dinner with Noelle.					
She	might/ may/will	→	be** (not) able to	eat	dinner with Noelle.
She might be able to eat dinner with Noelle. / She might not be able to eat dinner with Noelle.					

*O verbo BE precisa concordar com o sujeito. Aqui, a terceira pessoa do singular BE = *is*. Certifique-se de usar *is* com *he*, *she* e *it*. Reveja os tempos do verbo BE no Capítulo 1.
**Precisamos usar *be* no infinitivo com um modal de possibilidade em *BE able to*. Não use *am*, *is* ou *are*.

Agora vamos praticar modais de capacidade.

Exercício 6.22

Crie frases usando as palavras dadas. Revise como formar modais de capacidade.

EXEMPLO 1 I / MODAL OF ABILITY/ win / the chess game / tomorrow. (can)
I can win the chess game tomorrow.

EXEMPLO 2 I / MODAL OF ABILITY / travel / to Thailand / for vacation. (BE able to—about 50 percent certainty)
I might be able to travel to Thailand for vacation.

1. He / MODAL OF ABILITY / understand / the math problem. (can — negative)

   ____

2. Janice / MODAL OF ABILITY / understand / the math problem. (BE able to)

   ____

3. Paul / MODAL OF ABILITY / understand / the math problem. (BE able to — negative)

   ____

4. The Greggs family / MODAL OF ABILITY / go camping. (BE able to — 50% de certeza)

   ____

5. Sheena and her daughter / MODAL OF ABILITY / go camping. (BE able to — 50% de certeza do resultado negativo)

____

6. Preston and his son / MODAL OF ABILITY / go camping. (BE able to — negative)

____

Exercício 6.23

Crie seis frases sobre coisas que você consegue e não consegue fazer. Revise como formar modais de capacidade e use possibilidade em algumas das frases.

1. can ______________________________
2. can (negativo) ______________________________
3. BE able to ______________________________
4. BE able to (negativo) ______________________________

____

5. BE able to (cerca de 50% de certeza) ______________________________
6. BE able to (cerca de 50% de certeza no resultado negativo) ______________

____

Estratégia de Comunicação: Partilhando Informações de Contato

Quando fazemos amigos, geralmente compartilhamos informações de contato. Exemplos de informações de contato são seu nome, telefone e endereço de e-mail. São as informações que as pessoas usam para achá-lo ou contatá-lo. Nesta seção, aprendemos a pedir e dar números de telefone com clareza.

Falando Números de Telefone

Há um certo modo de dizer nosso número de telefone. É como uma canção, então praticamente "cantamos" os números. Como cantar a canção do número do telefone?

Estas são as regras. Vamos usar 510-672-1194 como nosso número de exemplo.

Regra	Característica	Exemplo
1. Enfatizamos o último número de cada grupo.	a. O som da vogal é mais longo.	Five-one-*ooooh*
		Six-seven-*twooo*
	b. Dizemos o número mais alto.	One-one-nine-*foouur*
2. Usamos entonações diferentes pra diferentes grupos de números.	a. Os dois primeiros grupos = tom levemente ascendente.	Five-one-*ooooh*
		Six-seven-*twooo*
	b. O último grupo = tom descendente	One-one-nine-*foouur*
3. Fazemos pausas entre os grupos de números.	a. Faça uma pausa antes e depois de dizer o número inteiro.	(pausa) Five-one-*ooooh* (pausa)
	b. Faça uma pausa entre grupos.	Six-seven-*twooo* (pausa)
	c. Faça uma pausa leve no meio do último grupo de quatro dígitos.	One-one (pausa curta) nine-*foouur* (pausa)

Então, dizemos a frase assim: "My phone number is

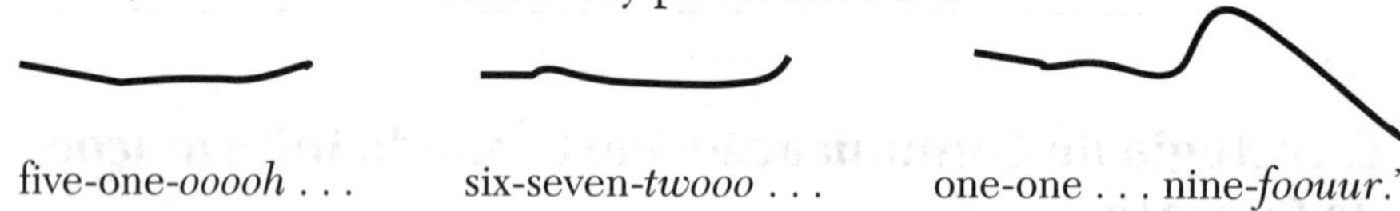

five-one-*ooooh* . . . six-seven-*twooo* . . . one-one . . . nine-*foouur*."

Dicas de Pronúncia

1. Diga "oh" em vez de "zero". Com sotaque, *zero* pode soar como *seven*.
2. Fale devagar. Não diga números depressa.
3. Certifique-se de pronunciar a consoante final de um número. Por exemplo, diga ***five***, não *fi*.
4. Pronuncie *one* corretamente. Ele soa como *uân*. Ele tem um som de /**n**/ no fim. Ele não soa como /**wung**/. Ele não tem um som de /ŋ/ no fim.
5. Peça para repetirem o número para garantir que entenderam. Expressões que você pode usar: *Can you repeat that number, please? / Could you please say that back to me?*

Exercício 6.24

Agora, pratique falar estes números.

1. 888-625-0048
2. 508-722-9546
3. 978-445-1105
4. 919-236-9815

Dica de Pronúncia

Agora, vamos praticar a pronúncia correta dos números. Alguns números que muitas vezes são confundidos são do 13 ao 19, e do 30 ao 90. Nós dizemos esses números de modo diferente. Na tabela a seguir, os pontos separam sílabas e o símbolo (air) indica que o som /t/ pede um forte sopro de ar para o som forte de /t/ como em *time*. Vejamos como dizer esses números.

13–19	Exemplo	30–90	Exemplo
Ênfase no fim em **teen**.	Four•**teen**	Ênfase no começo da palavra.	**For**•ty
O som de /**t**/ é forte com um grande sopro de ar. Isso é mostrado pelo símbolo (air).	Four•**t**(air)**een**	O som de /**t**/ é como um /**d**/ suave sem sopro de ar.	**For**•dy
O som de /**n**/ está no fim da palavra.	Four•**t**(air)**een**	O som de /**iy**/ está no fim da palavra.	**For**•diy

Os números soam assim:

13–16	30–60	17–19	70–90
13: Thir•**t**(air)**een**	30: **Thir**•diy	17: Sev•en•**t**(air)**een**	70: **Sev**•en•diy
14: Four•**t**(air)**een**	40: **For**•diy	18: Eight•**t**(air)**een**	80: **Eight**•diy
15: Fif•**t**(air)**een**	50: **Fif**•diy	19: Nine•**t**(air)**een**	90: **Nine**•diy
16: Six•**t**(air)**een**	60: **Six**•diy		

Agora, vamos praticar a pronúncia correta dos números.

Exercício 6.25

Pratique a pronúncia dos números a seguir. Primeiro, pratique todos os teens *em ordem de 1a a 1g. Depois pratique os* tens *em ordem de 2a a 2g. Finalmente, pratique os* teens *e* tens *juntos da seguinte forma: 1a, 2a, 1b, 2b, e assim por diante.*

1. Teens	a. 13	b. 14	c. 15	d. 16	e. 17	f. 18	g. 19
2. Tens	a. 30	b. 40	c. 50	d. 60	e. 70	f. 80	g. 90

Vocabulário: Phrasal Verbs para Planos e Atividades

Usamos alguns phrasal verbs comuns quando falamos sobre planos e atividades. Vejamos esses verbos.

Exercício 6.26

Leia os phrasal verbs à esquerda, depois as definições à direita. Talvez você conheça alguns deles. Combine os verbos com as definições corretas. Tente adivinhar os verbos que não conhece. Alguns phrasal verbs podem ser separados por um substantivo ou pronome, que estão em **negrito**.

1. To hang out with **someone**	a. To cancel
2. To call up **someone**/to call **someone** up	b. To support
3. To call off **something**/to call **something** off	c. To spend time with
4. To call back **someone**/to call **someone** back	d. To call on the phone
5. To back up **someone**/to back **someone** up	e. To make happy
6. To get along (with **someone**)*/to get on (with **someone**)**	f. To omit
7. To cheer up **someone** / to cheer **someone** up	g. To forgive
8. To bring **someone** down	h. To decline
9. To do **something** over	i. To review
10. To leave out **something**/to leave **something** out	j. To arrive at a certain place, sometimes unexpectedly
11. To end up **somewhere**	k. To do something again
12. To pass up **something**/to pass **something** up	l. To make unhappy

*Uso americano.

**Uso britânico.

13. To make up with **someone**

14. To go over **something**

m. To enjoy someone's company

n. To return someone's call; to call someone on the phone after they have called you

Exercício 6.27

Complete as seguintes frases com o phrasal verb correto. Certifique-se de usar o tempo e forma verbais corretos. Use a terceira pessoa no singular quando necessário.

Dica Cultural: No Reino Unido, **to do *someone* over** significa roubar a casa ou escritório de alguém. Isso é diferente de **to do *something* over**.

EXEMPLO: Sara and Jenny get along very well. They always have fun together.

1. After they argued, Alice and her sister ______________. They weren't angry with each other for long. (simple past)
2. Jules ______________ the invitation to the musical play. She had other plans. (simple past)
3. Henry and Olivia ______________ their friend Joline. Joline feels sad. (present progressive)
4. Nan called me, but I wasn't home. I have to ______________ her ______________ soon. (verbo no infinitivo)
5. Coach Quilici always ______________ his players. He's a good coach. (simple present)
6. My parents ______________ my birthday party because I failed my test. (simple past)
7. After hours of hiking in the woods, we ______________ at the ranger station. (simple past)
8. The teacher lets the students ______________ a test ______________ when they fail. (simple present)

Conversa: Juntando Tudo

Neste capítulo, você aprendeu:

1. A fazer amigos
2. A fazer, aceitar e recusar convites

3. A usar pronomes possessivos, adjetivos e pronomes demonstrativos
4. A usar modais de obrigação, possibilidade e capacidade
5. Vocabulário para atividades e planos
6. A pronunciar números de telefone

Agora vamos tentar juntar tudo isso.

Exercício 6.28

Para completar a conversa a seguir, use todos os tempos verbais que você conhece: simple present, present progressive, simple past, imperativo, gerúndio, infinitivo e modais. Use estratégias de comunicação, pronomes possessivos, adjetivos e pronomes demonstrativos. Também use o vocabulário e as expressões aprendidos neste capítulo. Nesta situação, Nejoom e Junko estão na mesma aula de fotografia. Nejoom quer fazer amizade com Junko e tirar fotografias de natureza com ela. Nejoom começa a conversa. Adicione mais diálogos.

Making Friends

1. Small talk: give Junko a compliment and ask a simple WH question (for example, talk about Junko's photographs). / Nejoom: ______________
____
2. Answer question. / Junko: ______________________________
3. Ask another WH question to keep conversatiom going. / Nejoom: __________
____
4. Answer question. / Junko: ______________________________
5. Keep conversation going. / Nejoom: ______________________
6. Answer questions, make comments, and ask questions. / Junko: __________
____
7. Turn conversatiom to places to take nature photographs. / Nejoom: __________
____
8. Talk about places to take nature photos. / Junko: ______________
9. Introduce self. / Nejoom: ______________________________
10. Introduce self. / Junko: ______________________________

Inviting

11. Turn conversatiom to a specific place to take nature photographs. / Nejoom:
____

12. Ask location of place. / Junko: ______________________________

13. Answer questions; discuss place. / Nejoom: ______________________________

14. Ask questions about place. / Junko: ______________________________

15. Invite Junko to go to this place on Saturday morning. / Nejoom: ______________
____

16. Can't go Saturday morning; suggest Sunday morning. / Junko: ______________
____

Making a Plan

17. Say yes; Sunday morning and suggest a time. / Nejoom: ______________________

18. Agree to time; ask where to meet. / Junko: ______________________________

19. Answer where to meet. / Nejoom: ______________________________

Sharing Contact Information

20. Ask for phone number. / Nejoom: ______________________________

21. Give phone number; ask Nejoom to repeat phone number. / Junko: ____________
____

22. Repeat phone number, say thank you, and give phone number. / Nejoom:
____

23. Show excitement. / Junko: ______________________________

24. Show excitement; continue the conversatiom or say good-bye. / Nejoom:
____

Reading Leitura

Nesta seção, vamos rever a pré-leitura, a leitura ativa e a compreensão de uma passagem — todas as estratégias para uma leitura eficiente. Em capítulos anteriores, você aprendeu a descobrir o significado de palavras novas por pistas de definição, exemplo, e contraste do contexto. Use todas as estratégias de leitura na próxima seção.

Interpretação de Texto

Como você sabe, quando faz a pré-leitura, primeiro lê o título da passagem; depois a primeira frase do primeiro parágrafo e, finalmente, a última frase do último parágrafo. Depois da pré-leitura, você lê ativamente circulando palavras que não conhece e destacando ideias importantes.

Exercício 6.29

Primeiro, faça a pré-leitura rápida da passagem e responda estas duas perguntas:

1. What is the topic? ______________________________
2. What is the main idea? ______________________________

Mabel and Her New Friend

Mabel made a new friend. Her name is Angelita. Mabel and Angelita work in the cafeteria of an office building. They both prepare food for lunch. Mabel is a new employee. She got the job a week ago. Angelita, on the other hand, has been working there for six months. Angelita helps Mabel with tasks. For example, she showed Mabel how to operate the meat cutter. Together, they are a good team. They work hard and finish their duties, or tasks, quickly. Their supervisor likes their productivity. He seems happy with their teamwork. They are happy to work together. They made a plan to go shopping together after work. Mabel is glad she made a new friend.

Agora que você fez a pré-leitura da passagem, volte e leia-a ativamente.

Exercício 6.30

Leia ativamente a passagem sobre Mabel e Angelita. Siga as etapas da leitura ativa. Reveja informações sobre leitura ativa em capítulos anteriores.

Exercício 6.31

Reveja a passagem e suas notas. Depois, responda a estas perguntas.

1. Where did Mabel make a new friend? ______________________________
2. What is her name? ______________________________
3. Where do they work? ______________________________
4. How does Angelita help Mabel? ______________________________
5. What is their plan? ______________________________
6. How does Mabel feel about her new friend? ______________________________

Escrita

Vamos praticar a escrita! Nesta seção, você aprenderá a estrutura de frase composta de sujeito, verbo e complemento.

A Estrutura de Frase SVC (Sujeito + Verbo + Complemento)

No Capítulo 5, você aprendeu a estrutura de frase sujeito-verbo-objeto (SVO). Neste capítulo, falaremos sobre a estrutura de frase sujeito-verbo-complemento (SVC). Da discussão sobre a SVO, lembre-se do seguinte:

- O sujeito geralmente vem no início da frase.
- O verbo, ou ação, segue o sujeito.
- O objeto segue o verbo.

A estrutura de frase SVC é semelhante. Entretanto, não há objeto. Em vez disso, há um complemento (C). Leia alguns exemplos na passagem anterior sobre Mabel. Em cada frase, o sujeito está em negrito, o verbo está sublinhado e o complemento está em itálico:

Her **name** is *Angelita.*
Together, **they** are a *good team.*
They are *happy* to work together.
Mabel is a *new employee.*
He seems *happy* with their teamwork.
Mabel is *glad* she made a new friend.

O que você observa nos verbos dessas frases? Eles são parecidos? A maioria são formas do verbo BE. Um verbo é diferente: *seem*. Vamos aprender mais sobre a estrutura SVC.

Identificando a Estrutura de Frase SVC

O verbo (V) em uma estrutura SVC é um linking verb (verbo de ligação). Um **linking verb** liga ou conecta duas coisas. Na estrutura de frase SVC, ele liga o sujeito (S) e o complemento (C). Veja uma lista de verbos de ligação comuns:

Be *(ser/ estar)*	Become *(tornar-se)*	Seem *(parecer)*	Appear *(aparecer)*	Look *(olhar)*
Feel *(sentir)*	Taste *(provar)*	Smell *(cheirar)*	Sound *(soar)*	

Verbos de ligação são como um sinal de igual. O complemento descreve o sujeito.

Her name is Angelita. → Her name = Angelita.
Mabel is a new employee. → Mabel = a new employee.
Together, they are a good team. → They = a good team.

He seems happy with their teamwork. → He = happy.

Vamos aprender a achar o sujeito, o verbo e o complemento em uma frase. É parecido com a estratégia da estrutura SVO. Veja os três passos:

1. Encontre o verbo de ligação.
2. Encontre o sujeito. O sujeito é o substantivo que geralmente vem antes do verbo em uma frase simples.
3. Encontre o complemento. Ele segue o vergo de ligação e descreve o sujeito.

Veja uma frase de exemplo:

They are happy to work together.

S V C

Pratique encontrar o sujeito, o verbo e o complemento no próximo exercício.

Exercício 6.32

Leia as frases e ache o SVC em cada uma delas. Use os passos já descritos para ajudá-lo. Para cada frase, liste o verbo, o sujeito e o complemento.

EXEMPLO: Julius appears tired.	Subject: *Julius* / Verb: *appears* / Complement: *tired*
1. Oscar sounds angry.	Subject: ________ / Verb: ________ / Complement: ________
2. Noreen and her cousin feel sad.	Subject: ________ / Verb: ________ / Complement: ________
3. My coworker is absent today.	Subject: ________ / Verb: ________ / Complement: ________
4. The doctor is very kind.	Subject: ________ / Verb: ________ / Complement: ________
5. Making friends is easy.	Subject: ________ / Verb: ________ / Complement: ________
6. Those cookies smell delicious!	Subject: ________ / Verb: ________ / Complement: ________
7. My mother seems satisfied with her meal.	Subject: ________ / Verb: ________ / Complement: ________
8. Cecilia became a high school teacher.	Subject: ________ / Verb: ________ / Complement: ________

Que tipo de palavras são complementos? São substantivos, pronomes e adjetivos. **Não** são verbos ou advérbios. Vamos praticar a identificação de complementos.

Exercício 6.33

Leia as frases do exercício anterior. Encontre o complemento em cada uma delas. Que parte da oração ele é — um substantivo, um pronome ou um adjetivo? Anote o complemento na linha abaixo, depois classifique-o como n (noun), pro (pronoun) ou adj (adjective). O primeiro está feito para você.

1. *angry - adj*
2. ____________
3. ____________
4. ____________
5. ____________
6. ____________
7. ____________
8. ____________

Exercício 6.34

Crie frases sobre sua vida usando os verbos de ligação dados. Forme uma frase para cada verbo. Use o tempo e a forma verbais corretos. Certifique-se de que cada complemento seja um substantivo, pronome ou adjetivo e de que cada frase siga a estrutura SVC. Depois de criar a frase, use os três passos para conferir de que há um sujeito, um verbo e um complemento. Rotule-os com S, V e C, respectivamente.

EXEMPLO: Taste *That food tastes spicy.*
S V C

1. Be ____________
2. Become ____________
3. Seem ____________
4. Appear ____________
5. Look ____________
6. Feel ____________
7. Taste ____________
8. Smell ____________
9. Sound ____________

Quiz

Você terminou o Capítulo 6. Ótimo trabalho! Agora faça o quiz para ver do que você se lembra. Escolha as respostas certas para cada pergunta. Pode haver várias respostas certas para algumas das perguntas.

1. Escolha os modais de possibilidade que completem a frase corretamente.

   Sanjay ______________ go to the movies with Ramsay. (cerca de 50% de certeza)

   will might may must

2. Escolha os modais de obrigação que completem a frase corretamente.

   Tiffany can't attend the show. She ______________ to go to a doctor's appointment.

   must has has got is supposed

3. Escolha os modais de capacidade que completem a frase corretamente.

   Jessie ______________ study tonight. He is working. (negative)

   must not can't isn't able to can't be able to

4. Qual é o adjetivo demonstrativo correto?

   I love ______________ shirt. (O interlocutor a está vestindo.)

   this that these those

5. Qual é o pronome demonstrativo correto?

   ______________ are great earrings! (A amiga da interlocutora os está usando.)

   This That These Those

6. Qual é o pronome possessivo correto?

   Sheila says to her brother, "My pencil sharpener is broken. Can I use ______________?"

   mine yours his theirs

7. Que palavra substitui a palavra sublinhada corretamente?

   I'm attending classes <u>at that school</u>.

   here there

8. Que palavra substitui a palavra sublinhada corretamente?

   He lives in <u>this apartment building</u>.

   here there

9. Qual é o elogio que *não* usamos em small talks?

   Your ____________ is beautiful.

   dog car jacket hair

10. O que é rain check? ________________

   A raincoat A postponed event A credit card A rain hat

Pratique o que Aprendeu!

Agora que você aprendeu a falar com pessoas e fazer amigos, tente fazer isso por aí. Reveja este capítulo, saia e use seu inglês! Faça uma marca em cada atividade que completar.

Faça Esta Semana

- Use dois pronomes possessivos em conversas.
- Use dois adjetivos demonstrativos em conversas.
- Use dois pronomes demonstrativos em conversas.
- Use *here* e *there* no lugar do adjetivo demonstrativo e local.
- Bata papo elogiando duas pessoas.
- Bata papo fazendo perguntas a duas pessoas.
- Use dois modais de obrigação/necessidade diferentes.
- Use dois modais de possibilidade diferentes.
- Use dois modais de capacidade diferentes.
- Faça amizade com alguém. Siga as orientações e sugestões de conversa.

Registro Semanal

Registre o seu progresso semanal. Anote como foi a sua prática. O que aconteceu? Foi bem-sucedida? Como você sabe? Foi malsucedida? Como você sabe? Reveja todas as instruções, dicas e notas culturais no Capítulo 6.

____

____

____

____

____

____

7

Saúde e Medicina

Neste capítulo você vai aprender:

Fala

- Como descrever sintomas e dor
- Como falar com o médico
- Como pedir e dar conselhos
- Como pedir permissão

Vocabulário, Leitura e Escrita

- Vocabulário para doenças e anatomia
- Expressões de tempo com o present perfect progressive
- Adjetivos para descrever sintomas
- Phrasal verbs (verbos frasais)
- Como identificar indícios de apoio em um parágrafo
- A estrutura de um parágrafo

Gramática

- Como usar o present perfect progressive (presente perfeito progressivo)
- Modais de conselho
- Modais de permissão

Linguagem Corporal

- Thumbs-up versus thumbs-down
- O gesto para *so-so*

Falando sobre Doenças

Às vezes, não nos sentimos bem. Sentimo-nos doentes. Cuidamos de nós mesmos. Mas, às vezes, temos que procurar um médico.

Conversa: Descrevendo a Dor[1]

Vejamos um exemplo de conversa entre um patient (paciente) e um médico. Um patient é alguém que recebe cuidados médicos.

DOCTOR: Hello, Lian. What brings you in to see me today?[1]	1. Outras expressões: Why are you here to see me today? / How can I help you today? / Why are you here today?
LIAN: I don't feel well.[2] I have a fever,[3] a sore throat, and aches all over my body.[4,5]	2. Outras expressões: I feel sick / so sick / very sick / really sick / terrible. 3. Uma **fever** (febre) é uma temperatura corporal mais alta do que o normal. A temperatura normal é 98.6°F, ou 37.0°C. 4. Lian descreve seus **symptoms** (sintomas), ou seja, as sensações em seu corpo e sinais de doença. 5. Outras expressões: body aches
DOCTOR: How long have you been feeling[6] this way?	6. Use o present perfect progressive para falar sobre eventos ou sensações que começaram no passado e continuam agora.
LIAN: For more than a week.[7] That's a long time. I'm never sick this long.	7. Para falar de duração de tempo, use *for* + total de tempo (for three days) ou *since* + dia/data/hora (since last Monday).
DOCTOR: Well, your vitals[8] look okay. Except your temperature, which is 100.[9] Any other aches and pains?[10]	8. *Vitals* é uma abreviação de **vital signs** (sinais vitais) que são os testes clínicos padrão para as funções do corpo como blood pressure (pressão sanguínea) e temperature. 9. 100 graus Fahrenheit. 10. Muitas vezes encurtamos as perguntas. A pergunta completa do médico aqui seria *Do you have any other aches and pains?* ou *Are there any other aches and pains?*
LIAN: I also have a headache.[11] And sometimes I get a stomachache.[11]	11. **Dica de Pronúncia:** Em inglês, às vezes o **ch** soa como **/k/**, então *ache* rima com *rake*. A escrita fonética é **/eyk/**, **/eik/** e **/eik/**.

1 Essa "conversation" é narrada na Faixa 40 dos áudios do livro (Baixe os áudios em altabooks.com.br - procure pelo título do livro ou ISBN).

DOCTOR: Can you describe your headache?[12] Is it dull[13] or throbbing[14]?

12. Outras expressões: What does your headache feel like? / What's your headache like? / What kind of headache is it?
13. **Dull** significa contínuo, mas não muito forte.
14. **Throbbing** significa uma batida regular, geralmente forte. Sinônimos incluem *pounding* e *pulsating*.

LIAN: It's dull. It's right here. (Points[15]) I've been taking[6] aspirin, but it doesn't help much.[16]

15. Apontar para a parte do corpo que dói ajuda o médico a entender. Tudo bem apontar com o dedo indicador.
16. Outras expressões: but it isn't helping much. / but it's not making a big difference. / but it's not working./ but it isn't doing anything.

DOCTOR: Well, let's take a look at your throat. (Gets tongue depressor[17]) Stick out[18] your tongue and say, "Ah."

17. Um **tongue depressor** é um palito de madeira chato usado pelos médicos para examinar a boca e a garganta. O médico o aperta na língua.
18. **To stick out** significa colocar para fora.

DOCTOR: Ah ha. Mm hm.[19] Well, it looks like you have strep throat.[20] There are white spots on your tongue, and your throat is raw[21] and red. That explains your symptoms.[22]

19. Esses são os sons que alguém faz quando está examinando e/ou pensando.
20. **Strep throat** é uma infecção grave da garganta causada por uma bactéria chamada estreptococos.
21. Aqui, **raw** significa sensível e inflamada.
22. Nesta situação, os sintomas são headache (dor de cabeça), sore throat (dor de garganta) e fever (febre) e, às vezes, stomachache (dor de estômago).

LIAN: How did I get[23] strep throat?

23. Outra expressão possível: How did I contract / What causes...?

DOCTOR: Well, it's passed[24] from person to person. It's carried by saliva.[25] You might want to[26] get a new toothbrush. And you should[26] drink out of your own glass.

24. **Passed** significa passar/espalhar.
25. **Saliva** é o líquido na boca, ou cuspe.
26. Modal para conselho. O antônimo é *should not/shouldn't.*

LIAN: Is it serious? [27]

27. Lian faz uma pergunta para aprender sobre a doença.

DOCTOR: It's not serious, because we're going to treat it.[28] If you let it go,[29] however, it would be much more serious. I'm going to take a specimen[30] and do a test just to make sure.[31] Please say, "Ah" again. I'm going to swab[32] the back of your throat to get a sample and send it to the lab. The results take about 15 minutes.

28. **To treat an illness** significa tratar a doença.
29. **To let something go** significa descuidar, ignorar.
30. Um **specimen** é uma amostra de um micro-organismo, bactéria ou vírus.
31. Outras expressões: to be sure / to ensure.
32. **To swab** significa esfregar — neste caso, para colher um specimen.

LIAN: Okay. How do we treat[28] strep throat, Doctor?[27]

DOCTOR: We treat it with antibiotics.[33] It's a common and effective treatment. I'll write you a prescription,[34] and you can get it filled in the pharmacy.

33. Um **antibiotic** is a medicine (*remédio*) que interrompe o crescimento de micro-organismos.
34. **Prescription** é a receita do remédio escrita pelo médico.

LIAN: Is there anything else I should[26] do?[35]

35. Expressão alternativa: What else can I do?

DOCTOR: Right now, you can sit in the waiting room. I'll call you when the results are in.[36] At home, make sure[31] you get plenty of rest and wash your hands often. Do not[37] cough into your hand; cough into a tissue or handkerchief.[38] You don't want to spread the germs.[39]

36. **When the results are in** significa quando o médico souber o resultado.
37. *Do not* é um imperativo negativo. Veja mais informações no Capítulo 4.
38. **Handkerchief** é um pedaço de tecido usado no rosto.
39. **Germ** é um micro-organismo que causa doenças.

LIAN: Okay. So, can I[40] go to work?

40. *Can I* e *may I* são modais de permissão.

DOCTOR: No. You had better[41] stay home and rest.

41. Modal de conselho: had better = conselho veemente + ameaça de mau resultado.

Thirty minutes later

DOCTOR: It's confirmed. It's strep throat. Here's the prescription.[34] You must take *all*[42] of the antibiotics[33] until they run out.[43] You *must not*[44] stop taking them, even if you feel better. The strep will come back if you stop taking the pills. Okay? Please call my office if you have any questions.

42. O médico enfatiza *all* para mostrar a importância da instrução.
43. **To run out** ou **run out of** significa não ter mais; esgotar o estoque.
44. *Must not* é um modal de proibição.

LIAN: Okay. Thank you, Doctor.

DOCTOR: Take care of yourself, Lian.[45]

45. **To take care of someone/oneself** significa ficar bem e saudável.

Falaremos sobre muitas partes desta conversa neste capítulo. Vejamos primeiro o present perfect progressive.

Gramática: Usando o Presente Perfeito Contínuo

Em inglês, usamos o **present perfect progressive** para falar sobre a duração de atividades que começaram no passado e continuam agora. Este tempo de verbo também é chamado de **present perfect continuous** (presente perfeito contínuo). As atividades podem ser contínuas ou periódicas. Atividades contínuas não param, enquanto atividades periódicas começam e param.

Vejamos algumas frases de exemplo. N*ow* significa o momento em que se fala. O verbo está sublinhado e as expressões para duração de tempo estão em itálico. A palavra entre parênteses é o verbo no infinitivo.

EXEMPLO 1 (atividade contínua): They have been feeling sick *since Wednesday*. (feel)

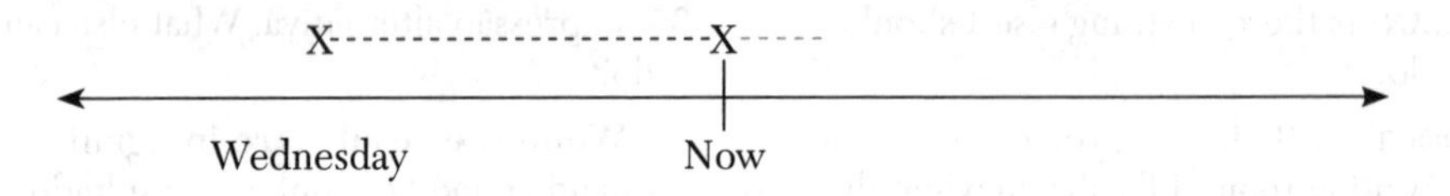

A doença começou na quarta-feira e eles ainda estão doentes agora. A doença é contínua, ou incessante. Ela provavelmente continuará no futuro.

EXEMPLO 2 (atividade periódica): She has been taking tennis lessons *for six months*. (take)

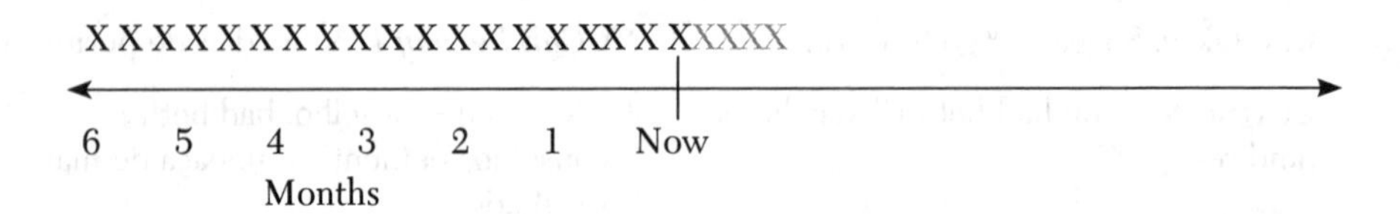

Ela começou as aulas de tênis há seis meses e ainda as faz agora. Isso *não* é contínuo. É periódico; começa e para. Ela faz a aula de tênis e, mais tarde, faz outra. Ela provavelmente continuará a fazer aulas de tênis no futuro.

EXEMPLO 3 Malcolm hasn't been sleeping well *lately*. (sleep)

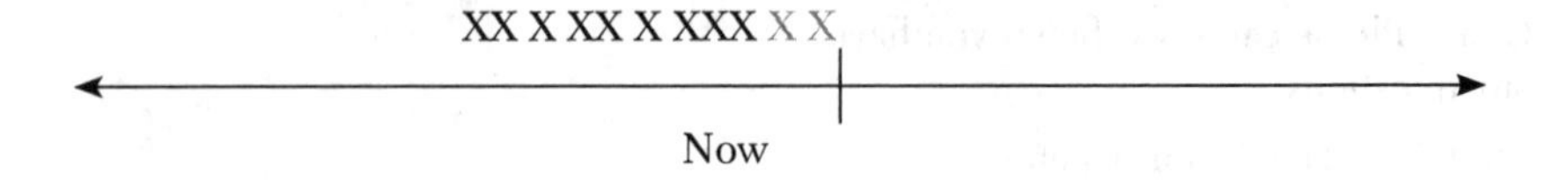

Malcolm não está dormindo bem. Isso começou em algum tempo no passado, mas não sabemos quando. Isso *não* é contínuo; é periódico. E provavelmente continuará no futuro.

Agora vamos estudar como formar o present perfect progressive.

O Present Perfect Progressive: Forma Afirmativa

Quando formamos o present perfect progressive, usamos dois verbos auxiliares e o verbo principal: *have/has* + *been* + verbo principal-**ing**. Ao estudar a tabela a seguir, read the example sentences aloud.

SUJEITO OU PRONOME PESSOAL	*HAVE OU HAS**	*BEEN*	*VERBO PRINCIPAL-ING*	*FRASES DE EXEMPLO*
I/You/We/They	have	been	studying	They have been studying English for three hours.
				Jack and Jill have been studying English for three hours.
He/She/It	has	been	watching	He has been watching TV since 10:00 a.m.
				Jack has been watching TV since 10:00 a.m.

*Certifique-se de usar a forma correta — **have** ou **has** — para haver concordância sujeito-verbo.

NOTA Cuidado com a ortografia! Siga as regras de ortografia da forma verbo-**ing** no Capítulo 3.

Dica de pronúncia: A palavra *been* é pronunciada de modo diverso em lugares diferentes. Nos Estados Unidos, costuma-se pronunciar como **/bɪn/** e rima com *in*. Em partes do Canadá e no Reino Unido, *been* soa mais como *bean*, ou **/biyn/**.

Vamos praticar formar o present perfect progressive.

Exercício 7.1

Complete as frases a seguir com o present perfect progressive do verbo dado entre parênteses.

EXEMPLO: (suffer) Venkata *has been suffering* from a headache since this morning.
have/has + *been* + verb-**ing**

1. (take) I ________ ________ ________ the medicine every day for two weeks.
2. (drink) Bao ________ ________ ________ this medicinal tea all day.
3. (feel) Xiang and Feng ________ ________ ________ sick since yesterday.
4. (recover) My father ________ ________ ________ from surgery for a long time.
5. (rest) They ________ ________ ________ all afternoon.
6. (eat) His sister ________ ________ ________ organic vegetables the whole summer.
7. (read) Sam ________ ________ ________ in bed since he got the flu.
8. (feel) Carolina ________ ________ ________ better lately.

O Present Perfect Progressive: Formando Contrações

Podemos contrair o pronome pessoal e o auxiliar *have/has*. Ao estudar essas contrações, read the example sentences aloud.

PRONOME PESSOAL	*HAVE OU HAS*	*CONTRAÇÃO*	*BEEN*	*VERBO PRINCIPAL-ING*	*FRASES DE EXEMPLO*
I	have	I've	been	studying	They've been studying English for three hours.
You		You've			
We		We've			
They		They've			
He	has	He's	been	watching	He's been watching TV since 10:00 A.M.
She		She's			
It		It's			

NOTA Às vezes, contraímos o sujeito singular na 3ª pessoa e *has*; por exemplo, escreveríamos *Joe's been watching TV since 10:00* A.M.

NOTE Nós *não* usamos verbos estativos como *be*, *seem*, *love* e *understand* com o present perfect progressive.
Vamos praticar contrações com o present perfect progressive.

Exercício 7.2

Use as frases do Exercício 7.1 para ajudá-lo a completar as frases a seguir. Use contrações. Se o sujeito não for um pronome, transforme-o em pronome. Se o sujeito estiver na 3ª pessoa do singular, contraia-o de dois modos: com o sujeito e com o pronome pessoal correto.

EXEMPLOS (I) *I've been taking* the medicine every day for two weeks.
(Bao) *He's been drinking* this medicinal tea all day. / *Bao's been drinking* this medicinal tea all day.

1. (Xiang and Feng) ________________ sick since yesterday.
2. (My father) ________________ from surgery for a long time.
3. (They) ________________ all afternoon.
4. (His sister) ________________ organic vegetables the whole summer.
5. (Sam) ________________ in bed since he got the flu.
6. (Carolina) ________________ better lately.

Em inglês, usamos expressões de tempo específicas com o present perfect progressive. Vamos dar uma olhada.

O Present Perfect Progressive: Expressões de Tempo

Veja algumas expressões de tempo comuns que usamos com o present perfect progressive. Essas expressões podem vir no começo ou no fim da frase. No começo, elas são seguidas por uma vírgula.

EXPRESSÃO DE TEMPO	*FRASES DE EXEMPLO*
Since + hora/dia/data	She's been sleeping since 7:00 P.M. Since 7:00 p.m, she's been sleeping.
For + quantia de tempo	They've been studying for two hours. For two hours, they've been studying.
All + morning/day/week/month/year	He's been complaining all morning. All morning, he's been complaining.
The whole + período de tempo (summer/day/year)	I've been skiing the whole winter. The whole winter, I've been skiing.
In the past + período de tempo (four days/few weeks/couple of years)	We haven't been feeling well in the past few days. In the past few days, we haven't been feeling well.
This past + período de tempo	He hasn't been feeling well this past week. This past week, he hasn't been feeling well.
Lately	She's been drinking lots of water lately. Lately, she's been drinking lots of water.
Recently	She's been working too much recently. Recently, she's been working too much.

Agora que você conhece algumas expressões de tempo para o present perfect progressive, pratique sua identificação.

Exercício 7.3

Volte ao Exercício 7.2 e anote as expressões de tempo em cada frase.

1. ______
2. ______
3. ______
4. ______
5. ______
6. ______

Agora, vamos praticar a formação de frases com o present perfect progressive afirmativo e expressões de tempo.

Exercício 7.4

Crie frases usando as palavras dadas. Use o verbo no present perfect progressive e uma expressão de tempo da lista anterior. Não se esqueça de começar cada frase com letra maiúscula e terminá-la com um ponto.

EXEMPLO 1 Virginia / walk / to school / this past week.
Virginia has been walking to school this past week.

EXEMPLO 2 Tory and Gemma / go / to the gym / lately.
Tory and Gemma have been going to the gym lately.

1. Kristi / study / all night / for her exam tomorrow.

   ______

2. Cathy and Ned / meditate / for 30 minutes.

   ______

3. Recently, / we / wake up / late.

   ______

4. Lately, / you / eat / a lot of fast food.

   ______

5. I / exercise / hard / the whole summer.

____

6. He / diet / since January.

____

Exercício 7.5

Forme frases usando o present perfect progressive para falar sobre atividades que tem feito ultimamente. Inclua também seus amigos e familiares. Use expressões de tempo da lista. Não se esqueça de começar cada frase com letra maiúscula e terminá-la com um ponto.

1. ____
2. ____
3. ____
4. ____

O Present Perfect Progressive: Formando o Negativo

Agora vamos usar a forma negativa do present perfect progressive. Na forma negativa, usamos dois verbos auxiliares e *not* mais o verbo principal: *have/has* + *not* + *been* + verbo principal-**ing**. Ao estudar a tabela a seguir, leia as frases de exemplo em voz alta.

SUJEITO OU PRONOME PESSOAL	*HAVE OU HAS*	*NOT*	*BEEN*	*VERBO PRINCIPAL-ING*	*FRASES DE EXEMPLO*
I/You/We/They	have	not	been	studying	They have not been studying English for three hours.
He/She/It	has	not	been	watching	He has not been watching TV since 10:00 A.M.

Vamos praticar o uso da forma negativa do present perfect progressive.

Exercício 7.6

Complete as frases com a forma negativa correta do present perfect progressive. Use a tabela anterior para ajudá-lo.

EXEMPLO: (come) Anthony has not been coming to basketball practice lately.

1. (feel) Solange ______________ very well all day. She's been sleeping.
2. (sing) The performers ______________ traditional songs all semester. They've been singing new ones.

3. (shave) Mr. Foster ______________ his face. He's been growing a beard and mustache.
4. (have) Lately, we ______________ fun. We've been working too hard.
5. (suffer) My daughter ______________ from allergies. She's been breathing easily.
6. (go) Henrietta ______________ to church this past month. She's been recovering from a broken leg.

O Present Perfect Progressive: Formando Contrações Negativas

Em inglês, geralmente usamos contrações. É menos formal. Há dois modos de contrair o present perfect progressive no negativo. O mais comum é mostrado na primeira tabela, e o menos comum, na segunda. Ao olhar as tabelas, certifique-se de read the example sentences aloud.

Contração: *Have/Has + Not*

SUJEITO OU PRONOME PESSOAL	*HAVE OU HAS*	*NOT*	*CONTRAÇÃO*	*BEEN*	*VERBO PRINCIPAL-ING*	*FRASES DE EXEMPLO*
I/You/We/ They	have	not	haven't	been	studying	They haven't been studying English for three hours.
He/She/It	has	not	hasn't	been	watching	He hasn't been watching TV since 10:00 A.M.

Dica Cultural: Este tipo de contração é mais comum no inglês britânico.

Contração: Pronome pessoal + *Have/Has*

PRONOME PESSOAL	*HAVE OU HAS*	*CONTRAÇÃO*	*NOT**	*BEEN*	*VERBO PRINCIPAL-ING*	*FRASES DE EXEMPLO*
I	have	I've	not	been	studying	They've not been studying English for three hours.
You		You've				
We		We've				
They		They've				
He	has	He's	not	been	watching	He's not been watching TV since 10:00 A.M.
She		She's				
It		It's				

*Quando usamos esta forma, a palavra *not* é enfatizada.

Vamos praticar o uso de contrações negativas no present perfect progressive.

Exercício 7.7

Veja as frases que escreveu no Exercício 7.6. Recrie essas frases usando o tipo mais comum de contração.

EXEMPLO: *Anthony hasn't been coming to basketball practice lately.*

1. ______
2. ______
3. ______
4. ______
5. ______
6. ______

Exercício 7.8

Crie frases com as palavras dadas. Primeiro, use o present perfect progressive negativo. Então crie a frase usando a forma mais comum de contração negativa. Use pronomes pessoais e não se esqueça de colocar um ponto no final de cada frase.

EXEMPLO: Brian is sick. He / NEGATIVE / go / to school / this week.
He has not been going to school this week.
He hasn't been going to school this week.

1. Charlene and Greg are in Asia for work. They / NEGATIVE / come / to the sales meetings / lately.

   ______

   ______

2. Kushal, Wen, and Crystal are on a safari vacation. They / NEGATIVE / check/ e-mail / for two weeks.

   ______

   ______

3. My dog is sick. I / NEGATIVE / go / to the dog park / since Monday.

   ______

   ______

4. Sven is consulting with companies now. He / NEGATIVE / relax / since he retired.

____

____

5. Yifei is in China now. He / NEGATIVE / play / golf / in Los Angeles / for weeks.

____

____

6. Sherry just had a baby in July. She / NEGATIVE / sleep / since she had the baby.

____

____

O Present Perfect Progressive: Formando Yes/No Questions

Em conversas, fazemos yes/no questions sobre o que as pessoas têm feito. Como você viu em capítulos anteriores, respondemos yes/no questions com *yes* ou *no*. Veja como formar essas perguntas com o present perfect progressive na tabela a seguir.

HAVE OU HAS	*SUJEITO OU PRONOME PESSOAL*	*BEEN*	*VERBO PRINCIPAL-ING*	*RESTO DA FRASE*	*FRASES DE EXEMPLO*
Have	I/you/we/they	been	going	to the gym lately?	Have you been going to the gym lately?
Has	he/she/it	been	enjoying	retirement?	Has he been enjoying retirement?*

*Quando a duração do tempo estiver implícita ou não for importante, omitimos a expressão de tempo.

Dica de pronúncia

Lembre-se de elevar a entonação no fim de yes/no questions porque elas indicam incerteza. Veja mais informações na tabela de entonação no Apêndice.

Você pode responder uma yes/no question com uma resposta longa, usando o tempo verbal completo e incluindo todas as partes da frase. Ou você pode dar uma a resposta curta com apenas uma parte do tempo verbal. Você também pode dar uma resposta rápida — *yes* ou *no*. Todos esses tipos de respostas são aceitáveis. Note que respostas longas usam o present perfect progressive, e a resposta curta usa apenas o auxiliar *have/has* e, às vezes, *been*. Veja alguns exemplos.

YES/NO QUESTION: Have you been going to the gym lately?

Respostas afirmativas

RESPOSTA LONGA: Yes, I ***have*** *been going* to the gym lately.

RESPOSTA CURTA: Yes, I ***have***. / Yes, I ***have*** *been*.

RESPOSTA RÁPIDA: Yes. (Você também pode usar uma expressão alternativa para *yes*. Veja as alternativas no Capítulo 1.)

Respostas negativas

RESPOSTA LONGA: No, I ***haven't*** *been going* to the gym lately.

RESPOSTA CURTA: No, I ***haven't***. / No, I ***haven't*** *been*. / No, I *have* ***not***.

RESPOSTA RÁPIDA: No. (Você também pode usar uma expressão alternativa para *no*. Veja alternativas no Capítulo 1.)

Quando a resposta é negativa, muitas vezes damos um motivo ou causa. Por exemplo, podemos dizer "No, I haven't been going to the gym lately. I haven't been feeling very well." Ou podemos dizer, "No, because I haven't been feeling well." Ou dizemos, "No, I haven't. I'm sick."

Dica de pronúncia

Em respostas afirmativas longas, enfatize *have/has*: *Yes, I **have** been going to the gym lately*. Em respostas afirmativas curtas, enfatize have/has: *Yes, I **have***. Em respostas negativas longas e curtas, enfatize a contração negativa ou o *not*: *No, I **haven't** been going to the gym lately. / No, I **haven't**. / No, I have **not**.*
Note: Não enfatize respostas rápidas.

O Present Perfect Progressive: Respostas Curtas para Yes/No Questions

Estude as regras que usamos para formar respostas curtas para yes/no questions.

Regras

- Omita o verbo principal em respostas curtas.
- Não contraia as respostas curtas afirmativas.

YES OU NO + VÍRGULA	*SUJEITO OU PRONOME PESSOAL*	*HAVE OU HAS*	*NEGATIVO*	*EXEMPLO RESPOSTAS CURTAS*
Yes,	I/you/we/they	have	—	Yes, I have. / Yes, I have been.
No,	I/you/we/they	have	not n't	No, they have not. / No, they haven't. / No, they haven't been.
Yes,	he/she/it	has	—	Yes, she has. / Yes, she has been.
No,	he/she/it	has	not n't	No, she has not. / No, she hasn't. / No, she hasn't been.

Exercício 7.9

Forme yes/no questions com o present perfect progressive usando as palavras dadas. Depois, crie respostas longas, curtas e rápidas para as perguntas. Responda às perguntas afirmativamente (Yes) ou negativamente (No) como indicado.

EXEMPLO 1 Have/Has / Charlotte / jog / around the lake/ lately? (Yes)

PERGUNTA: *Has Charlotte been jogging around the lake lately?*

RESPOSTA LONGA: *Yes, she has been jogging around the lake lately.*

RESPOSTA CURTA: *Yes, she has. / Yes, she has been.*

RESPOSTA RÁPIDA: *Yes.*

EXEMPLO 2 Have/Has / Charlotte / jog / around the lake / lately? (No)

PERGUNTA: *Has Charlotte been jogging around the lake lately?*

RESPOSTA LONGA: *No, she hasn't been jogging around the lake lately.*

RESPOSTA CURTA: *No, she has not. / No, she hasn't. / No, she hasn't been.*

RESPOSTA RÁPIDA: *No.*

1. Have/Has / he / recover / from his surgery? (Yes)

   PERGUNTA: ______________________________

   RESPOSTA LONGA: ______________________________

   RESPOSTA CURTA: ______________ RESPOSTA RÁPIDA: ________

2. Have/Has / Jigar / enjoy / his vacation / so far? (Yes)

   PERGUNTA: ______________________________

   RESPOSTA LONGA: ______________________________

   RESPOSTA CURTA: ______________ RESPOSTA RÁPIDA: ________

> **So far** é a expressão de tempo usada às vezes com o present perfect progressive. Ela significa "up until now" (*até agora*).

3. Have/Has / you / suffer / from allergies / in the past week? (No)

   PERGUNTA: ______________________________

   RESPOSTA LONGA: ______________________________

   RESPOSTA CURTA: ______________ RESPOSTA RÁPIDA: ________

4. Have/Has / Joey and Carlos / play / baseball / all spring? (Yes)

   PERGUNTA: ______________________________

   RESPOSTA LONGA: ______________________________

   RESPOSTA CURTA: ______________ RESPOSTA RÁPIDA: ______

5. Have/Has / Marion / take / her medicine / since the doctor's visit? (No)

   PERGUNTA: ______________________________

   RESPOSTA LONGA: ______________________________

   RESPOSTA CURTA: ______________ RESPOSTA RÁPIDA: ______

6. Have/Has / she / prepare dinner / for an hour? (Yes)

   PERGUNTA: ______________________________

   RESPOSTA LONGA: ______________________________

   RESPOSTA CURTA: ______________ RESPOSTA RÁPIDA: ______

O Present Perfect Progressive: Formando WH Questions

Em conversas, perguntamos às pessoas sobre atividades que começaram no passado e continuam agora. Como você viu em capítulos anteriores, usamos WH questions, ou perguntas informativas, para saber a duração, localização, modo ou motivo de uma ação. WH questions começam com palavras ou frases WH como *who, what, when, where, why, how, how long, how many* e *how much*. Para uma lista de palavras de WH questions, consulte o Apêndice. A tabela a seguir mostra como formar essas perguntas com o present perfect progressive.

PALAVRA DE WH QUESTION	*HAVE OU HAS*	*SUJEITO OU PRONOME PESSOAL*	*BEEN*	*VERBO PRINCIPAL-ING*	*EXEMPLO FRASES*
Where	have	I/you/we/they	been	studying	Where have you been studying for the test?
How long	has	he/she/it	been	living	How long has she been living in Singapore?
What	have	I/you/we/they	been	doing	What have they been doing for the past hour?
Why	has	he/she/it	been	drinking	Why has he been drinking so much coffee lately?

Com a WH question *who*, usamos apenas *has* — nunca *have*. Não adicione outro sujeito. *Who* é o sujeito da frase. Veja o exemplo na tabela a seguir.

WHO (SUJEITO DA FRASE)	*HAS*	*BEEN*	*VERBO PRINCIPAL-ING*	*FRASE DE EXEMPLO*
Who	has	been	eating	Who has been eating all of my cereal?

Dica de pronúncia

Geralmente usamos o tom descendente no final de WH questions. Entretanto, se você precisar que a pessoa repita a informação, use o ascendente. Veja mais informações na tabela de entonação no Apêndice.

Assim como nas respostas yes/no, podemos responder WH questions de modos diferentes. Podemos dar respostas longas usando frases completas. Também podemos dar respostas curtas só com as informações essenciais.

Exercício 7.10

Forme WH questions com o present perfect progressive usando as declarações dadas. As palavras interrogativas e informações adequadas para respondê-las estão entre parênteses. Forme respostas longas e curtas; use pronomes pessoais nas respostas longas.

EXEMPLO: Jeremy has been taking his medicine. (How often / every day)

PERGUNTA: *How often has Jeremy been taking his medicine?*

RESPOSTA LONGA: *He's been taking his medicine every day.* (frase completa)

RESPOSTA CURTA: *Every day.* (apenas informações essenciais)

1. Prisca has been working with international professionals. (Where / in Switzerland)

   PERGUNTA: ______________________________

   RESPOSTA LONGA: ______________________________

   RESPOSTA CURTA: ______________

2. Danielle and Mike have been planning a round-the-world trip. (How long / for a month)

   PERGUNTA: ______________________________

   RESPOSTA LONGA: ______________________________

   RESPOSTA CURTA: ______________

3. Hailey has been seeing her doctor every week. (Why / for back pain)

   PERGUNTA: ______________________

   RESPOSTA LONGA: ______________________

   RESPOSTA CURTA: ____________

4. Eveline and Paul have been saving for a new house. (How much / half of their paychecks every month)

   PERGUNTA: ______________________

   RESPOSTA LONGA: ______________________

   RESPOSTA CURTA: ____________

5. Michelle has been teaching yoga in her new studio. (How long / since January)

   PERGUNTA: ______________________

   RESPOSTA LONGA: ______________________

   RESPOSTA CURTA: ____________

6. Gerard has been visiting his mother. (Where / in Florida)

   PERGUNTA: ______________________

   RESPOSTA LONGA: ______________________

   RESPOSTA CURTA: ____________

Estratégia de Comunicação: Descrevendo Sintomas

Quando procuramos o médico, descrevemos nossos sintomas, isto é, explicamos como nos sentimos e o sinais do problema. Usamos dois verbos para descrever sintomas: *have* e *feel*. Vejamos exemplos deles em frases.

HAVE/HAS	*FEEL*
I have a rash on my arm. (Tenho uma brotoeja no braço.)	I feel tired all the time. (Sinto-me cansado o tempo todo.)
My son has a toothache. (Meu filho está com dor de dente.)	My daughter feels sick. (Minha filha se sente doente.)
I have a stomachache. (Eu tenho uma dor de estômago.)	I don't feel well. (Eu não me sinto bem.)

Vocabulário: Sintomas e Doenças

Agora, vejamos o vocabulário para sintomas e doenças. **Ailment** é uma doença. A maior parte do vocabulário usa o verbo *have*. O único vocabulário que usa *feel* é o adjetivo *dizzy* (*tonto*).

Exercício 7.11

Combine as ilustrações e o vocabulário com a definição.

ILUSTRAÇÃO	*VOCABULÁRIO*	*DEFINIÇÃO / SINTOMAS*
	1. A cough ______	a. A sudden forceful release of air through the nose and mouth; protects the lungs from germs
	2. A toothache ______	b. Nausea, pain, and discomfort in the stomach
	3. A sore throat ______	c. Red spots on the skin
	4. Sinus pressure ______	d. Pain in the head area
	5. (Feel) dizzy ______	e. Above-normal body temperature
	6. A stomachache/bellyache/ tummyache ______	f. A feeling of extreme cold; shivering and shaking
	7. A rash ______	g. A pain in the tooth
	8. A sneeze ______	h. A pain in the ear
	9. A fever ______	i. To spew food from the stomach
	10. A headache ______	j. A push of air from the lungs; releases fluid from the lungs through the mouth
	11. An earache ______	k. Pain and pressure behind the eyes and nose

ILUSTRAÇÃO	*VOCABULÁRIO*	*DEFINIÇÃO / SINTOMAS*
	12. A stuffy nose; congestion _______	l. Pain or discomfort in the back
	13. To vomit (to throw up) _______	m. A pain in the throat area; pain when swallowing
	14. A backache; a sore back _______	n. To feel unsteady and unbalanced
	15. Chills_______	o. A blocked nose; no breath through the nose

Agora que discutimos sintomas e doenças, vamos praticar o vocabulário para diferentes partes do corpo ou **anatomy** (anatomia). Quando vir o médico, você precisará descrever o problema em seu corpo. Veja o vocabulário.

Exercício 7.12

Veja a ilustração do corpo humano, com números apontando para as diferentes partes. Combine os nomes das partes do corpo da lista a seguir aos números das ilustrações. O número 1 está feito.

Intestines	Thumb	Pinkie	Lungs	Heart	Forehead
Stomach	Wrist	Ankle	Knee	Elbow	Middle finger
Ring finger	Eyes	Hand	Sinus	Thigh	Index finger
Throat	Nose	Mouth	Foot	Hair	

1. *Hair*	9. ____________	17. ____________
2. ____________	10. ____________	18. ____________
3. ____________	11. ____________	19. ____________
4. ____________	12. ____________	20. ____________
5. ____________	13. ____________	21. ____________
6. ____________	14. ____________	22. ____________
7. ____________	15. ____________	23. ____________
8. ____________	16. ____________	

Adjetivos e Advérbios para Descrever Pain (Dor)

Às vezes, você precisa descrever a intensidade de dor que sente. Como descrever a intensidade da dor? Usamos adjetivos e advérbios para descrever o que sentimos.

Exercício 7.13

Veja algumas expressões comuns usadas para descrever a dor. Anote onde essas expressões ficam em uma escala de dor.

No pain ←——————————→ A lot of pain

Really hurts   A little pain

Severe pain   Kind of hurts

1. ____________ 2. ____________ 3. ____________ 4. ____________

Veja algumas frases de exemplo usando adjetivos e advérbios. Os adjetivos e advérbios estão em negrito. O verbo de cada frase está sublinhado.

1. I feel **a little** pain.
2. It **kind** of hurts here. (point to pain)
3. It **really** hurts, Doctor.
4. I am in **severe** pain. / I feel **severe** pain here.

Dica Cultural

Nos Estados Unidos, às vezes usamos gestos para descrever como nos sentimos. Veja formas diferentes de fazer isso.

Thumbs-Up (*positivo*)
Significado: I feel good. / Things are fine.
Você aprendeu a fazer um thumbs-up no Capítulo 5.

Thumbs-Down (*negativo*)
Significado: I don't feel well. / I feel bad. / Things are **not** fine.
Um thumbs-down é o oposto de um thumbs-up.

So-So (*mais ou menos*)
Significado: I feel okay — not good and not bad. / I feel so-so.
Para fazer esse gesto, usamos uma das mãos com a palma para baixo de a viramos para a direita e esquerda depressa algumas vezes.

Consultando um Médico

Quando você está doente, você **consult** — ou pede conselho de — um médico. O médico dá conselhos sobre saúde, doenças e remédios. É importante entender o que o médico diz. Vamos falar sobre algumas expressões e técnicas de comunicação necessárias para quando você for ao médico.

Estratégia de Comunicação: Aconselhando

Muitas pessoas dão **advice** (conselhos), que são orientações ou ajuda. Médicos dão conselhos a seus pacientes; pais dão conselhos aos filhos; professores dão conselhos aos alunos; amigos dão conselhos um ao outro; e supervisores dão conselhos aos empregados. Você dá conselhos — talvez a seus filhos, amigos ou cônjuge? Faça uma lista de pessoas para quem você dá conselhos.

_______________ _______________ _______________

Faça uma lista de pessoas que dão conselhos a você.

_______________ _______________ _______________

Quais são as diferentes formas de dar conselhos? Liste algumas expressões (em inglês) que você usou ou ouviu.

_______________ _______________ _______________

Seja educado ao dar conselhos. Somos menos diretos com novos amigos ou pessoas superiores, pessoal ou profissionalmente. Somos mais diretos com parentes e amigos. Vejamos alguns modos de dar conselhos.

Modals of Advice (Modais de Conselho)

Para conselhos, usamos verbos auxiliares modais. Veja alguns exemplos:

*You **should** get plenty of rest. (Você **deve** descansar bastante.)*

*She **ought to** take vitamins. (Ela **deve** tomar vitaminas.)*

*Tony **had better** take his medicine, or he'll get worse. (**É melhor** que Tony tome o remédio, ou ficará pior.)*

*He **might want to** eat more vegetables. (Ele **pode querer** comer mais legumes.)*

Como você aprendeu no Capítulo 6, verbos auxiliares modais são usados com verbos principais. Sempre usamos o verbo principal no infinitivo. Veja como formar modais de conselho.

SUJEITO OU PRONOME PESSOAL	MODAL DE CONSELHO	INFINITIVO DO VERBO PRINCIPAL	FRASES DE EXEMPLO	SIGNIFICADO/USO
I	should	exercise	I should exercise more.	Conselho
We	had better	pass	We had better pass the final exam. (Or we'll fail the class.)	Sugestão firme com ameaça de um resultado ruim; mais direto
She	ought to*	relax	She ought to relax.	Conselho
You	might want to*	eat	You might want to eat healthier foods.	Educado; menos direto; mais uma sugestão

*Esses modais exigem *to*.

Atenção

Had better é forte e direto. Se o sujeito é *you*, o interlocutor geralmente é um superior ou amigo próximo. Por exemplo, no conselho *You had better do your homework on time*, o interlocutor provavelmente é um professor; um professor é superior ao aluno. O conselho *You had better eat all your vegetables or you won't get dessert* provavelmente é dito por um pai; o pai é superior ao filho. Um amigo próximo pode dar este conselho: *You had better let me come with you to the party*. Superiores, amigos próximos e parentes são mais diretos uns com os outros. Use este modal de conselho só quando for apropriado.

Use o infinitivo do verbo principal, que é o mesmo para todos os sujeitos — *I*, *you*, *we*, *they*, *he*, *she* e *it*. Vamos praticar a criação de frases com modais de conselho.

Exercício 7.14

Crie frases usando as palavras dadas. Forme quatro frases para cada pergunta. Reveja como formar modais de conselho e lembre-se de incluir to *com* ought *e* might want.

EXEMPLO: We / MODAL OF ADVICE / study / more / for the test.

Resposta 1: *We should study more for the test.*

Resposta 2: *We had better study more for the test.*

Resposta 3: *We ought to study more for the test.*

Resposta 4: *We might want to study more for the test.*

1. You / MODAL OF ADVICE / drink / more water / every day.

   ____

   ____

   ____

2. Melody / MODAL OF ADVICE / get / eight hours of sleep / every night.

   ____

   ____

   ____

3. They / MODAL OF ADVICE / pay / the rent / on time.

   ____

   ____

   ____

4. Fawn / MODAL OF ADVICE / do / her homework / every night.

   ____

   ____

   ____

5. He / MODAL OF ADVICE / take / his antibiotics / every day until they're gone.

   ____

   ____

   ____

6. You / MODAL OF ADVICE / go / to the dentist / soon.

____

____

____

7. I / MODAL OF ADVICE / talk / to my supervisor / about the problem.

____

____

____

8. She / MODAL OF ADVICE / make / an appointment / with the doctor.

____

____

____

Exercício 7.15

Seja educado ao dar conselhos para alguém. Complete cada frase com o modal de conselho adequado à situação.

1. Jenny and Tasha are best friends. Tasha is giving Jenny advice about homework.

   Jenny, you ____________ finish the project fast so we can go shopping!

2. Jordan is Derek's older brother. He is babysitting Derek and giving his little brother advice about behaving.

   Jordan: Derek, you ____________ behave, or I'll tell Mom and Dad.

3. Miss Tango is Stephanie's fifth-grade teacher. She is giving Stephanie advice about her science project.

   Miss Tango: Stephanie, you ____________ research three topics first. Then you can choose your favorite.

4. Jody is a new neighbor meeting Aida for the first time. They are talking about flower gardens. Jody is giving Aida advice about flowers.

   Jody: You ____________ plant roses here. Do you like roses?

Exercício 7.16

Crie quatro frases em que dá conselhos a alguém que conhece. Reveja como formar modais de conselho.

1. should ______________________________
2. had better ______________________________
3. ought to ______________________________
4. might want to ______________________________

Agora que você praticou dar conselhos, vamos aprender a pedir conselhos.

Estratégia de Comunicação: Pedindo Conselhos

Às vezes, precisamos pedir orientação a alguém. Alunos pedem conselhos aos professores; pacientes, aos médicos; amigos, aos amigos; empregados, aos supervisores; e crianças, aos pais. Para pedir conselhos, usamos *should*. Leia as situações a seguir para ver como as pessoas pedem ajuda.

Situação 1: Simone pede conselhos sobre seu cabela à amiga Deb.

Simone: My hair is getting too long. Should I get it cut?

Situação 2: Paul pede conselhos sobre a qual faculdade ir para o orientador da escola.

Paul: I like Paley College, but I also like Shubert Community College. Where should I go?

Situação 3: Fiona está no sexto ano e pede conselhos à sua mãe porque outro aluno colou suas respostas na última prova de matemática.

Fiona: Should I tell the teacher? I don't want to get anyone in trouble. But she cheated off my test! I studied hard. What should I do?

Grammar: Yes/No Questions com Should

Fazemos yes/no questions e WH questions com *should*. Veja como formar yes/no questions.

MODAL DE CONSELHO	*SUJEITO OU PRONOME*	*VERBO PRINCIPAL NO INFINITIVO*	*FRASES DE EXEMPLO*
Should	I/you/we/they/ he/she/it	go	Should I go to the party?
		study	Should she study all night for the test?
		be	Should the party be on Friday night?

Dica de pronúncia

Lembre-se de usar o tom ascendente no final de yes/no questions, que indica incerteza. Veja mais informações na tabela de entonação no Apêndice.

Você pode responder yes/no questions com resposta longas que usam todas as partes da frase. Você também pode dar uma resposta curta usando só *should*. Ou pode dar uma resposta rápida — *yes* ou *no*. Todas são aceitáveis.

Exercício 7.17

Peça conselhos formando yes/no questions com should usando as palavras dadas. Depois, crie respostas longas, curtas e rápidas para cada pergunta. Responda às perguntas afirmativamente (Yes) ou negativamente (No) como indicado. Siga os exemplos. Palavras ou sílabas enfatizadas estão em negrito.

EXEMPLO 1 Should / I / work / late today? (Yes)

PERGUNTA: *Should I work* ***late*** *today?*

RESPOSTA LONGA: *Yes, you* ***should*** *work late today.*

RESPOSTA CURTA: *Yes, you* ***should****.*

RESPOSTA RÁPIDA: *Yes.*

EXEMPLO 2 Should / I / work / late today? (No)

PERGUNTA: *Should I work* ***late*** *today?*

RESPOSTA LONGA: *No, you* ***should****n't work late today.*

RESPOSTA CURTA: *No, you* ***should****n't. / No, you should* **not**.

RESPOSTA RÁPIDA: *No.*

1. Should / she / clean / the house / today? (Yes)

PERGUNTA: ______________________________

RESPOSTA LONGA: ______________________________

RESPOSTA CURTA: ____________ RESPOSTA RÁPIDA: ______

2. Should / Trevor / take / this job? (Yes)

PERGUNTA: ______________________________

RESPOSTA LONGA: ______________________________

RESPOSTA CURTA: ____________ RESPOSTA RÁPIDA: ______

3. Should / Marlene and Joyce / eat / at the new restaurant? (No)

PERGUNTA: ______________________________

RESPOSTA LONGA: ______________________________

RESPOSTA CURTA: ______________ RESPOSTA RÁPIDA: ________

4. Should / Cheryl / join / the gym? (Yes)

PERGUNTA: ______________________________

RESPOSTA LONGA: ______________________________

RESPOSTA CURTA: ______________ RESPOSTA RÁPIDA: ________

5. Should / Bobby / fix / his car? (No)

PERGUNTA: ______________________________

RESPOSTA LONGA: ______________________________

RESPOSTA CURTA: ______________ RESPOSTA RÁPIDA: ________

6. Should / Jeanine / color / her hair? (Yes)

PERGUNTA: ______________________________

RESPOSTA LONGA: ______________________________

RESPOSTA CURTA: ______________ RESPOSTA RÁPIDA: ________

Exercício 7.18

Peça conselhos criando quatro yes/no questions usando should. Reveja e use as frases de exemplo do exercício anterior como guia.

1. ______________________________
2. ______________________________
3. ______________________________
4. ______________________________

Gramática: WH Questions com Should

Agora que você praticou yes/no questions, vamos estudar WH questions. Veja a tabela a seguir e read the example sentences aloud.

PALAVRA DE WH QUESTION	MODAL DE CONSELHO	SUJEITO OU PRONOME PESSOAL	INFINITIVO DO VERBO PRINCIPAL	FRASES DE EXEMPLO
Where	should	I/you/we/they/ he/she/it	buy	Where should I buy a new dress?
When			talk	When should she talk to the boss?
How			tell	How should I tell her?
Which one /Which + substantivo			choose	Which one should I choose? Which college should I choose?
Who / Whom (objeto do verbo)			ask	Who/Whom should we ask for directions?

Quando *who* for o sujeito da frase, não adicionamos outro sujeito. Não adicionamos *I*, *you*, *we*, *they*, *he*, *she* ou *it*. A tabela a seguir dá exemplos.

WHO (SUJEITO DA FRASE)	MODAL DE CONSELHO	INFINITIVO DO VERBO PRINCIPAL	FRASES DE EXEMPLO
Who	should	buy	Who should buy dinner?
		stay	Who should stay late?

Dica de pronúncia

Geralmente usamos o tom descendente no final de WH questions. Porém, se você precisar que a pessoa repita algo, use o ascendente. Veja mais informações na tabela de entonação no Apêndice.

Como nas respostas yes/no, respondemos WH questions de modos diferentes. Uma resposta longa é uma frase completa; uma resposta curta dá só as informações essenciais que respondam à pergunta.

Exercício 7.19

Peça conselhos sobre terceiros formando WH questions com should usando as informações dadas. A palavra interrogativa está entre parênteses e a resposta está sublinhada. Use pronomes pessoais em respostas longas.

EXEMPLO: Jonathan and his wife should go to Bali on vacation. (Where)

PERGUNTA: *Where should Jonathan and his wife go on vacation?*

RESPOSTA LONGA: *They should go to Bali*. (frase completa)

RESPOSTA CURTA: *Bali.* (apenas informações essenciais)

1. Myron should take his medication every morning. (When)

PERGUNTA: ______________________________

RESPOSTA LONGA: ______________________________

RESPOSTA CURTA: ______________

2. Nick and Sara should buy a house *in Peabody*. (Where)

PERGUNTA: ______________________________

RESPOSTA LONGA: ______________________________

RESPOSTA CURTA: ______________

3. Peter and Jeanine should buy *the red car*. (Which car)

PERGUNTA: ______________________________

RESPOSTA LONGA: ______________________________

RESPOSTA CURTA: ______________

4. David should go to bed *now*. (When)

PERGUNTA: ______________________________

RESPOSTA LONGA: ______________________________

RESPOSTA CURTA: ______________

5. Jackson should study *economics*. (What)

PERGUNTA: ______________________________

RESPOSTA LONGA: ______________________________

RESPOSTA CURTA: ______________

6. Stacey should move *to California*. (Where)

PERGUNTA: ______________________________

RESPOSTA LONGA: ______________________________

RESPOSTA CURTA: ______________

Exercício 7.20

Peça conselhos referentes a terceiros criando quatro WH questions usando should. Reveja as frases de exemplo do exercício anterior e use como guia.

1. ______________________________
2. ______________________________
3. ______________________________
4. ______________________________

Estratégia de Comunicação: Pedindo Permissão

Às vezes, pedimos permissão para fazer algo, como mostram os exemplos a seguir.

Situação 1: Frankie tem cinco anos e quer uma casquinha de sorvete. Ele pede permissão ao pai.

FRANKIE: Daddy, *can I* have an ice cream cone?

Situação 2: Vicky está no trabalho em uma reunião com seu supervisor e gostaria de abrir a janela porque está calor. Ela pede permissão ao chefe.

VICKY: *May I* open the window?

Modals of Permission (Modais de Permissão)

Em inglês, há dois modos comuns de pedir permissão: *can I* e *may I*. *Can I* é mais informal, e *may I* é mais formal. Essas são yes/no questions. Para que qualquer frase fique mais educada, adicione *please*. Geralmente dizemos *please* depois de *can I* ou *may I*, mas você pode colocar *please* no final da frase. Se você a colocar no fim, use um tom ascendente. Vejamos como formar modais de permissão.

MODAL DE PERMISSÃO	*SUJEITO OU PRONOME PESSOAL*	*INFINITIVO DO VERBO PRINCIPAL*	*FRASES DE EXEMPLO*
Can	I/you/they/we/he/she/it	take	Can I take the medicine in the morning?
May	I*	borrow	May I please borrow the car?

*Note que só usamos o pronome pessoal *I* com *may*.

Dica de pronúncia

Lembre-se de usar o tom ascendente no fim de yes/no questions, o que indica incerteza. Veja mais informações na tabela de entonação no Apêndice.

Vamos praticar a criação de perguntas para pedir permissão.

Exercício 7.21

Crie perguntas usando as informações dadas. Reveja como formar modais de permissão e certifique-se de usar o ponto de interrogação depois de cada pergunta.

EXEMPLOS: MODAL OF PERMISSION / I / go / back to work, Doctor?

Can I go back to work, Doctor?

May I go back to work, Doctor?

1. MODAL OF PERMISSION / I / watch / TV / now?

____

____

2. MODAL OF PERMISSION / I / wear / your necklace / to the party?

____

____

3. MODAL OF PERMISSION / I / get / a new pair of shoes, Mom?

____

____

4. MODAL OF PERMISSION / I / take / vacation in July?

____

____

Exercício 7.22

Crie quatro perguntas para pedir permissão. Reveja como formar modais de permissão e certifique-se de usar a linguagem apropriada. Se a situação for formal, use may I. *Para ser educado, use* please.

1. Can I ____
2. Can I ____
3. May I ____
4. May I ____

Vocabulário: Phrasal Verbs para Saúde

Usamos alguns phrasal verbs comuns quando falamos sobre saúde, doença, hospitais e remédios. Vejamos esses verbos.

Exercício 7.23

Leia os phrasal verbs à esquerda e as definições à direita. Talvez você conheça alguns desses termos. Combine os verbos com as definições adequadas. Tente adivinhar os phrasal verbs que não conhecer. Alguns podem ser separados com um substantivo ou pronome, que estão em **negrito**.

1. _______ To look over **something**/to look **something** over
2. _______ To fill out **something**/to fill **something** out (American); to fill in **something**/to fill **something** in (British)
3. _______ To call around
4. _______ To come down with **something**
5. _______ To run out of **something**
6. _______ To cross out**something**/to cross **something** out
7. _______ To pass out
8. _______ To pass away
9. _______ To get over **something**
10. _______ To take care of **someone**
11. _______ To take care of **something**
12. _______ To make sure
13. _______ To throw up**something**/to throw **something** up

a. To faint
b. To have no more supply
c. To keep **someone** safe and healthy
d. To check/examine
e. To die
f. To complete (such as a form) or an application
g. To become sick
h. To vomit
i. To call different places on the phone
j. To manage **something**
k. To be sure; to ensure
l. To draw a line through **something**
m. To recover from **something**

Exercício 7.24

Complete as frases a seguir com o phrasal verb adequado da tabela anterior. Certifique-se de usar o tempo e forma verbais corretos. Reveja tempos verbais nos capítulos anteriores se precisar de ajuda.

EXEMPLO: Lowell <u>has been filling out</u> that application for over an hour. (present perfect progressive)

1. Paulette _________________ (simple past) the flu a week ago, but she's starting to feel better. She's _________________ (present progressive) it.
2. Marie and John _________________ their son's homework. They _________________ that he did it. (present progressive)
3. Annette's mother is old, so Annette brings her meals and helps her. Annette _________________ her mother. (present progressive)
4. I made a mistake on the test. I didn't have an eraser, so I _________________ it _________________. (simple past)

5. On Sunday, Mr. Wilson ________________ his medicine. He needed more, so he ________________ to find an open pharmacy. (simple past)
6. Mr. Wilson's neighbor went to the pharmacy and picked up the medicine. He ________________ it. (simple past)

Conversa: Juntando Tudo

Neste capítulo, você aprendeu:

1. A usar o present perfect progressive para falar sobre atividades que começaram no passado e continuam agora
2. A falar com o médico
3. Vocabulário para sintomas e doenças
4. Phrasal verbs
5. Como dar e pedir conselhos
6. Como pedir permissão

Agora, vamos tentar juntar tudo isso.

Exercício 7.25

Complete a conversa. Use o present perfect progressive, expressões de tempo para esse tempo verbal, estratégias de comunicação e o vocabulário e as expressões aprendidas neste capítulo. Reveja a conversa de exemplo no início deste capítulo para ajudá-lo. Nessa situação, Denise está com gripe e vai ao médico. Esta é a conversa deles. O médico inicia a conversa.

1. Greet patient. / Doctor: *What brings you in to see me today, Denise?*
2. Describe symptoms. / Denise: ________________
3. Ask more about the symptoms. / Doctor: ________________
4. Answer question. / Denise: ________________
5. Ask duration of symptoms using the present perfect progressive. / Doctor: ________________
6. Answer question. / Denise: ________________
7. Examine patient; give name of illness (flu). / Doctor: ________________
8. Ask question about illness (flu). / Denise: ________________
9. Answer question. / Doctor: ________________
10. Tell patient about treatment (rest and lots of liquids). / Doctor: ________________

11. Thank doctor. / Denise: ______________________________

12. Say good-bye. / Doctor: ______________________________

Leitura

Nesta seção, você aprenderá a identificar frases de apoio em um parágrafo. Também revisaremos a pré-leitura e a leitura ativa.

Interpretação de Texto

Vamos ler uma história sobre Rohit e sua doença. Primeiro, faça a pré-leitura da passagem. Depois, leia-a ativamente. Por fim, responda às perguntas sobre a passagem para ver se você entendeu o que leu.

Pré-leitura

Como fazer a pré-leitura? Para fazer a pré-leitura, primeiro leia o título da passagem; depois leia a primeira frase do primeiro parágrafo; e, por fim, leia a última frase do último parágrafo.

Exercício 7.26

Primeiro, faça uma pré-leitura rápida da passagem e responda essas duas perguntas:

1. What is the topic? ______________________________

2. What is the main idea? ______________________________

Rohit's Illness

Rohit Malisetty was very sick. One Saturday, he woke up feeling awful. He had a sore throat, a headache, and a fever of 101°F. His body ached, and he couldn't stand up or walk around easily. He had to move very slowly because his body and head hurt so much. Sometimes, Rohit felt very hot. Other times, he got the chills and shivered. He took some aspirin and stayed in bed all day. However, the next day he felt worse. To make sure he was all right, Rohit called his doctor. The doctor asked Rohit some perguntas, and Rohit described his symptoms. The doctor confirmed that Rohit had the flu. He had never had the flu before. The doctor prescribed bed rest, lots of liquids, and a fever-reducing painkiller. Rohit followed the doctor's orders. Seven days later, he got over the flu. He was very sick, but he finally recovered.

Leitura Ativa

Depois da pré-leitura, leia ativamente circulando as palavras que você não conhece e destacando ideias importantes.

Para Ler Ativamente

- Underline the topic. (Sublinhe o tema.)
- Circle new vocabulary. (Circule o vocabulário novo.)
- Put a question mark (?) next to parts that are unclear. (Coloque um ponto de interrogação nas partes confusas.)
- Take notes. (Tome notas.)
- Highlight the main idea and key words. (Destaque a ideia principal e as palavras-chave.)
- Mark examples with "Ex." (Marque exemplos com "Ex.")
- Number main points, lists, or ideas. (Enumere os pontos, listas ou ideias principais.)
- Write down comments or questions. (Escreva comentários ou perguntas.)

Identificando Ideias de Apoio em um Parágrafo

Cada parágrafo tem uma ideia principal que geralmente aparece na primeira ou segunda frase do parágrafo. Essa é a frase do tema. A ideia principal do parágrafo sempre é apoiada por elementos como motivos, detalhes, exemplos ou data (dados). **Data** são números que provam um fato. Frases de apoio comprovam a frase do tema. No parágrafo sobre Rohit, a ideia principal é sua doença. Ele estava muito doente. Como você sabe disso? Há elementos para provar isso? Que motivos, detalhes, exemplo ou dados apoiam a ideia principal? Seus sintomas são detalhes que descrevem a doença. Assim, seus sintomas são elementos de apoio.

Exercício 7.27

Leia ativamente a passagem sobre Rohit. Siga as etapas da leitura ativa.

Exercício 7.28

Explique a ideia principal do parágrafo. Depois, liste os sintomas de Rohit como elementos de apoio.

1. Main idea: ______________________________

2. Supporting evidence (symptoms): ______________________

Exercício 7.29

Releia o parágrafo. Encontre mais detalhes, exemplos e dados que mostrem que Rohit estava doente. Anote os detalhes, exemplos e dados aqui.

1. Details and exemples: ______________________________
2. Data: ______________________________

No próximo capítulo, você praticará a identificação de elementos de apoio em um parágrafo.

Entenda o Que Você Leu

A leitura ativa o ajuda a entender as informações na passagem. Verifique sua compreensão dos detalhes da passagem respondendo as perguntas a seguir.

Exercício 7.30

Reveja a passagem e suas notas. Depois, responda essas perguntas sobre a passagem.

1. What illness did Rohit have? ______________________________
2. Had he had this illness before? ______________________________
3. What were his symptoms? ______________________________
4. How did he recover? ______________________________
5. How long did it take for him to recover? ______________________________

Escrita

Agora, vamos praticar a escrita! A base da escrita é a frase. Você tem aprendido a formar frases — declarações e perguntas — ao longo do livro. Você também aprendeu dois tipos de estrutura de frase: sujeito-verbo-objeto (SVO) e sujeito-verbo-complemento (SVC). Agora estudaremos a estrutura do parágrafo.

Estrutura de um Parágrafo

O parágrafo tem três partes principais:

1. The topic sentence (a frase tema)
2. The supporting sentence (a frase de apoio)
3. The concluding sentence (a frase de conclusão)

Vejamos cada uma dessas partes.

The Topic Sentence (A Frase Tema)

A frase tema fala sobre o tema e a ideia principal do parágrafo. Geralmente é a first sentence (primeira frase). Vamos praticar a identificação da frase tema. Volte ao parágrafo sobre Rohit. Você já conhece o tema e a ideia principal do parágrafo. Anote-os.

TOPIC: ______________________________

MAIN IDEA: ______________________________

Exercício 7.31

Agora encontre a frase que mostra esse tema e a ideia principal. Onde ela está? Anote a first sentence (primeira frase).

TOPIC SENTENCE: ______________________________

Supporting Sentences (Frases de Apoio)

Como você aprendeu na seção de leitura, frases de apoio dão elementos que apoiam a ideia principal da frase tema. Geralmente há de 3 a 20 frases de apoio em um parágrafo. Elas dão motivos, detalhes, explicações, descrições, exemplos e dados para provar ou reforçar a ideia principal. Na passagem sobre Rohit, a maioria das frases é de apoio. Elas mostram provas de que Rohit estava muito doente. Algumas frases dão detalhes, como sintomas, enquanto outras descrevem suas ações, como ligar para o médico. Um sintoma inclui dados — sua temperatura de 101°F.

Exercício 7.32

Volte ao parágrafo sobre a doença de Rohit. Conte as frases de apoio no parágrafo.

Quantas frases de apoio há? __________

Concluding Sentence (Frase de Conclusão)

A última parte do parágrafo é a frase de conclusão, que termina o parágrafo. É a last sentence (última frase) e geralmente reafirma a ideia principal. Às vezes, a frase de conclusão também dá uma solução ao problema.

Exercício 7.33

Qual é a última frase da história de Rohit?

Concluding sentence: ______________________________

A last sentence (última frase) do parágrafo reafirma a ideia principal: Rohit estava muito doente. Ela também conclui declarando que ele se recuperou. Isso dá uma solução (recuperação) a um problema (doença).

Quiz

Você terminou o Capítulo 7. Ótimo trabalho! Agora, faça o quiz para ver do que você se lembra. Escolha as respostas certas para cada pergunta. Pode haver várias respostas certas para algumas das perguntas.

1. Escolha as opções que completam a frase corretamente.

   Samsara ______________ to make an appointment with the doctor.

   should — ought
   had better — might want

2. Escolha as opções que completam a frase corretamente

   Robby has been feeling sick since ______________.

   yesterday — one week
   two days — Friday

3. Escolha as opções que completam a frase corretamente.

   Sandra has been feeling better for ______________.

   yesterday — one week
   two days — Friday

4. Que frase descreve a maior intensidade de dor? ______________

   Really hurts — Severe pain
   A little pain — Kind of hurts

5. Formamos o present perfect progressive da seguinte forma: *have/has* + *been* + verb-*ing*. Verdadeiro ou Falso?

6. Mary e Joan são boas amigas. Mary quer permissão para pegar a caneta de Joan emprestada. Que pergunta é adequada para essa situação?

May I borrow your pen, Joan? Can I borrow your pen, Joan?

7. Que phrasal verb completa melhor esta frase?

Jerry ____________ the flu last weekend.

called around threw up
passed out came down with

8. Que doença corresponde aos sintomas de sentir-se instável e sem equilíbrio?

____

Cold Flu
Dizziness Indigestion

9. Onde fica a frase tema do parágrafo? ____________

First sentence Middle of the paragraph Last sentence

10. Onde estão as frases de apoio no parágrafo? ____________

First sentence Middle of the paragraph Last sentence

Pratique o que Aprendeu!

Agora que você aprendeu a falar sobre sintomas e doenças, pedir e dar conselhos e pedir permissão, tente usar essas habilidade no mundo. Reveja este capítulo, saia e use seu inglês! Marque cada atividade que completar.

Faça Esta Semana

- Use o present perfect progressive no afirmativo e negativo para falar sobre atividades que começaram no passado e continuam agora.
- Use expressões de tempo para o present perfect progressive.
- Peça conselhos usando *should*.
- Dê conselhos usando *should*, *ought to*, *might want to* e *had better*.
- Descreva seus sintomas ou sensações físicas para um amigo, parente ou médico.
- Pratique o uso do vocabulário para anatomia humana.
- Pratique o uso do vocabulário para sintomas e doenças.
- Pratique o uso dos novos phrasal verbs.

Registro Semanal

Registre o seu progresso semanal. Anote como foi a sua prática. O que aconteceu? Foi bem-sucedida? Como você sabe? Foi malsucedida? Como você sabe? Reveja todas as instruções, dicas e notas culturais no Capítulo 7.

____

____

____

____

____

____

8

Compras e Vestuário

Neste capítulo, você vai aprender:

Fala

- A pedir ajuda
- A oferecer ajuda
- A pedir e dar opiniões
- A descrever roupas

Vocabulário, Leitura e Escrita

- Vocabulário para roupas
- Expressões de tempo com o futuro
- Adjetivos e advérbios para descrever roupas
- Preposições usadas com tempo
- Phrasal verbs
- A escrever um parágrafo

Gramática

- A usar o futuro
- Pronomes oblíquos
- Expressões para opiniões
- A usar comparativos e superlativos

Falando sobre Compras

Às vezes, saímos para comprar roupas. Há muitos motivos para comprarmos roupas — para uma ocasião especial ou para dar de presente. Podemos precisar comprar roupas para nós, nossos filhos ou cônjuges. Vamos falar sobre comprar roupas.

Conversa: Em uma Loja de Roupas[1]

Leia a conversa de exemplo a seguir entre Genevieve, a cliente, e vários funcionários da loja de departamentos.

DEPARTMENT STORE CUSTOMER SERVICE SPECIALIST: How may I help you today?[1]	1. Uma expressão comum usada para oferecer ajuda.
GENEVIEVE: Hello. I'm looking for[2] the shoe department. Where is it, please[3]?	2. Uma expressão usada para pedir ajuda para encontrar algo. 3. *Please* torna as pergunta mais educadas.
DEPARTMENT STORE CUSTOMER SERVICE SPECIALIST: It's on the fourth floor. When you get off the escalator, turn right. It's right there.[4]	4. Reveja dar e receber orientação no Capítulo 4.
GENEVIEVE: So, I take a right off the escalator on the fourth floor?[4] Thank you so much!	
In the shoe department	
GENEVIEVE: Excuse me. Can you help me[5] find a pair of boots, please?	5. Uma expressão usada para pedir ajuda.
SHOE SALESPERSON: Sure! What are you looking for?	
GENEVIEVE: I'm looking for[2] tall, black boots that have a flat heel.	
SHOE SALESPERSON: What is your size?	
GENEVIEVE: I'm a 7.[6]	6. Expressões alternativas: I take a size 7. / My shoe size is 7.
SHOE SALESPERSON: Okay. Well, we have some new boots that just came in over here. (Points) There are three pairs that are tall, black, and flat. What do you think of these?[7]	7. Uma pergunta usada para pedir opinião.
GENEVIEVE: Well, I don't like[8] these because they are too[9a] fancy.[10] Can I try on[11]the other two pairs, please?	8. *Like* e *don't like* são expressões para mostrar opiniões. 9. *Too* tem dois significados: a. Um intensificador que significa "more than very" (veja o Capítulo 1); tem conotação negativa. b. Also. 10. **Fancy** significa não comum ou simples.

1 Essa "conversation" é narrada na Faixa 49 dos áudios do livro (Baixe os áudios em altabooks.com.br - procure pelo título do livro ou ISBN).

SHOE SALESPERSON: Yes, let me go in the back and check for your size.

Five minutes later

SHOE SALESPERSON: We have both styles in size 7. Try these on.[11]

11. **To try on** significa usar rapidamente para ver se serve.

After Genevieve tries on the first pair

SHOE SALESPERSON: What do you think?[7]

GENEVIEVE: Hm. Well, I like[8] the fit. They're very comfortable. But they're too[9a] wide at the top. I'll try the other pair on.[11]

Five minutes later

GENEVIEVE: I like these boots too.[9b] They are narrower[12] than the others. What do you think?[7] Which ones do you like[8] better?

12. Este é um comparativo, que é usado para identificar semelhanças entre as coisas.

SHOE SALESPERSON: They're both nice. Which pair makes you happier[12]?

GENEVIEVE: I think the second pair. They fit tighter[12] in the leg, and I like that. Yes, I really like these. Thank you!

SHOE SALESPERSON: My pleasure! Let me box these for you and ring them up.[13]

13. **To ring something up** é completar a transação no caixa.

Agora que você leu a conversa entre o cliente e o vendedor, vejamos as partes individuais da conversa. Vamos começar com o verbo no futuro.

Gramática: Usando o Futuro

Em inglês, usamos o *future* para falar sobre ações no futuro. Há quatro modos de mostrar o tempo futuro. Usamos diversos modos por diferentes motivos. Estude a tabela a seguir.

FUTURO	*USOS*
Will + verbo no infinitivo	1. Para fazer previsões 2. Para fazer promessas 3. Para fazer ofertas **Nota:** Não usamos *will* para falar sobre certos planos.
BE going to + verbo no infinitivo	1. Para falar sobre planos e intenções 2. Para fazer previsões para futuro imediato a partir de evidências **Nota:** Para planos, esta forma de futuro e a próxima às vezes são intercambiáveis.

FUTURO	*USOS*
O present progressive	Para falar de planos agendados/marcados **Nota:** Para planos, esta forma de futuro e a anterior às vezes são intercambiáveis. **Nota:** Muitas vezes, usamos este tempo verbal com frases como *go shopping* e *go swimming*. Veja uma lista de algumas dessas ações com *go* no Capítulo 5. Exemplo: He's going shopping this afternoon.
O simple present	Para horários determinados como de trens e ônibus

Vejamos algumas frases de exemplo sobre o futuro. O verbo está em negrito e as expressões de tempo para o futuro em itálico. A palavra entre parênteses é o verbo no infinitivo.

Exemplo 1 John: We **will have** fun at the party *tonight*. (have)

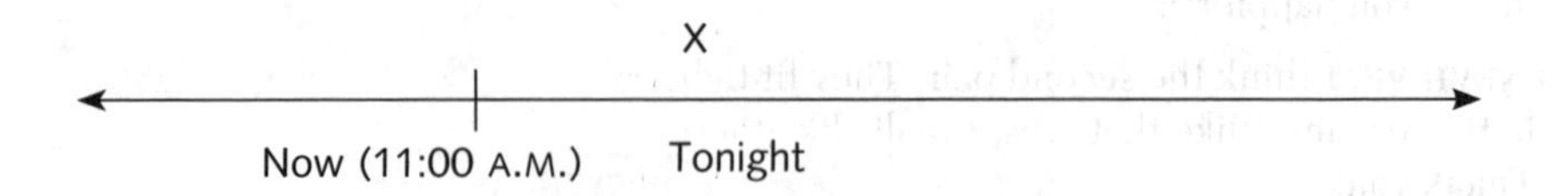

A hora da fala é 11:00 da manhã. A festa é no futuro — hoje à noite. John prevê que ele e o amigo irão se divertir na festa. Neste exemplo, usa-se *will* + verbo no infinitivo.

Exemplo 2 Jack and Jill **are going to buy** new clothes *tomorrow*. (buy)

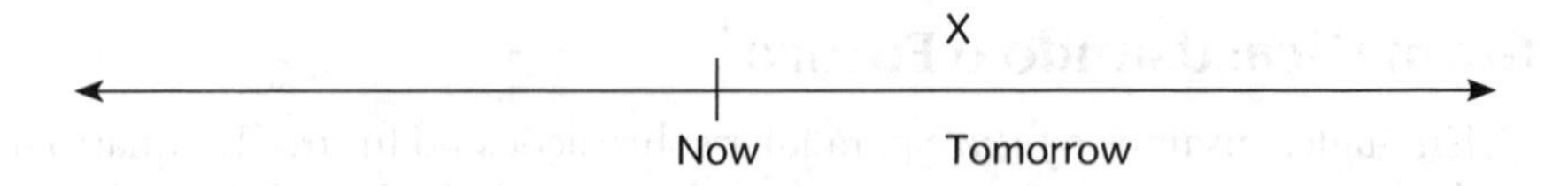

A hora da fala é agora. Jack e Jill planejam comprar roupas novas no futuro — amanhã. Neste exemplo, usa-se *BE going to* + infinitivo.

Exemplo 3 He **is flying** to Europe *on Saturday*. (fly)

A hora da fala é agora. Ele planeja viajar para a Europa no futuro — sábado. Ele já tem a passagem de avião. Neste exemplo, usa-se o present progressive porque os arranjos já foram feitos. Você aprendeu sobre o present progressive no Capítulo 3.

Exemplo 4 The train **leaves** for Halifax *in an hour*. (leave)

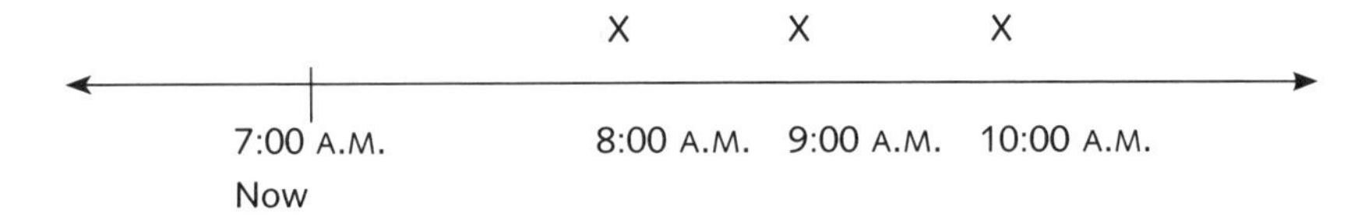

A hora da fala é agora — 07:00 da manhã. O trem sai a cada hora (8:00 A.M., 9:00 A.M. e 10:00 A.M.). O próximo trem sai da estação no horário programado daqui a uma hora, que é 08:00. Neste exemplo, usamos o simple present porque é um horário de transporte. Você aprendeu sobre o simple present para horários no Capítulo 4.

Formando o Futuro

Agora aprenderemos a formar o futuro usando *will* e *BE going to*. Ao estudar a tabela, read the example sentences aloud.

O Futuro: Forma afirmativa com *Will*

SUJEITO OU PRONOME PESSOAL	*WILL*	*INFINITIVO DO VERBO PRINCIPAL*	*FRASES DE EXEMPLO*
I/You/We/ They/He/	will	look give carry	You will look great in your new dress tonight! (previsão) I will give you the money tomorrow. (promessa) Do you need help? I will carry the boxes. (oferta)

O Futuro: Forma Afirmativa com *BE Going To*

SUJEITO OU PRONOME PESSOAL	*BE GOING TO**	*INFINITIVO DO VERBO PRINCIPAL*	*FRASES DE EXEMPLO*
I	am going to	buy	I am going to buy a new coat. (plano/intenção)
You/We/ They	are going to	leave	We are going to leave at 5:00. (plano/intenção)
He/She/It	is going to	rain	Look at those dark clouds. It is going to rain. (previsão a partir de evidências)

*Certifique-se de usar a forma certa de BE para haver concordância verbo-sujeito.

Dica de Pronúncia: Às vezes, falantes nativos falam *going to* muito depressa e soa como *gonna*.

Vamos praticar o futuro usando *will*, *BE going to*, o present progressive e o simple present.

Exercício 8.1

Complete as frases a seguir com o futuro do verbo dado entre parênteses. Decida qual é a forma correta para a situação. Use a pista como guia. Reveja os diferentes usos para cada tipo de futuro na tabela anterior.

EXEMPLOS: Previsão a partir de evidências: (step) Watch out! You <u>are going to step</u> on dog poo!
Promessa: (call) *<u>I will call</u>* you next week.
Plano feito: (play) He *<u>is playing</u>* tennis with his father this weekend.
Horário: (arrive) The bus *<u>arrives</u>* in 30 minutes.

1. Plano/intenção: (do) Jack ________________ the homework before class.
2. Previsão: (have) Psychic: You ________________ many children!
3. Previsão a partir de evidência: (hit) Be careful, Serafina! You ________________ that parked car!
4. Plano feito: (see) Fred ________________ Ben this Tuesday morning.
5. Oferta: (hold) I ________________ the door open for you.

6. Previsão a partir de evidência: (be) What a clear sky! It ________________ a sunny day today.
7. Promessa: (finish) I ________________ the project by noon tomorrow.
8. Previsão: (win) Fortune cookie: You ________________ a lot of money this year.
9. Plano/intenção: (clean) Jessie and I ________________ the house this weekend.
10. Horário: (depart) The 56 bus ________________ in a few minutes.
11. Plano feito: (meet) My boss ________________ with me later.
12. Promessa: (pick up) I ________________ the kids at school this afternoon.

Formando Contrações com o Futuro

Muitas vezes usamos contrações quando falamos do futuro. Vejamos como contrair o futuro com *will* e *BE going to*.

O Futuro: Formando Contrações com *Will*

SUJEITO OU PRONOME PESSOAL	*WILL*	*CONTRAÇÃO*	*INFINITIVO DO VERBO PRINCIPAL*	*FRASES DE EXEMPLO*
I	will	I'll	give	I'll give you the money tomorrow.
You		You'll	look	You'll look great in your new dress!
We		We'll	help	We'll help you study for the test.
They		They'll	drive	They'll drive you to the concert.
He		He'll	pass	He'll pass the test easily.
She		She'll	be	She'll be the first to climb that mountain.
It		It'll	take	It'll take an hour to drive there.

Dica de Pronúncia : Algumas dessas contrações soam como palavras diferentes.

Contração	Soa Como	Contração	Soa Como
I'll	Aisle, isle	You'll	Yule
We'll	Wheel	He'll	Heel, heal
It'll	Little (rhymes)		

O Futuro: Formando Contrações com *BE Going To*

SUJEITO OR PRONOME PESSOAL	*BE*	*CONTRAÇÃO*	*GOING TO*	*INFINITIVO DO VERBO PRINCIPAL*	*FRASES DE EXEMPLO*
I	am	I'm	going to	buy	I'm going to buy a new coat.
You	are	You're	going to	leave	We're going to leave at 5:00.
We		We're			
They		They're			
He	is	He's	going to	rain	Look at those dark clouds.
She		She's			
It		It's			It's going to rain.

Dica de Pronúncia: Algumas dessas contrações soam como outras palavras. Por exemplo, *you're* soa como *your*, e *they're* soa como *there* e *their*.

Vamos praticar contrações com o futuro.

Exercício 8.2

Use as frases do exercício anterior para completar as frases a seguir. Use contrações. Se o sujeito já não for um pronome, transforme-o em um. Por exemplo, na primeira frase, Jack se torna he.

EXEMPLOS: Watch out! You*'re going to step* on dog poo!
I*'ll call* you next week.
He*'s playing* tennis with his father this weekend.
It *arrives* in one hour.

NOTA Não usamos contrações no simple present.

1. (do) Jack ________________ the homework before class.
2. (have) You ________________ many children!
3. (hit) Be careful, Serafina! You ________________ the parked car!
4. (see) Fred ________________ Ben this Tuesday morning.
5. (hold) I ________________ the door open for you.
6. (be) What a clear sky! It ________________ a sunny day today.

7. (finish) I ________________ the project by noon tomorrow.
8. (win) Fortune cookie: You ________________ a lot of money this year.
9. (clean) Jessie and I ________________ the house this weekend.
10. (depart) The 56 bus ________________ in a few minutes.
11. (meet) My boss ________________ with me later.
12. (pick up) I ________________ the kids at school this afternoon.

O Futuro: Expressões de Tempo

Veja algumas expressões de tempo comuns usadas com o futuro. As expressões podem vir no começo ou no fim da frase. Quando no começo, coloque uma vírgula em seguida, como mostrado nos exemplos.

EXPRESSÕES DE TEMPO	EXEMPLOS
In + quantidade de tempo (one week, two minutes, three years)	The bus arrives in five minutes. In five minutes, the bus arrives.
This + morning/afternoon/evening/day/week/month/year	She's going to travel this summer. This summer, she's going to travel.
Next + week/year/name of day or month	He'll pay you next week. Next week, he'll pay you.
Tonight	We're going to see a movie tonight. Tonight, we're going to see a movie.
Tomorrow	He's seeing the dentist tomorrow. Tomorrow, he's seeing the dentist.
Later	I'll do the homework later. Later, I'll do the homework.
Soon	He'll visit soon. Soon, he'll visit.
By + data/hora/dia*	We'll finish the job by dinnertime. By dinnertime, we'll finish the job.
Before + evento/hora	I'm going to call her before Friday. Before Friday, I'm going to call her.
After + evento/hora	I'm going to do it after class. After class, I'm going to do it.

*Esta frase geralmente é usada em promessas.

Agora que você conhece algumas expressões de tempo usadas para o futuro, pratique identificá-las.

Exercício 8.3

Volte ao Exercício 8.2 e encontre a expressão de tempo em cada frase. Algumas frases podem não ter uma.

1. ____________________ 7. ____________________

2. ____________________ 8. ____________________

3. ____________________ 9. ____________________

4. ____________________ 10. ____________________

5. ____________________ 11. ____________________

6. ____________________ 12. ____________________

Agora, pratique a criação de frases com o futuro no afirmativo e expressões de tempo.

Exercício 8.4

Construa frases usando as palavras dadas. Coloque o verbo no futuro e use expressões de tempo da lista anterior. Não se esqueça de começar cada frase com letra maiúscula e terminá-la com um ponto.

EXEMPLOS: Promessa: Ivy / walk / you / to school / this week.
Ivy will walk you to school this week.
Plano feito: Allen and Leon / start / a guitar lessons/ next Wednesday.
Allen and Leon are starting guitar lessons next Wednesday.

1. Promessa: I / complete / the report / by Monday night.

 ____

2. Horário: The train / arrive / in an hour.

 ____

3. Oferta: I / help/ you / with homework / after class.

 ____

4. Plano/intenção: Tomorrow night, / we / eat / dinner at the new restaurant.

 ____

5. Previsão: You / be / famous / someday soon.

____

6. Plano feito: Ella / meet / with her tutor / tomorrow afternoon.

____

Exercício 8.5

Agora, forme suas frases usando verbos no futuro. Fale sobre atividades que fará no futuro. Inclua seus amigos e parentes, e use expressões de tempo da lista. Não se esqueça de iniciar cada frase com uma letra maiúscula e terminá-la com um ponto.

1. Promessa: ______________________________
2. Plano/intenção: ______________________________
3. Previsão: ______________________________
4. Plano feito: ______________________________
5. Oferta: ______________________________
6. Horário: ______________________________
7. Previsão a partir de evidências: ______________________________

Formando o Negativo no Futuro

Agora, usaremos a forma negativa do futuro. Ao estudar as tabelas a seguir, read the example sentences aloud.

O Futuro: Negativo com *Will**

SUJEITO OU PRONOME PESSOAL	*WILL*	*NOT*	*INFINITIVO DO VERBO PRINCIPAL*	*FRASES DE EXEMPLO*
I/You/We/They/ He/She/It	will	not	worry fail	You will not worry about money in your life. (previsão) I will not fail the test tomorrow. (promessa/recusa)

***Will** + **not** pode significar uma recusa. Por exemplo, *I will not fail the test* pode significar *I refuse to fail the test.*

O Futuro: Negativo com *BE Going To**

SUJEITO OU PRONOME PESSOAL	*BE*	*NOT*	*GOING TO*	*INFINITIVO DO VERBO PRINCIPAL*	*FRASES DE EXEMPLO*
I	am	not	going to	buy	I am not going to buy a new coat.
You/We/They	are	not	going to	leave	We are not going to leave at 5:00.
He/She/It	is	not	going to	rain	Look at that clear sky! It is not going to rain today!

**BE + not going to* também pode significar uma recusa. Por exemplo, *I am not going to fail the test* pode significar *I refuse to fail the test.*

Vamos praticar o futuro negativo.

Exercício 8.6

Complete as frases a seguir com a forma de futuro negativo correta. Use a tabela anterior para ajudá-lo e siga os exemplos.

EXEMPLOS: (play / BE going to) Nguyen *is not going to play* in the tournament this weekend.
(shop / will) Mary *will not shop* in that store. It's too expensive.

1. (go / will) Arielle ______________ to the mall this afternoon.
2. (buy / BE going to) My mother ______________ any more clothes online.
3. (write / will) Professor Jackson ______________ on a chalkboard. He prefers a whiteboard.
4. (work / BE going to) Josie ______________ next week. It's a vacation week.
5. (read / will) Carl ______________ the newspaper on his tablet. He likes to read a real newspaper.
6. (subscribe / BE going to) We ______________ to any more fashion magazines. We already get too many magazines every month.

O Futuro: Formando Contrações Negativas

Em inglês, geralmente usamos contrações quando falamos porque é menos formal. Há só um modo de contrair o futuro negativo com *will*. Porém, há dois modos de contrair o futuro negativo com *BE going to*. Veja todos os tipos de contrações nas tabelas a seguir.

Contrações Negativas com *Will*

SUJEITO OU PRONOME PESSOAL	*WILL*	*NOT*	*CONTRAÇÃO*	*INFINITIVO DO VERBO PRINCIPAL*	*FRASES DE EXEMPLO*
I/You/We/They/	will	not	won't	worry	You won't worry about money in your life. (previsão)
He/She/It				fail	He won't fail the test tomorrow. (promessa/recusa)

Você já aprendeu o tipo de contração seguinte no Capítulo 1, mas aqui há uma breve revisão.

Contração Negativa 1: *BE Going To* (Pronome pessoal + BE)

SUJEITO OU PRONOME PESSOAL	*BE*	*CONTRAÇÃO**	*NOT*	*GOING TO*	*INFINITIVO DO VERBO PRINCIPAL*	*FRASES DE EXEMPLO*
I	am	I'm	not	going to	buy	I'm not going to buy a new coat.
You	are	You're	not	going to	leave	We're not going to leave at 5:00.
We		We're				
They		They're				
He	is	He's	not	going to	rain	Look at that clear sky! It's not going to rain today!
She		She's				
It		It's				

*Quando usamos esse tipo de contração, a palavra *not* é enfatizada.

Você também já aprendeu o próximo tipo de contração no Capítulo 1. Veja uma breve revisão.

Contração negativa 2: *BE Going To* (BE + *Not*)

SUJEITO OU PRONOME PESSOAL	*BE*	*NOT*	*CONTRAÇÃO*	*GOING TO*	*INFINITIVO DO VERBO PRINCIPAL*	*FRASES DE EXEMPLO*
I	am	not	—	going to	buy	I'm not* going to buy a new coat.
You/We/They	are	not	aren't	going to	leave	We aren't going to leave at 5:00.
He/She/It	is	not	isn't	going to	rain	Look at that clear sky! It isn't going to rain today!

*Nunca contraímos *am* + *not*.

Vamos praticar contrações negativas do futuro.

Exercício 8.7

Veja as frases que você escreveu no Exercício 8.6. Recrie essas frases para que sejam contrações negativas. Use todos os tipos de contrações para esse futuro. Mude os sujeitos para pronomes pessoais.

EXEMPLOS: Nguyen (play / BE going to) in the tournament this weekend.
He's not going to play in the tournament this weekend.
He isn't going to play in the tournament this weekend.
Mary (shop / will) in that store. It's too expensive.
She won't shop in that store. It's too expensive.

1. ______________________________
2. ______________________________
3. ______________________________
4. ______________________________
5. ______________________________
6. ______________________________

Exercício 8.8

Crie frases usando as palavras a seguir. Primeiro, use o futuro negativo. Depois, crie frases que usem todas as formas de contração negativa. Não se esqueça de colocar um ponto no fim de cada frase.

EXEMPLO 1: Toni has no money. She / BE going to/ NEGATIVE / buy / new shoes / this month.
She's not going to buy new shoes this month. / She isn't going to buy new shoes this month.

EXEMPLO 2: Bill and Tessa have to work late. They / will / NEGATIVE / join / us / for happy hour / this evening.
They won't join us for happy hour this evening.

Happy hour é um período de tempo em que restaurantes e bares oferecem preços especiais para bebidas e comidas.

1. Charlotta is sick right now. She / BE going to / NEGATIVE / come / to my party / today.

____

____

2. Abdul, Chen, and Joe are cooking dinner at home tonight. They / will / NEGATIVE / spend / money on food / tonight.

____

3. I am home in China. I / BE going to / NEGATIVE / practice / English / every day / here.

____

4. You are studying for the test tonight. You / will / NEGATIVE / attend / the play / at the theater / tonight.

____

O Futuro: Formando Yes/No Questions

Em conversas, fazemos yes/no questions sobre o que as pessoas farão no futuro. Como aprendeu em capítulos anteriores, respondemos yes/no questions com *yes* ou *no*. Veja como formar essas perguntas nas tabelas a seguir.

Yes/No Questions com *Will*

WILL	*SUJEITO OU PRONOME PESSOAL*	*INFINITIVO DO VERBO PRINCIPAL*	*RESTO DA FRASE*	*FRASES DE EXEMPLO*
Will	I/you/we/they/ he/she/it	come	to the concert tonight?	Will you come to the concert tonight?
Will	I/you/we/they/ he/she/it	hold	these books, please?	Will you hold these books, please? (pedido)

Yes/No Questions com *BE Going To*

VERBO BE	*SUJEITO OU PRONOME PESSOAL*	*GOING TO*	*INFINITIVO DO VERBO PRINCIPAL*	*RESTO DA FRASE*	*FRASES DE EXEMPLO*
Am	I	going to	study	this weekend?	Am I going to study this weekend?
Are	you/we/they	going to	move	into the new apartment Saturday?	Are they going to move into the new apartment Saturday?
Is	he/she/it	going to	graduate	high school this year?	Is she going to graduate high school this year?

Dica de Pronúncia

Lembre-se de usar o tom ascendente no fim de yes/no questions, o que indica incerteza. Veja mais informações na tabela de entonação no Apêndice.

Você pode responder yes/no questions com respostas longas, usando o tempo verbal completo, incluindo todas as partes da frase. Também pode dar uma resposta curta que inclua só parte do tempo verbal. Por fim, você pode dar uma resposta muito rápida — *yes* ou *no*. Todos esses tipos de respostas são aceitáveis. Note que respostas longas usam o futuro e que respostas curtas usam só parte do tempo verbal, como nos exemplos.

EXEMPLO 1: *Will*

YES/NO QUESTION: Will she want any pizza?

Respostas afirmativas

RESPOSTA LONGA: Yes, she *will* want some pizza.

RESPOSTA CURTA: Yes, she *will*.

RESPOSTA RÁPIDA: Yes. (Veja, no Capítulo 1, expressões alternativas para *yes*.)

Respostas negativas

RESPOSTA LONGA: No, she *won't* want any pizza.

RESPOSTA CURTA: No, she *won't*. / No, she will *not*.

RESPOSTA RÁPIDA: No. (Veja, no Capítulo 1, expressões alternativas para *no*.)

Dica de Pronúncia: Para respostas afirmativas longas e curtas, enfatize *will*. Para respostas negativas longas e curtas, enfatize a contração negativa *won't* ou o *not*. **Note:** Não enfatize respostas rápidas.

EXEMPLO 2 *BE going to*

YES/NO QUESTION: Is she going to graduate high school this year?

Respostas afirmativas

RESPOSTA LONGA: Yes, she *is* going to graduate high school this year.

RESPOSTA CURTA: Yes, she *is*. / Yes, she *is* going to.

RESPOSTA RÁPIDA: Yes.

Respostas negativas

RESPOSTA LONGA: No, she *is*n't going to graduate high school this year.

RESPOSTA CURTA: No, she *is*n't. / No, she isn't *going* to. / No, she's *not*. / No, she's *not* going to. RESPOSTA RÁPIDA: No.

Dica

Quando a resposta é negativa, muitas vezes damos uma razão ou causa. Por exemplo, podemos dizer, "No, she isn't going to graduate high school this year. She missed too many classes." Ou podemos dizer, "No, because she missed too many classes." Para respostas afirmativas longas e curtas, enfatize BE. Para respostas longas e curtas negativas, enfatize a contração negativa ou o *not*. **Nota:** Não enfatize respostas rápidas.

Vejamos as regras para respostas curtas.

Regras

Omitimos o verbo principal em respostas curtas.

Nunca contraímos respostas curtas afirmativas.

O Futuro: Respostas Curtas para Yes/No Questions com *Will*

YES OU NO + VÍRGULA	*SUJEITO OU PRONOME PESSOAL*	*WILL*	*NEGATIVO*	*CONTRAÇÃO NEGATIVA**
Yes,	I/you/we/they/he/she/it	will	—	Yes, I will. ~~Yes, I'll.~~
No,	I/you/we/they/he/she/it	will	not n't	No, it will not. / No, it won't.

*Não usamos contrações em respostas afirmativas.

O Futuro: Respostas curtas para Yes/No Questions com *BE Going To*

YES OU NO + VÍRGULA	*SUJEITO OU PRONOME PESSOAL*	*BE*	*NEGATIVO*	*CONTRAÇÃO NEGATIVA**
Yes,	I	am	—	Yes, I am. / ~~Yes, I'm.~~
No,	I	am	not	No, I'm not.
Yes,	you/we/they	are	—	Yes, we are. / ~~Yes, we're.~~
No,	you/we/they	are	not n't	No, we're not. / No, we aren't.
Yes,	he/she/it	is	—	Yes, it is. / ~~Yes, it's.~~
No,	he/she/it	is	not n't	No, it's not. / No, it isn't.

*Não usamos contrações em respostas afirmativas.

Exercício 8.9

Forme yes/no questions com o futuro usando as palavras dadas. Depois, crie respostas longas, curtas e rápidas para cada pergunta. Responda às perguntas afirmativamente (Yes) ou negativamente (No) como indicado. Adicione uma razão quando a resposta for negativa.

EXEMPLO 1: Will / Carmella / take / classes / this summer? (Yes)

PERGUNTA: *Will Carmella take classes this summer?*

RESPOSTA LONGA: *Yes, she will take classes this summer.*

RESPOSTA CURTA: *Yes, she will.*

RESPOSTA RÁPIDA: *Yes.*

EXEMPLO 2: Will / Carmella / take / classes / this summer? (No, she's working.)

PERGUNTA: *Will Carmella take classes this summer?*

RESPOSTA LONGA: *No, she will not/won't take classes this summer. She's working.*

RESPOSTA CURTA: *No, she will not. / No, she won't. She's working this summer.*

RESPOSTA RÁPIDA: *No. She's working this summer.*

EXEMPLO 3: BE going to / Carmella / take / classes / this summer? (Yes)

PERGUNTA: *Is Carmella going to take classes this summer?*

RESPOSTA LONGA: *Yes, she is going to take classes this summer.*

RESPOSTA CURTA: *Yes, she is.*

RESPOSTA RÁPIDA: *Yes.*

EXEMPLO 4: BE going to / Carmella / take / classes / this summer? (No, she's working.)

PERGUNTA: *Is Carmella going to take classes this summer?*

RESPOSTA LONGA: *No, she's not/ she isn't going to take classes this summer. She's working.*

RESPOSTA CURTA: *No, she's not. / No, she isn't. She's working this summer.*

RESPOSTA RÁPIDA: *No. She's working this summer.*

1. Will / they / have / a yard sale / this Sunday? (No, on Saturday.)

   PERGUNTA: ____________________

   RESPOSTA LONGA: ____________________

   RESPOSTA CURTA: __________

   RESPOSTA RÁPIDA: ____

2. BE going to / Lee / lease / a new car / next year? (No, he'll buy.)

   PERGUNTA: ____________________

   RESPOSTA LONGA:

   ____

   RESPOSTA CURTA: __________

   RESPOSTA RÁPIDA: ____

Uma **yard sale** (também **garage sale**) é a venda dos bens de alguém, como roupas, móveis e livros no quintal (yard), garagem ou entrada.

3. Will / you / please / show / me / some evening dresses? (Yes.)

   PERGUNTA: ____________________

   RESPOSTA LONGA: ____________________

   RESPOSTA CURTA: __________

   RESPOSTA RÁPIDA: ____

4. BE going to / Liam and Shelby / rent / a boat / this summer? (Yes.)

PERGUNTA: ______________________________

RESPOSTA LONGA: ______________________________

RESPOSTA CURTA: ________________

RESPOSTA RÁPIDA: ______

O Futuro: Formando WH Questions

Quando fazemos perguntas sobre atividades no futuro, usamos WH questions, ou perguntas informativas, para perguntar sobre duração, localização, modo ou motivo para uma ação. Como viu em capítulos anteriores, WH questions começam com palavras ou frases interrogativas WH como *who, what, when, where, why, how, how long, how many* e *how much*. Consulte a lista de palavras interrogativas WH no Apêndice. A tabela a seguir mostra como formar essas perguntas.

WH Questions com *Will*

PALAVRA INTERROGATIVA WH	*WILL*	*SUJEITO OU PRONOME PESSOAL*	*INFINITIVO DO VERBO PRINCIPAL*	*FRASES DE EXEMPLO*
Where	will	I/you/we/they/ he/she/it	go	Where will you go for vacation?
How long	will	I/you/we/they/ he/she/it	be	How long will she be in Spain?
What	will	I/you/we/they/ he/she/it	do	What will they do for the next hour?
Why	will	I/you/we/they/ he/she/it	work	Why will he work late?

Para a WH question *who*, não adicione outro sujeito. *Who* é o sujeito da frase, como ilustrado na tabela a seguir.

WHO (SUJEITO DA FRASE)	*WILL*	*INFINITIVO DO VERBO PRINCIPAL*	*EXEMPLO FRASE*
Who	will	go	Who will go to the grocery store for me?

Dica de Pronúncia

Geralmente usamos o tom descendente no fim de WH questions. Porém, se você precisar que a pessoa repita algo, use o ascendente. Veja mais informações na tabela de entonação no Apêndice.

WH Questions com *BE Going To*

PALAVRA INTERROGATIVA WH	*VERBO BE*	*SUJEITO OU PRONOME PESSOAL*	*GOING TO*	*INFINITIVO DO VERBO PRINCIPAL*	*FRASES DE EXEMPLO*
Where	am	I	going to	study	Where am I going to study this weekend?
How long	are	you /we/they	going to	do	How long are you going to do that?
What	is	he/she/it	going to	buy	What is he going to buy online?
Why	are	you /we/they	going to	sell	Why are they going to sell their house?

Assim como em respostas yes/no, podemos responder WH questions de diversas formas: com respostas longas, que são frases completas, ou respostas curtas só com informações essenciais para responder a pergunta. Vamos praticar usando WH questions com *will* e *be going to*.

Exercício 8.10

Forme WH questions com o futuro usando as declarações dadas. A palavra interrogativa e as informações necessárias para responder a pergunta são dadas entre parênteses. Use pronomes pessoais e contrações.

EXEMPLO 1: Henry will research computer prices. (When / after school)

PERGUNTA: *When will Henry research computer prices?*

RESPOSTA LONGA: *He'll research computer prices after school.* (frase completa)

RESPOSTA CURTA: *After school.* (apenas informações essenciais)

EXEMPLO 2: I am going to go shopping tonight. (Where / at the mall)

PERGUNTA: *Where are you going to go shopping tonight?*

RESPOSTA LONGA: *I'm going shopping at the mall.*

RESPOSTA CURTA: *At the mall.*

Geralmente usamos o present progressive com frases como *go shopping*. Veja mais informações no Capítulo 5.

1. My brother will fix her bicycle. (Where / in the garage)

PERGUNTA: ______________________________

RESPOSTA LONGA: ______________________________

RESPOSTA CURTA: ______________

2. She will do her homework. (When / after dinner)

PERGUNTA: ______________________________

RESPOSTA LONGA: ______________________________

RESPOSTA CURTA: ______________

3. Christian is going to take classes this summer. (Which / art and history)

PERGUNTA: ______________________________

RESPOSTA LONGA: ______________________________

RESPOSTA CURTA: ______________

4. Evie and Lorraine are going to buy a new stove. (Why / stove is broken)

PERGUNTA: ______________________________

RESPOSTA LONGA: ______________________________

RESPOSTA CURTA: ______________

Agora, vamos praticar oferecer e pedir ajuda.

Estratégia de Comunicação: Oferecendo e Pedindo Ajuda

Na conversa no início do capítulo, a especialista de atendimento ao cliente ofereceu ajuda a Genevieve. Muitas funções como o de especialista de atendimento ao cliente e vendedores são **service jobs**. Essas funções da área de serviço atendem, ou ajudam, pessoas. Hotel receptionists (recepcionistas de hotel), restaurant servers (garçons/garçonetes), e hostesses (anfitriões) também atendem clientes. Mas qualquer pessoa pode oferecer ajuda alguém.

Offering Help (Oferecendo Ajuda)

Usamos algumas expressões diferentes para oferecer ajuda. Nos exemplos a seguir, as ofertas de ajuda estão em itálico.

SITUAÇÃO	*OFERECENDO AJUDA*	*RESPOSTA*
1. A man approaches the front desk at a hotel. The receptionist offers him help.	Hotel receptionist: Hello there! Welcome to Hotel California! *How may I help you*, sir?	Man: Thank you. I have a reservation. My name is Reynaldo Hernandez.

SITUAÇÃO	*OFERECENDO AJUDA*	*RESPOSTA*
2. A customer at a mall is reading a map. She looks confused.	Mall security guard: *Can I help you* find something?	Alice: Yes, please. I'm lost. Where is Plum Bookstore? I can't find it.
3. A shopper is carrying many bags. She's trying to open the store door.	Another customer in store: *Can I help you* with the door?	Shopper: Oh, yes. Thank you so much!

Na primeira situação, um cliente se aproxima da mesa de recepção. Nesse caso, geralmente dizemos, "How may I help you?" Na segunda situação, um funcionário do atendimento se aproxima do cliente para oferecer ajuda: "Can I help you find something?" Na terceira situação, um cliente oferece ajuda para o outro: "Can I help you with the door?" Nesses casos, geralmente dizemos, "Can I help you . . . ?" Estude a tabela a seguir.

PERGUNTAS PARA OFERECER AJUDA	*QUEM USA ESSA EXPRESSÃO*	*SITUAÇÃO*
How may I help you?	Employees in the service sector: Hotel employees Restaurant employees Tourism employees Salesclerks	A customer approaches a service desk, the front desk of a hotel, the hostess station at a restaurant, the cash register counter at a grocery store, or the customer service desk at a department store.
Can I help you . . . ?	Employees in the service sector	A service employee approaches a customer.
	Anyone	Anyone offers assistance to someone else.

Há muitas formas de oferecer ajuda. Nesta seção, veremos duas:

1. How may I help you? (formal)

2. Can I help you . . . ? (informal)

Vamos examinar essas expressões.

PERGUNTAS PARA OFERECER AJUDA	*MODOS DE PERGUNTAR*	*EXEMPLOS*
How may I help you?	Às vezes, adicionamos *sir* ou *ma'am* ao fim da pergunta. Às vezes, adicionamos *today*, *this morning*, etc. Use o tom descendente.	How may I help you? How may I help you, sir? How may I help you, ma'am? How may I help you today? How may I help you this morning?

PERGUNTAS PARA OFERECER AJUDA	*MODOS DE PERGUNTAR*	*EXEMPLOS*
Can I help you . . . ?	1. *Can I help you* + a fazer alguma coisa. Use infinitivo e o tom ascendente.	Can I help you look for something? Can I help you choose a restaurant?
	2. *Can I help you + with* alguma coisa. Use o tom ascendente	Can I help you with that? Can I help you with your bags?

Vamos praticar oferecer ajuda.

Exercício 8.11

Veja as seguintes situações e complete cada oferta usando as pistas dadas.

EXEMPLO: A person approaches the customer service desk at a clothing store.
Customer service specialist: *How may I help you today?*

1. A salesclerk approaches a shopper in a store.
   (look for something) Salesclerk: ______________________
2. A hotel clerk approaches a guest in a hotel lobby.
   (with that luggage) Hotel clerk: ______________________
3. Someone approaches a salesclerk at a shop.
   Salesclerk: ______________________
4. A person is looking around on the street. He seems confused.
   (find something) Another person: ______________________

Exercício 8.12

Crie uma oferta de ajuda para cada uma das situações a seguir.

1. A customer approaches a cash register counter at a store.
   Salesclerk: ______________________
2. A store clerk approaches a customer.
   Store clerk: ______________________

3. A woman is looking at a train schedule. She seems confused.

Someone at the train station: ______________________________

Asking for Help (Pedindo Ajuda)

Às vezes, precisamos de ajuda, então precisamos pedi-la. Vejamos algumas situações de exemplo. Os pedidos de ajuda estão em itálico.

SITUAÇÃO	*PEDINDO AJUDA*	*RESPOSTA*
1. A woman approaches a salesclerk at a department store.	WOMAN: Excuse me. *Could you help me* find the men's shoe department?	SALESCLERK: Yes. It's on the third floor. Take a right off the escalator. WOMAN: Thank you.
2. A man at a mall can't find the jewelry store. He approaches a shopkeeper.	MAN: Pardon me. *Can you help me?* I can't find the jewelry store.	SHOPKEEPER: Sure. It's right down here on the left. It's next to the shoe store. MAN: Thank you very much!

Há muitos modos de pedir ajuda. Nesta seção, veremos duas:

1. Could you help me . . . ?

2. Can you help me . . . ?

Vamos examinar essas expressões com mais detalhes.

PERGUNTAS PARA PEDIR AJUDA	*MODOS DE PEDIR*	*EXEMPLOS*
Could you help me? Can you help me?	Faça estas perguntas, e diga o problema. Use *I can't* + fazer alguma coisa. Use o tom ascendente.	Could you help me? I can't carry these. They're too heavy. Can you help me, please? I can't find the children's clothing department.
Could you help me . . . ? Can you help me . . . ?	1. *Can/Could you help me* + fazer alguma coisa. Use infinitivo e o tom ascendente.	Could you help me find the bookstore? Can you help me open this door, please?
Could you help me . . . ? Can you help me . . . ?	2. *Can/Could you help me* + *with* alguma coisa. Use o tom ascendente.	Could you help me with these packages? Can you help me with this, please?

NOTA Dizer *please* torna as perguntas mais educadas. Comece cada pedido de ajuda com *Excuse me* ou *Pardon me*.

Agora vamos praticar pedir ajuda.

Exercício 8.13

Veja as seguintes situações e complete o pedido de ajuda usando as pistas dadas.

EXEMPLOS: A person doesn't understand the bus schedule. He asks a bus driver for help.

Traveler: *Excuse me. Could you help me, please? I can't find the weekend bus schedule.*

1. A customer must find a bathroom quickly. She asks a security guard for help.

   Customer: ____________________

2. A guest at a hotel has lost his room key. He asks the hotel clerk for a new key.

   Guest: ____________________

3. A customer at a restaurant can't decide what to order for dinner. She asks the server for help.

   Customer: ____________________

4. An office worker is trying to make a copy. The copy machine isn't working. He asks the receptionist for help.

   Office worker: ____________________

Exercício 8.14

Forme uma pergunta pedindo ajuda em cada uma das seguintes situações.

1. A customer can't find the price of a shirt. She asks a salesclerk for help.

   Customer: ____________________

2. An elderly man can't read the train schedule. He asks a person at the train station for help.

   Elderly man: ____________________

3. A student can't find the library on the college campus. She asks another student for help.

   Student: ____________________

Agora que aprendemos meios de oferecer e pedir ajuda, vamos aprender o vocabulário.

Vocabulário: Vestuário

Vamos aprender vocabulário sobre roupas.

Exercício 8.15

Em cada uma das ilustrações a seguir, combine as palavras da lista com as letras correspondentes às peças de roupa certas. Às vezes, há mais de uma palavra para a mesma peça de roupa.

Athletic shoes Baseball cap Boots Belt Coat Dress

Flip-flops Galoshes Gloves Hat Hood Hoodie

Jeans Mittens Skirt Pants Rain boots Raincoat

Scarf Shorts Socks Sneakers Sweatshirt T-shirt

Tennis shoes Trench coat Trousers Umbrella

Wellies Winter jacket Tank top Jumper Sweater

Shirt Blouse Top Sandals High-heeled sandals

High-heeled shoes

Dica Cultural: *Wellies* é um termo britânico. *Jumper* no inglês americano é um tipo de vestido para meninas, enquanto que no Reino Unido é um suéter.

1.

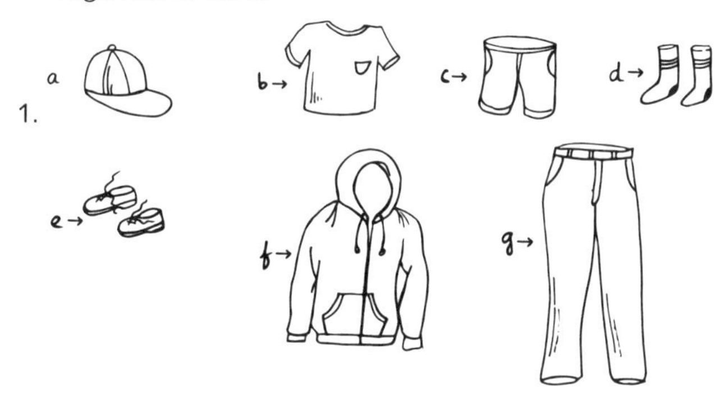

a. ______________________________

b. ______________________________

c. ______________________________

d. ______________________________

e. ______________________________

f. ______________________________

g. ______________________________

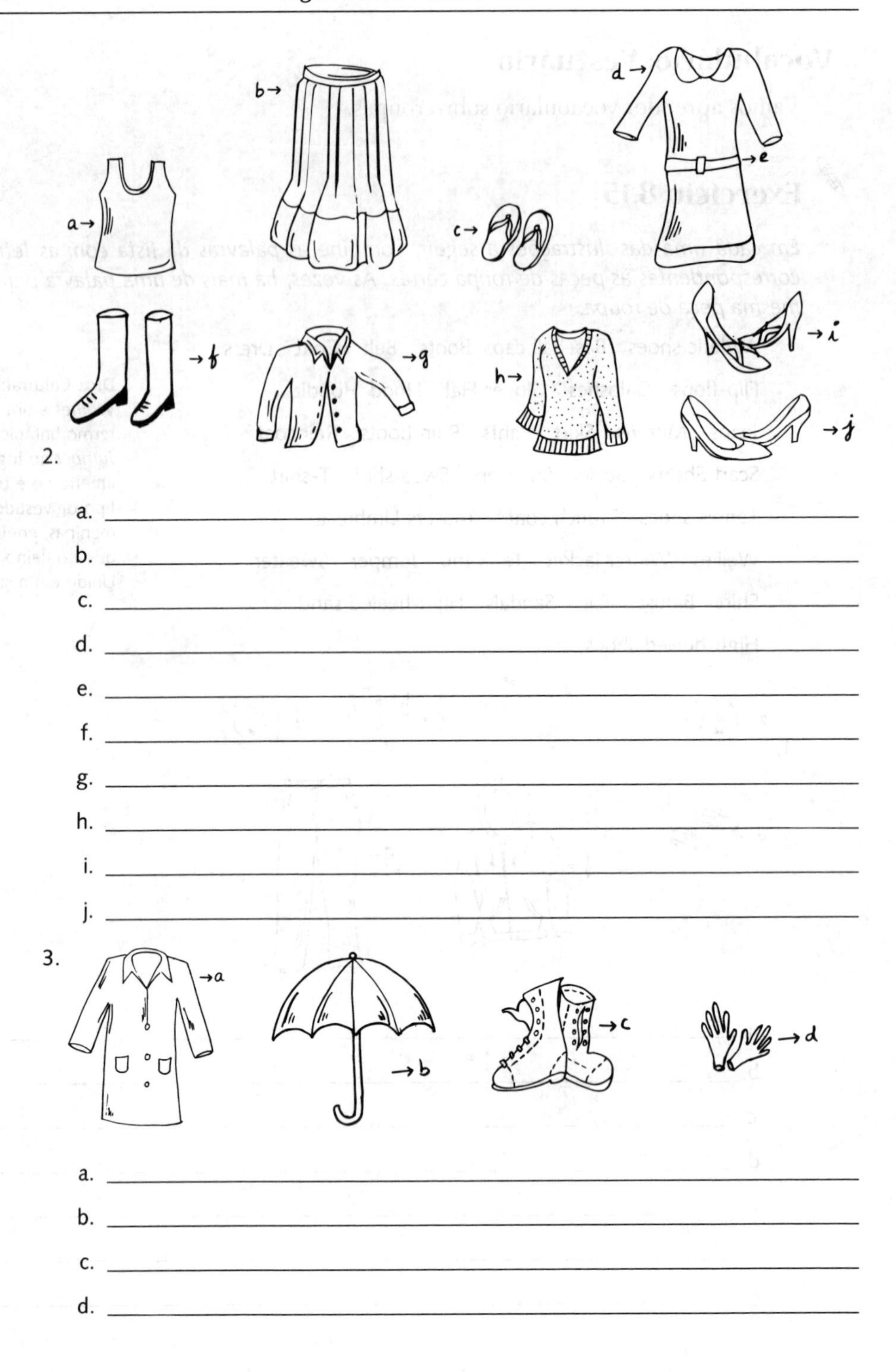
2.
a.
b.
c.
d.
e.
f.
g.
h.
i.
j.
3.
a.
b.
c.
d.

4.

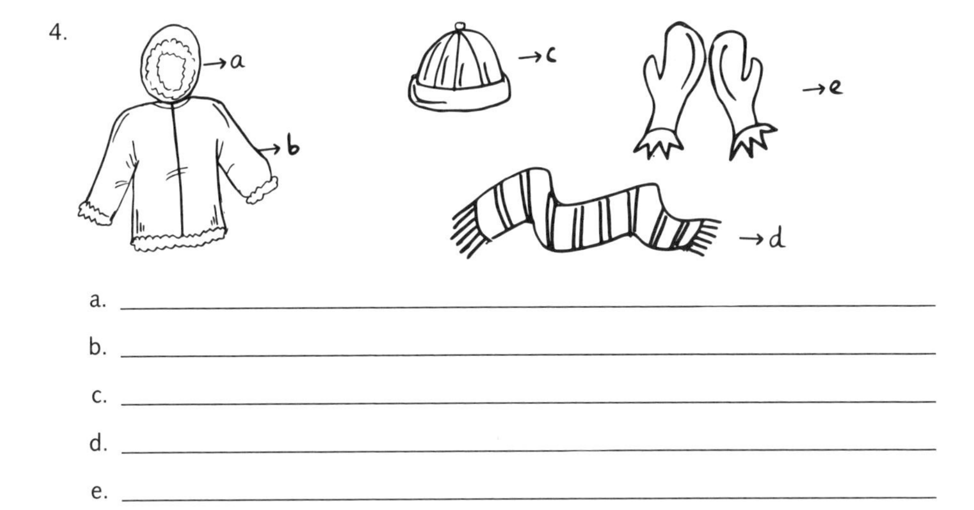

a. ______________________________

b. ______________________________

c. ______________________________

d. ______________________________

e. ______________________________

Vocabulário: Phrasal verbs para Compras

Usamos alguns phrasal verbs comuns quando falamos sobre compras e roupas. Vamos dar uma olhada em alguns deles.

Exercício 8.16

Leia os phrasal verbs à esquerda, depois as definições à direita. Você pode conhecer alguns deles. Combine os verbos com as definições adequadas. Tente adivinhar os que não conhecer. Alguns podem ser separados por um substantivo ou pronome, que estão em **negrito**.

1. To pick out **something**/to pick **something** out	a. To wear something
2. To break in **something**/to break **something** in	b. To return a product through the mail
3. To shop around	c. To select or choose
4. To grow out of **something**	d. To grow big enough to fit into something
5. To put on **something**/to put **something** on	e. To compare prices at different stores
6. To try on **something**/to try **something** on	f. To separate into pieces
7. To grow into **something**	g. To grow too big for something
8. To come apart	h. To wear clothing briefly to check fit
9. To send back **something**/to send **something** **back**	i. To wear footwear enough to make it comfortable
10. To ring up **something** + **someone**/to ring **something** + **someone** up	j. To complete a transaction of buying something at the cash register

Dica Cultural: No inglês britânico, *to ring someone up* significa ligar para alguém.

Exercício 8.17

Complete as frases a seguir com o phrasal verb correto. Certifique-se de usar o tempo e forma verbais corretos. Reveja os capítulos anteriores para os tempos verbais.

EXEMPLO: Herman is going to shop around for a sports car. (plano ou intenção / futuro)

1. Stanley didn't like the shoes he bought online. Tomorrow, he ________________ them ________________. (plano ou intenção / futuro)
2. The threads on Dolores's scarf are separating. It ________________. (present progressive)
3. Daisy is five years old. Soon, she ________________ her older sister's clothes. (previsão)
4. Stella is in the department store. She wants to buy a new raincoat. She ________________ some raincoats ________________. (present progressive)
5. It's snowing out there! You had better ________________ your winter jacket. (infinitivo)
6. Sally, we've been in this store for an hour. Hurry up and ________________ a pair of shoes! (imperativo)

Preposições de Tempo

No Capítulo 4, você aprendeu algumas preposições de lugar. Nesta seção, falaremos de preposições de tempo, como mostra a tabela a seguir.

PREPOSIÇÃO DE TEMPO	*EXEMPLOS*	*PREPOSIÇÃO DE TEMPO*	*EXEMPLOS*
In + quantidade de tempo	In five minutes In two days	*On* + dia	On Tuesday On Saturday
For + quantidade de tempo (duração)	For three hours For nine months	*In* + mês/ano/década/século	In January In 2025 In the 1980s In the 1700s
At + tempo específico	At 10:35 P.M. At noon	*In the morning/afternoon/evening*	In the morning In the evening
At night	at night	*On the weekend/a weekday*	On the weekend On a weekday

Agora, vamos praticar o uso de preposições de tempo.

Exercício 8.18

Complete as frases com a preposição de tempo correta. Reveja a tabela anterior se precisar de ajuda.

EXEMPLO: Mary and Joseph ate dinner at 6:30 P.M.

1. Do you like to exercise ______ the morning or ______ the afternoon?
2. I take night classes. I go to school ______ night.
3. The dresses ______ the 1960s were short.
4. The skirts ______ the 1970s were long.
5. When do you shop for clothes: ______ a weekday or ______ the weekend?
6. His uncle shopped ______ eight hours ______ Sunday!
7. I'll be ready ______ 15 minutes.
8. I go school shopping ______ August.

Gramática: Pronomes Oblíquos

Você aprendeu no Capítulo 1 que, às vezes, usamos um pronome no lugar de um substantivo. Um **pronome** substitui um substantivo. Um **pronome oblíquo** substitui um substantivo em qualquer posição de objeto na frase. Veja dois tipos de pronomes de objeto:

- O objeto de um verbo
- O objeto de uma preposição

O objeto de um verbo geralmente vem depois do verbo. O objeto de uma preposição vem depois da preposição. Você conhece algum pronome oblíquo? Faça uma lista (em inglês) dos que você conhece.

Lembre-se: um **substantivo** é uma pessoa, lugar ou coisa.

____

Estude os pronomes de objetos listados na tabela e as frases de exemplo a seguir. (Male = masculino / Female = feminino)

Pronomes de Objeto

	SINGULAR	*PLURAL*
Primeira pessoa	Me	Us
Segunda pessoa	You	You
Terceira pessoa	Him (male)	Them
	Her (female)	
	It	

*John knows **me**.*
*Jessica asked about **him**.*
*She walked along **it**.*
*I like **them**.*
*Dr. Nguyen recommended **you**.*
*My friend met **her**.*
*My mother invited **us** to dinner.*

Como aprendido na seção de estrutura de frase sujeito-verbo-objeto (SVO) no Capítulo 4, para encontrar o objeto do verbo em uma frase, faça a pergunta "What?" para coisas ou "Whom?" para pessoas depois do verbo. Faça isso também para encontrar o pronome oblíquo. Vejamos alguns exemplos.

FRASE COM PRONOME OBLÍQUO	VERBO + WHAT OU WHOM	PRONOME OBLÍQUO
John knows me.	Knows whom?	Me
Dr. Nguyen recommended you.	Recommended whom?	You
My friend met her.	Met whom?	Her
My mother invited us to dinner.	Invited whom?	Us
I like them a lot.	Like what?	Them

Você também pode encontrar o objeto de uma preposição dessa maneira. **Preposições** são palavrinhas que mostram a posição ou a direção como *in, on, for, with* e *to*. Veja uma lista de preposições no Apêndice.

FRASE COM PRONOME OBLÍQUO	PREPOSIÇÃO + WHAT OR WHOM	PRONOME OBLÍQUO
Jessica asked about him.	About who?	Him
She walked along it.	Along what?	It

Vamos praticar a identificação do pronome oblíquo em uma frase.

Exercício 8.19

Anote o pronome oblíquo em cada frase. Consulte as tabelas anteriores se precisar de ajuda.

EXEMPLO: Jonathan noticed it. _it_

1. Alice bought it. ______
2. Jeff got along with him. ______
3. My parents spent money on her. ______
4. We took them to the store. ______
5. They heard you. ______
6. My sister wore it. ______
7. Call me! ______
8. The store owner showed us. ______

Agora vamos praticar o uso de pronomes do objeto.

Exercício 8.20

Leia as frases a seguir. Em cada uma, há um objeto do verbo ou objeto da preposição. Reconstrua a frase, substituindo o substantivo do objeto sublinhado por um pronome oblíquo.

EXEMPLO: She walked to *the shoe store.* *She walked to it.*

1. Jenny and Lori shopped for *shoes*. ______________________
2. She likes *secondhand stores*. ______________________
3. My aunt got a good deal on *that car*. ______________________
4. I like shopping with *Anna*. ______________________
5. I found a T-shirt for *Mike*. ______________________
6. How much money does *the dress* cost? ______________________

Secondhand stores vendem roupas, móveis e outros itens usados como *kitchenware* (utensílios de cozinha). Também são chamados de **thrift stores** e **consignment shops.**

Exercício 8.21

Crie frases sobre roupas e compras usando pronomes do objeto como indicado.

1. me ______________________
2. you ______________________
3. him ______________________
4. her ______________________
5. it ______________________
6. us ______________________
7. them ______________________

Falando sobre Roupas

Às vezes, falamos com nossos amigos sobre roupas. Queremos uma opinião e eles a dão. Nesta seção, você aprenderá:

- A pedir opinião
- A dar opiniões positivas
- A dar opiniões negativas com educação
- A fazer sugestões
- A descrever o caimento e a aparência das roupas

Vocabulário: Advérbios e Adjetivos

Quando falamos sobre o caimento e a aparência das roupas, usamos advérbios e adjetivos. Vejamos, primeiro, alguns advérbios de intensidade. A escala mostra a intensidade de *a lot* até *a little*. Você aprendeu alguns deles no Capítulo 1. Lembre-se: usamos *too* para dar opiniões negativas, não positivas.

A lot
↑ Too (negativo; mais do que o desejado)
Very + so*
Really
Quite (América do Norte)
Kind of
A bit / a little / a little bit / a tad / slightly / quite (britânico)
↓ Not very (negativo)
A little

**So* é usado para dar ênfase.

Os seguintes pares de adjetivos descrevem roupas; cada par mostra opostos.

Loose / tight
Long / short
Trendy / classic
Wide / narrow
Beautiful / ugly
Appropriate / inappropriate
Big / small
Fancy / plain **or** simple
Dark / light
Formal **or** dressy / informal **or** casual
Professional / sporty

Veja alguns outros adjetivos usados para roupas:

Colorful Perfect Nice Fabulous Pretty Fashionable

Às vezes, pedimos a opinião de amigos sobre nossa roupa. Perguntamos, "What do you think of this?" Eles podem dar uma opinião positiva ou negativa. Vejamos algumas frases de exemplo usando esses advérbios e adjetivos.

OPINIÕES POSITIVAS	*OPINIÕES NEGATIVAS*
That shirt is really nice on you. I think that shirt is really nice on you.	That T-shirt is too sporty. Maybe you could wear a blouse for our business meeting.
Those shoes are so fashionable. I think those shoes are so fashionable.	Those shoes aren't very comfortable. Maybe you could wear athletic shoes for the hike.
This outfit is very professional. I think this outfit is very professional.	That outfit isn't appropriate. Maybe you could wear something more casual for lunch.

Agora, vamos praticar o uso de advérbios e adjetivos para descrever roupas e dar opiniões positivas e negativas.

Exercício 8.22

Seu amigo pede sua opinião. Forme frases usando as pistas dadas. Comece opiniões positivas e negativas com I think. *Use a tabela anterior como guia.*

EXEMPLO: What do you think of this hat?
(too big) *I think that hat is too big for you.*

1. What do you think of this dress?
   (very pretty) ______________________________
2. What do you think of this outfit for the party?
   (too casual) ______________________________
3. What do you think of these shoes?
   (so lovely) ______________________________
4. What do you think of this coat?
   (quite trendy) ______________________________

Vocabulário: Comparativos

Muitas vezes comparamos coisas, como roupas ou preços. Para isso, usamos **comparativos**. Palavras e frases comparativas identificam as diferenças entre coisas. Há dois meios de formar comparativos, como mostra a tabela a seguir

1. ADJETIVO + -ER + THAN	*2. MORE + ADJETIVO + THAN*
This hat is nicer than that hat.	That outfit is more appropriate than this one.
That dress is cheaper than the other dress.	This dress is more expensive than the other dress.

Quando usamos esses dois comparativos diferentes? Veja algumas regras.

ADJETIVO	*ADJETIVOS DE EXEMPLO*	*REGRA*	*COMPARATIVOS DE EXEMPLO*
Adjetivos monossilábicos	Small	Adicione **-er**	Smaller
	Big	Se a palavra for escrita com consoante-vogal-consoante, dobre a consoante final e adicione **-er**.	Bigger
Adjetivos de duas sílabas (normalmente terminados em **y**)	Dressy	Troque *y* por *i* e adicione **-er**	Dressier
	Ugly		Uglier
Adjetivos de duas ou três sílabas	Expensive	Adicione *more* + adjetivo	More expensive
	Formal	Adicione *less* + adjetivo	Less formal

Vamos praticar o uso de comparativos em frases.

Exercício 8.23

Complete as frases com a forma certa do comparativo do adjetivo dado.

EXEMPLOS: (short) This belt is *shorter than* that belt.

(appropriate) the blue dress is *more appropriate than* the red one.

1. (trendy) The black shoes are ________________ the tan boots.
2. (casual) His outfit is ________________ hers.
3. (wide) These shoes are ________________ the other ones.
4. (professional) This coat is ________________ that coat.
5. (beautiful) This shirt is ________________ the sweater.
6. (expensive) This store is ________________ the other store.

Vocabulário: Superlativos

Para falar no melhor ou pior, usamos superlativos. Há dois meios de formar superlativos, como mostra a tabela a seguir.

1. THE + ADJETIVO + -EST	*2. THE MOST/THE LEAST + ADJETIVO*
These shoes are the nicest.	Those shoes are the least expensive.
That dress is the longest.	That outfit is the most professional.

Quando usamos esses dois superlativos diferentes? Veja algumas regras.

ADJETIVO	*ADJETIVOS DE EXEMPLO*	*REGRA*	*SUPERLATIVOS DE EXEMPLO*
Adjetivos monossilábicos	Small	Coloque *the* antes do adjetivo	The smallest
	Big	Coloque **-est** ao adjetivo	The biggest
		Se a palavra for escrita com consoante-vogal-consoante, dobre a consoante final e adicione **-est**.	
Adjetivos de duas sílabas (normalmente terminados em **y**)	Dressy	Coloque *the* antes do adjetivo	The dressiest
	Ugly	Troque *y* por *i*	The ugliest
		Adicione **-est**	
Adjetivos de duas ou três sílabas	Expensive	Coloque *the*	The most expensive
	Formal	Coloque *most/least* antes do adjetivo	The least formal

Agora, vamos praticar o uso de superlativos em frases.

Exercício 8.24

Complete as frases com a forma correta do superlativo do adjetivo dado.

EXEMPLOS: (short) This belt is *the shortest.*
(most / appropriate) The blue dress is *the most appropriate.*

1. (trendy) The black shoes are ______________________.
2. (most / casual) His outfit is ______________________.
3. (wide) These shoes are ______________________.

4. (least / professional) This coat is ______________________.

5. (most / beautiful) This shirt is ______________________.

6. (least / expensive) This store is ______________________.

Estratégia de Comunicação: Pedindo e Dando Opiniões

Às vezes, queremos pedir a opinião de alguém. Por exemplo, clientes pedem opiniões aos vendedores sobre produtos e amigos pedem opiniões de amigos sobre muitas coisas. Para isso, usamos algumas expressões diferentes. Leia as situações a seguir e os exemplos de pessoas pedindo opinião.

SITUAÇÃO	*PEDINDO OPINIÃO DE ALGUÉM*	*DANDO OPINIÃO*
1. Shoshana quer a opinião de uma amiga sobre um vestido.	SHOSHANA: I bought this new dress today. What do you think?	PENELOPE: I think it's perfect for you!
2. Vladimir está comprando um terno novo e pede a opinião de uma amiga.	VLADIMIR: Check out this black suit. What do you think?	SASHA: Hm. It's too big. Maybe you could try a smaller size.

Na primeira situação, Penelope está dando uma opinião positiva. Na segunda, Sasha está dando uma opinião negativa. Mas Sasha oferece uma sugestão (*Maybe you could try a smaller size.*). Ao dar uma opinião negativa, é educado oferecer uma sugestão alternativa. Vejamos com mais detalhes como dar opiniões.

PERGUNTAS PARA PEDIR OPINIÃO	*DANDO OPINIÃO POSITIVA*	*DANDO OPINIÃO NEGATIVA COM EDUCAÇÃO + OFERECENDO UMA SUGESTÃO*
What do you think?	*I think* + (sujeito + verbo)	*It's too* + adjetivo
What do you think of + noun		*Maybe you could* + infinitivo
Exemplos	I think the dress (S) is (V) perfect.	It's too big (Adj). Maybe you could try (infinitivo) a smaller size.

Agora, vamos praticar dar opiniões positivas e negativas.

Exercício 8.25

Crie respostas para as perguntas a seguir usando as pistas dadas. Você dará opiniões positivas e negativas. Reveja o significado e o uso de cada modal de conselho.

EXEMPLOS: (positive / pretty) What do you think of this scarf?

I think it's pretty.

(negative / dressy / SUGGESTION / wear boots) What do you think of these shoes?

They're too dressy. Maybe you could wear boots.

1. (positive / perfect) What do you think of this sweater?

 ____

2. (negative / small / SUGGESTION / try a bigger size) What do you think of this sweater?

 ____

3. (positive / professional) What do you think of this suit?

 ____

4. (negativo / loose / SUGGESTION / try a smaller size) What do you think of this suit?

 ____

Conversa: Juntando Tudo

Neste capítulo, você aprendeu:

1. A usar o futuro para falar sobre atividades futuras
2. A oferecer e pedir ajuda
3. Vocabulário para descrever roupas
4. Phrasal verbs
5. A pedir e dar opiniões com educação

Agora vamos tentar juntar tudo isso.

Exercício 8.26

Para completar a conversa a seguir, use o futuro, expressões de tempo para o futuro, estratégias de comunicação, vocabulário e expressões aprendidos neste capítulo. Use a conversa no início do capítulo como exemplo. Nesta situação, Ben está em uma loja de departamentos. Ele quer comprar um vestido para a esposa. A conversa ocorre entre Ben e o vendedor na seção de vestidos. Ben começa a conversa.

1. Greet salesclerk and ask for help finding a dress. / Ben:

   ____

2. Greet Ben and ask about the type of dress. / Salesclerk:

   ____

3. Describe dress as long, formal, and black. / Ben:

   ____

4. Ask about size. / Salesclerk:

   ____

5. Give size as 6. / Ben:

   ____

6. Offer Ben three different dresses in size 6 and ask for his opinion. / Salesclerk:

   ____

7. Give positive opinion of dress 1 as very pretty. / Ben:

   ____

8. Ask Ben's opinion of dress 2. / Salesclerk:

   ____

9. Give negative opinion on dress 2 as too simple. / Ben:

   ____

10. Ask Ben's opinion of dress 3. / Salesclerk:

    ____

11. Give positive opinion on dress 3 as really trendy. / Ben:

    ____

12. Ask salesclerk for opinion. / Ben:

    ____

13. Compare dresses 1 and 3. Describe dress 1 as beautiful. / Salesclerk:

____

14. Agree using superlative to describe dress 1 as beautiful. / Ben:

____

15. Suggest ringing up the dress. / Salesclerk:

____

16. Thank salesclerk. / Ben:

____

Leitura

Nesta seção, revisaremos os elementos de um parágrafo e como fazer a pré--leitura e ler ativamente.

Interpretação de Texto

Vamos ler uma história sobre o novo traje de Julia. Primeiro, faça a pré-leitura da passagem. Depois, leia-a ativamente. Por fim, verifique se entendeu o que leu respondendo as perguntas sobre a passagem.

Pré-leitura

Como você viu em capítulos anteriores, há três etapas para a pré-leitura: : (1) leia o título da passagem; (2) leia a primeira frase do primeiro parágrafo; e (3) leia a última frase do último parágrafo.

Exercício 8.27

Primeiro, faça a pré-leitura rápida da passagem e responda e essas duas perguntas:

1. What is the topic? ____
2. What is the main idea? ____

Julia's New Outfit

Julie went shopping and bought a new outfit. She just got a job as a secretary, so she needs new clothes. She's very excited about this outfit. It is her first pantsuit. She shopped around for a week. Finally, she found a store that carried pantsuits and was not expensive. Julia tried on many pantsuits. She picked out a navy blue one. It is the most professional-looking and the most comfortable. She bought a few blouses to wear with the suit—a white one, a tan one, and a green one. Julia also got a new pair of black shoes with flat heels. They were the most comfortable shoes she tried on. Julia is very happy with her purchase. She looks really good in her new pantsuit. She's glad she bought a new outfit.

Leia Ativamente

O que você deve fazer depois da pré-leitura? Leia *ativamente* circulando as palavras que não conhece e destacando ideias importantes.

Para Ler Ativamente

- Underline the topic. (Sublinhe o tema.)
- Circle new vocabulary. (Circule o vocabulário novo.)
- Put a question mark (?) next to parts that are unclear. (Coloque um ponto de interrogação nas partes confusas.)
- Take notes. (Tome notas.)
- Highlight the main idea and key words. (Destaque a ideia principal e as palavras-chave.)
- Mark examples with "Ex." (Marque exemplos com "Ex.")
- Number main points, lists, or ideas. (Enumere os pontos, listas ou ideias principais.)
- Write down comments or questions. (Escreva comentários ou perguntas.)

Exercício 8.28

Leia ativamente a passagem sobre o novo traje de Julia. Siga as etapas para a leitura ativa.

Entenda o Que Leu

A leitura ativa o ajuda a entender as informações na passagem. Verifica sua compreensão dos detalhes da passagem respondendo as seguintes perguntas.

Exercício 8.29

Reveja a passagem e suas notas. Então, responda a estas perguntas.

1. What three things did Julia buy? ______________________________
2. How does she feel about her new outfit? ______________________________
3. Why did she buy a new pantsuit? ______________________________
4. Was it expensive? ______________________________
5. How long did it take her to find the new outfit? ______________________________

Revendo os Elementos de um Parágrafo

Como você sabe, um parágrafo tem uma ideia principal, que geralmente aparece na primeira ou segunda frase. Essa é a frase do tema. A ideia principal do parágrafo sempre é apoiada por evidências, como motivos, detalhes, exemplos ou dados. As frases que sustentam a ideia principal são frases de apoio. Por fim, um parágrafo termina com uma frase de conclusão que reafirma a frase tema.

Exercício 8.30

Explique a ideia principal do parágrafo sobre Julia.

Main idea: ______________________________

Todas as frases entre a primeira e a última devem apoiar a ideia principal. Cada frase deve estar relacionada à frase tema.

Exercício 8.31

Releia o parágrafo e responda a estas perguntas.

1. Do all the sentences between the topic sentence and the concluding sentence support the main idea? ______________________________
2. How many supporting sentences are there? ______________________________

Exercício 8.32

Encontre os elementos do parágrafo.

1. What is the topic sentence? ______________________________
2. What is the concluding sentence? ______________________________

Escrita

Vamos praticar a escrita! Como você sabe, a base da escrita é a frase, e as frases criam um parágrafo. Você estudou como criar frases usando as estruturas SVO e SVC. Você também estudou a estrutura de um parágrafo. Agora é hora de criar um.

Revisão: Estrutura de um Parágrafo

Lembre-se de que um parágrafo tem três partes:

1. The topic sentence (a frase tema)
2. The supporting sentence (a frase de apoio)
3. The concluding sentence (a frase de conclusão)

Exercício 8.33

Crie um parágrafo sobre roupas que tenha comprado. Use o parágrafo sobre Julia e seu traje como guia. Comece com uma frase tema, depois use frases com detalhes, exemplos e explicações para sustentar a ideia principal. Por fim, crie a frase de conclusão. Verifique os tempos verbais, a concordância verbal e a estrutura de frase SVO/SVC. Use tudo o que aprendeu sobre inglês neste livro. Boa sorte!

Quiz

Você terminou o Capítulo 8. Bom trabalho!. Agora, faça o quiz para ver de que você se lembra. Escolha a resposta certa para cada pergunta. Pode haver várias respostas certas para algumas das perguntas.

1. Escolha as opções que completem a frase corretamente.

   (plan / intention) Samantha and Julian ____________ to the park tomorrow.

   will go — go
   are going to go — went

2. Escolha as opções que completem a frase corretamente.

   (offer) I ____________ you move this weekend.

   am going to help — help
   will help — am helping

3. Escolha as opções que completem a frase corretamente.

   (promess / refusal) Georgette: I ____________ the test tomorrow!

   am not going to fail
   will not fail
   don't fail
   fail

4. Escolha a opção que complete a frase corretamente.

   (schedule) The bus ____________ at 9:00 every morning.

   is going to leave
   is leaving
   leaves
   will leave

5. Escolha as opções que completem a frase corretamente.

   (arranged plan) Max and Mary ____________ next summer.

   are going to get married
   marry
   married
   are getting married

6. Complete a frase com o superlativo.

   Ann and Francis have ____________ cat. (fluffy)

   the fluffy
   the fluffier
   the fluffiest
   a fluffiest

7. Complete a frase com o superlativo.

   Joseph is ____________ baseball player on his team. (talented)

   a most talented
   the talentedest
   the most talented
   talented

8. Complete a frase com o comparativo.

   Audrey is ____________ all the kids in her class. (smart)

   more smart than
   smartest
   smarter than
   the smartest

9. Quantas partes existem em um parágrafo?

   5 2 18 3

10. Como pedimos opiniões?

    What do you think?
    How do you think?
    What do you think of . . . ?
    How do you think of . . . ?

Pratique o que Aprendeu!!

Agora que você aprendeu a falar sobre compras e roupas, pedir e dar opiniões, e oferecer e pedir ajuda, tente usar essas habilidades por aí. Reveja este capítulo, saia e use seu inglês! Marque cada atividade que completar.

Faça Esta Semana

- Use o futuro para falar sobre atividades e planos para o futuro.
- Use expressões de tempo para o futuro.
- Peça opiniões usando *What do you think?*
- Dê opiniões positivas usando *I think.*
- Dê opiniões negativas com educação e faça uma sugestão usando *Maybe you could.*
- Descreva roupas usando o vocabulário, os verbos frasais, advérbios e adjetivos deste capítulo.
- Pratique a pré-leitura e a leitura ativa.
- Pratique a escrita de um parágrafo.

Registro Semanal

Registre o seu progresso semanal. Anote como foi a sua prática. O que aconteceu? Foi bem-sucedida? Como você sabe? Foi malsucedida? Como você sabe? Reveja todas as instruções, dicas e notas culturais no Capítulo 8.

____

____

____

____

____

____

Apêndice

Recursos Úteis para Alunos de Inglês

Capitals (Alfabeto Maiúsculo)

A B C D E F G H I J K L M N O P Q R S T U V W X Y Z

Small Letters (Alfabeto Minúsculo)

a b c d e f g h i j k l m n o p q r s t u v w x y z

Consonants and Vowel (Consoantes e Vogais)

Vowels: a, e, i, o, u (Nota: Às vezes *y* é chamado de **semi-vowel** [semivogal] por que funciona como uma vogal.)
Consoantes: b, c, d, f, g, h, j, k, l, m, n, p, q, r, s, t, v, w, x, y, z

Punctuation Marks (Sinais de Pontuação)

Comma ,	**Ellipsis** . . .	**Quotation marks** "To be or not to be."
Period .	**Hyphen** good-bye	**Ampersand** &
Question mark ?	**Em dash** —	**Asterisk** *
Exclamation point !	**En dash** –	**Angle brackets** < >
Apostrophe John's	**Parentheses** ( )	**Square brackets** [ ]
Semicolon ;		**Braces** { }
Colon :		

Phonetic Symbols for Vowel Sounds (Símbolos Fonéticos para Sons de Vogais)

Os símbolos a seguir são usados neste livro.

SÍMBOLOS FONÉTICOS	EXEMPLOS DE SOM DESTA VOGAL
/iy/	sleep, piece, eat
/i/	slip, it
/ey/	say, eight, fail
/e/	bed, head
/æ/	cat, bad, malice
/a/	father, calm
/ə/ (sem ênfase)	about, pronunciation
/ʌ/ (com ênfase)	productive, money
/a/	talk, bought, audience
/oʊ/	know, no, show, note
/ʊ/	good, would, put, book
/u/	new, food
/ay/	hi, night, site
/aʊ/	now, how, about, shout
/oy/	boy, toil
Vogais Seguidas por /r/	
/ɚ/	first, research, turn, journal
/or/	four, or, short
/er/	where, air, pair, fare
/ir/	near, here, fear
/ar/	far, partial, heart
/yʊɚ/	pure
/ayɚ/	fire, hire, mire, higher
/aʊɚ/	flour, flower, hour
Inglês Britânico	
/ɔ/	talk, bought, sauce

Phonetic Symbols for Consonant Sounds (Símbolos Fonéticos para Sons de Consoantes)

SÍMBOLOS FONÉTICOS	EXEMPLOS DESTE SOM
/b/	boy, robber
/p/	pay, zipper
/d/	do, red
/t/*	time, better
/g/	go, bigger

* **/t/** tem vários sons diferentes no inglês americano, dependendo de sua posição em uma palavra ou frase.

SÍMBOLOS FONÉTICOS	*EXEMPLOS DESTE SOM*
/k/	cat, kite, pickle
/v/	vest, moving
/f/	fun, roof
/ð/	the, breathe
/θ/	think, breath
/z/	zip, phrase, is
/s/	sit, miss
/ʃ/	show, washer
/ʒ/	beige, television
/ʧ/	catch, church
/ʤ/	judge
/h/	hello
/m/	make, summer
/n/	none
/ŋ/	sing, ringer
/l/	love, feel, feeling
/r/	risk, hear
/w/	will, which
/hw/°° (regional)	which, when
/y/	you, joy

°° O som **/hw/** é mais comumente ouvido no sul dos Estados Unidos.

Pitch Chart (Tabela de Entonação)[1]

O inglês tem quatro entonações principais. Usamos padrões diferentes por motivos diferentes como mostrado na tabela

TOM	*PADRÃO DE ENTONAÇÃO*	*USADO PARA*
Tom Descendente		
4 Tom mais alto 3 2 1 Tom mais baixo		Declarações; WH questions para mostrar certeza e oferecer opções (o padrão mais comumente usado)
Tom Ascendente		
4 Tom mais alto 3 2 1 Tom mais baixo		Yes/no questions; WH questions para pedir repetição e mostrar incerteza

1 Essa é a Tabela de Entonação que alguns áudios fazem referência.

TOM	PADRÃO DE ENTONAÇÃO	USADO PARA
Tom Contínuo		
4 Tom mais alto		Listas; para indicar que a pessoa não terminou de falar; para evitar interrupções
3		
2		
1 Tom mais baixo		
Tom Ascendente Brusco		
4 Tom mais alto		Para expressar surpresa, choque ou raiva (Atenção: este tom é usado em emoções fortes, não em conversas normais, e raramente no trabalho.)
3		
2		
1 Tom mais baixo		

Categorias Gramaticais (Glossário de Termos Gramaticais)

Subject (subj): Um sujeito é o substantivo principal de uma frase. Geralmente vem antes do verbo. Os sujeitos nesses dois exemplos estão em itálico: The *children* are playing in the park. *Jason* and *Marcy* love movies.

Verb (v): Um verbo é uma palavra que expressa ação, processo, estado ou situação. Exemplos de verbos são *call, be, learn, write, go, do, have* e *win*.

Object (obj): O objeto do verbo (também conhecido como *direct object* [objeto direto]) sofre a ação do verbo. Por exemplo, na frase *I eat breakfast every day*, o verbo é *eat* e o objeto que sofre a ação é *breakfast*. Ele responde à pergunta *Eat what?* O objeto de uma preposição é semelhante: *We walked along the beach*. Faça a pergunta *Along what?* A resposta é *the beach*, então *beach* é o objeto. Veja informações sobre pronomes do objeto no Capítulo 8.

Subject-verb-object (SVO): Este é um tipo de estrutura de frase em inglês. Um exemplo é *She studies English*. *She* é o sujeito, *studies* é o verbo, e *English* é o objeto.

Subject-verb-complement (SVC): Este é um tipo de estrutura de frase em inglês. Um exemplo é *She is a teacher*. *She* é o sujeito, *is* é o verbo, e *a teacher* é o complemento.

Noun (n): Um substantivo é uma pessoa, lugar ou coisa. Exemplos são *George Washington, Brazil, pencil* e *love*.

Adjective (adj): Adjetivos descrevem ou modificam substantivos como em *The* ***white*** *car is mine*.

Adverbs (adv): Os advérbios descrevem ou modificam verbos (**Exemplo:** He ran *quickly*) e adjetivos (**Exemplo:** He is *very* tired).

Article (art): Há dois tipos de artigos em inglês: definido (*the*) e indefinido (*a, an*).

Preposition (prep): Preposições são pequenas palavras que mostram posição ou direção como *in*, *on*, *for*, *with* e *to*.

Conjunction (conj): Uma conjunção une duas orações para formar uma frase. Exemplos são *and*, *or*, *but* e *because*.

Who vs. whom: *Who* é usado para substituir um sujeito, e *whom* é usado para substituir um objeto. Eles são usados como palavras interrogativas WH e pronomes relativos.

Common Stative Verbs (Verbos Estativos Comuns)

appreciate	approve	believe	belong	consist	cost
desire	dislike	doubt	equal	forget	hate
know	like	match	matter	need	owe
own	possess	prefer	recognize	remember	resemble
seem	understand	want			

Os seguintes podem ser estativos (não ação) ou regulares (de ação), dependendo de como são usados: appear, be, feel, fit, guess, have, hear, imagine, look, love, mean, mind, see, smell, sound, taste, think e weigh.

Common Irregular Verbs (Verbos Comuns Irregulares)

INFINITIVO	*SIMPLE PAST*	*PARTICÍPIO PASSADO*	*INFINITIVO*	*SIMPLE PAST*	*PARTICÍPIO PASSADO*
be	was/were	been	have	had	had
begin	began	begun	leave	left	left
bring	brought	brought	make	made	made
buy	bought	bought	meet	met	met
catch	caught	caught	pay	paid	paid
come	came	come	put	put	put
do	did	done	say	said	said
drink	drank	drunk	see	saw	seen
drive	drove	driven	sleep	slept	slept

INFINITIVO	*SIMPLE PAST*	*PARTICÍPIO PASSADO*	*INFINITIVO*	*SIMPLE PAST*	*PARTICÍPIO PASSADO*
eat	ate	eaten	speak	spoke	spoken
feel	felt	felt	take	took	taken
forget	forgot	forgotten	tell	told	told
get	got	gotten	understand	understood	understood
give	gave	given	wake up	woke up	woken up
go	went	gone	write	wrote	written
hear	heard	heard			

Common WH Question Words (Palavras Interrogativas WH Comuns)

who	what	when	where	why
how	what kind	which one	how long	how many
how much	how old	whose	whom	how far
what time	how often			

Regras de Ortografia para a Terceira Pessoa do Singular do Simple Present

1. Adicione **-s** na maioria dos verbos (**Exemplo:** put → puts).
2. Se a palavra terminar em consoante + y, troque o y por *i* e adicione **-es** (**Exemplo:** study → studies).
3. Adicione **-es** se o verbo terminar em *ch*, *sh*, *tch*, *ss*, *x* ou *z* (**Exemplo:** match → matches).
4. Verbos irregulares são escritos de modo diferente (**Exemplo:** do → does; go → goes; have → has).

Common Prepositions (Preposições Comuns)

Comuns

about	above	across (from)	against	around
at	behind	beneath	beside(s)	between
by	down	during	for	from
in	in back of	in front of	inside (of)	into
near	of	off (of)	on	onto
out (of)	outside (of)	over	past	through
throughout	to	toward(s)	under	up
with	within	without		

Gabarito

Capítulo 1 Conhecendo Pessoas

Exercício 1.1

Formal	*Informal*	*Neutro*
Hello.	Hello.	Hello.
How are you?	Hello there.	How are you?
Good morning.	Howdy.	Good morning.
Good afternoon.	Hi.	
Good evening.	Hi there.	
	Hey.	
	Hey there.	
	How are you?	
	Hey, how are you doing?	
	How are you doing?	
	What's up?	
	What's happening?	
	Long time no see!	

Exercício 1.2

1. Inappropriate. "Hey, what's up?" é informal demais para o supervisor de Brenda's. Ela deve falar mais formalmente para mostrar respeito pelo chefe. 2. Appropriate. "What's happening?" é adequado porque Jason e José são bons amigos. 3. Inappropriate. "Good night" é inadequado porque significa "Good-bye," ou "I'm going to bed." Harry acaba de chegar no serviço, então deve dizer, "Good evening," significando "Hello".

Exercício 1.3

1. Brenda está cumprimentando o supervisor, então ela deve ser formal ou neutra. Possíveis respostas são: Hello. / How are you? / Good afternoon. 2. Dan e Sunil são amigos, e podem usar cumprimentos informais. Respostas possíveis são: Hello. / Hello there. / Howdy. / Hi. / Hi there. / Hey. / Hey there. / How are you? / Hey, how are you doing? / How are you doing? / What's up? 3. Klara está cumprimentando o professor, então deve ser formal ou neutra. Respostas possíveis são: Hello. / How are you? / Good evening. 4. Respostas possíveis são: Hello. / Hello there. / Howdy. / Hi. / Hey. / How are you? / Hey, how are you doing? 5. Respostas possíveis são: Hello. / How are you? / Good morning.

Exercício 1.4

As respostas variam.

Exercício 1.5

1. Make eye contact. 2. Make small talk. 3. Introduce yourself. 4. Look for a connection. 5. Learn about each other. 6. End the conversation.

Exercício 1.6

1. Make eye contact. 2. Begin with small talk. Be positive. 3. Food. 4. Have you tried the . . . ? 5. I'm . . . 6. Yes 7. Look in the person's eyes. 8. How people know each other, such as through friends, family, or coworkers. 9. Information (WH) questions and yes/no questions. 10. To find someone, use the restroom, get food or a drink, leave an event.

Exercício 1.7

1. c 2. b 3. b

Exercício 1.8

As respostas variam.

Exercício 1.9

1. They 2. We 3. He 4. She 5. It 6. They

Exercício 1.10

1. They 2. He 3. He 4. You 5. You 6. We 7. He 8. I

Exercício 1.11

1. He is a mechanic. 2. We are students. 3. We are married. 4. She is a dog walker. 5. I am a dog walker. 6. I am a police officer. 7. You are an author. 8. He is an engineer. 9. He is a mechanic. *or* He is my husband. 10. You are married.

Exercício 1.12

1. is 2. is 3. am 4. are 5. is 6. are 7. is 8. is 9. are 10. is

Exercício 1.13

1. am 2. is 3. are 4. are 5. is 6. are 7. is 8. is 9. are 10. am

Exercício 1.14

1. Tomas is my supervisor. / He's my supervisor. 2. Gerald and I are great today. / We're great today. 3. My sisters are here. / They're here. 4. Mary and Will are my friends. / They're my friends. 5. Today is a great day! / It's a great day!

Exercício 1.15

1. isn't 2. aren't 3. isn't 4. aren't 5. aren't 6. 're not 7. 'm not 8. 's not 9. 're not 10. 's not

Exercício 1.16

1. Marty and Joe aren't cousins. / They're not cousins. 2. You aren't a mechanic. / You're not a mechanic. 3. Cheryl and I aren't siblings. / We're not siblings. 4. Mr. Jones isn't happy. / He's not happy. 5. My computer isn't not old. / It's not old. 6. Mrs. Weatherby isn't strict. / She's not strict. 7. The road isn't straight. / It's not straight. 8. I'm not a teacher. / I'm not a teacher. 9. Francisco isn't a student. / He's not a student. 10. Rose isn't sleepy. / She's not sleepy.

Exercício 1.17

As resposta variam.

Exercício 1.18

As respostas variam, mas as frases devem começar da seguinte forma:

1. / 7. She is... / She's... 2. / 8. He is... / He's... 3. / 9. It is... / It's ... 4. / 10. You are... / You're... 5. / 11. We are... / We're... 6. / 12. They are... / They're...

Exercício 1.19

As respostas variam, mas as frases devem começar da seguinte forma:

1. / 7. She is not... / She's not... / She isn't... 2. / 8. He is not... / He's not... / He isn't... 3. / 9. It is not... / It's not... / It isn't... 4. / 10. You are not... / You're not... / You aren't... 5. / 11. We are not... / We're not... / We aren't... 6. / 12. They are not... / They're not... / They aren't...

Exercício 1.20

1. PERGUNTA: *Is Alejandrina an employee?*

   RESPOSTA LONGA: *Yes, she is an employee. / Yes, she's an employee.*

   RESPOSTA CURTA: *Yes, she is.* RESPOSTA RÁPIDA: *Yes.*

2. PERGUNTA: *Is Dean late?*

   RESPOSTA LONGA: *No, he is not late. / No, he isn't late. / No, he's not late.*

   RESPOSTA CURTA: *No, he is not. / No, he isn't. / No, he's not.* RESPOSTA RÁPIDA: *No.*

3. PERGUNTA: *Is Jenna your sister?*

   RESPOSTA LONGA: *Yes, she is my sister. / Yes, she's my sister.*

   RESPOSTA CURTA: *Yes, she is.* RESPOSTA RÁPIDA: *Yes.*

4. PERGUNTA: *Are you a student at the community college?*

   RESPOSTA LONGA: *No, I am not a student at the community college. / No, I'm not a student at the community college.*

   RESPOSTA CURTA: *No, I'm not.* RESPOSTA RÁPIDA: *No.*

5. PERGUNTA: *Are you a student at the nursing school?*

   RESPOSTA LONGA: *Yes, I am a student at the nursing school. / Yes, I'm a student at the nursing school.*

   RESPOSTA CURTA: *Yes, I am.* RESPOSTA RÁPIDA: *Yes.*

Exercício 1.21

1. PERGUNTA: *When is Xin home?*

   RESPOSTA LONGA: *She is home at 3:00* P.M. */ She's home at 3:00* P.M.

   RESPOSTA CURTA: *At 3:00* P.M.

2. PERGUNTA: *Why is Michael unhappy?*

   RESPOSTA LONGA: *He is unhappy because he failed the test. / He's unhappy because he failed the test.*

   RESPOSTA CURTA: *Because he failed the test.*

3. PERGUNTA: *How often are Harry and William at baseball practice?*

   RESPOSTA LONGA: *They are /They're at baseball practice every day after school.*
   RESPOSTA CURTA: *Every day after school.*

4. PERGUNTA: *Where is he now?*

   RESPOSTA LONGA: *He is at home. / He's at home.*

   RESPOSTA CURTA: *At home.*

5. PERGUNTA: *How is she?*

   RESPOSTA LONGA: *She is fine. / She's fine.*

   RESPOSTA CURTA: *Fine.*

6. Who / BE verb / he? (the boss)

   PERGUNTA: *Who is he?*

   RESPOSTA LONGA: *He is the boss. / He's the boss.*

   RESPOSTA CURTA: *The boss.*

Exercício 1.22

1. Benjamin is great. 2. Evelyn and Rocco are okay. 3. Diana is all right. 4. Sonja and I are excellent. 5. They are good. 6. I am very good.

Exercício 1.23

1. It's sunny today. 2. It's cloudy today. 3. It's stormy today. 4. It's partly sunny today. 5. It's windy today.

Exercício 1.24

1. It is not rainy. / It's not rainy. / It isn't rainy. 2. It is not sunny. / It's not sunny. / It isn't sunny. 3. It is not hot. / It's not hot. / It isn't hot. 4. It is not warm. / It's not warm. / It isn't warm. 5. It is not dry. / It's not dry. / It isn't dry.

Exercício 1.25

1. a bit 2. pretty 3. quite

Exercício 1.26

1. fed up with 2. cut down on 3. look up 4. break into 5. Check out 6. drop in on

Exercício 1.27

1. Rita Learns English 2. Rita 3. At night 4. a, c, d 5. Rita is learning English.

Exercício 1.28

1. N 2. h 3. p 4. B 5. Q 6. e 7. K 8. W 9. y 10. D

Exercício 1.29

1. R 2. I 3. S 4. H 5. W 6. Y

Exercício 1.30

As respostas variam. Certifique-se de começar cada frase com letra maiúscula. Use o alfabeto em caixa alta no Apêndice para ajudá-lo.

Exercício 1.31

1. Correto 2. Incorreto / My friend is from Morocco. 3. Incorreto / What time does the restaurant open? 4. Correto 5. Incorreto / Are you happy today? 6. Correto 7. Correto 8. Incorreto / This is my brother. 9. Incorreto / Maura is a student, isn't she? 10. Incorreto / Where is Vivek?

Exercício 1.32

1. . 2. ? 3. . 4. ? 5. ? 6. ? 7. ? 8. . 9. . 10. ?

Exercício 1.33

1. Where do you live? 2. I live in Lakeview. 3. Is that your dog? 4. Yes, it is. 5. When do you study? 6. I study every night. 7. How much does it cost? 8. It costs a lot. 9. Is he a good student? 10. Ali is a good student.

Exercício 1.34

As respostas variam. Certifique-se de começar cada frase com letra maiúscula. Cada declaração deve terminar com um ponto, e cada pergunta, com um ponto de interrogação.

Quiz

1. Good morning. 2. A pleasure meeting you. 3. Make eye contact. 4. Firmly 5. They 6. is 7. aren't 8. Circling new vocabulary 9. Reading the first and last paragraphs of long passages 10. ,

Capítulo 2 Hábitos, Costumes, e Rotinas

Exercício 2.1

Estas são algumas respostas possíveis:

Every day: Take a shower; Go to work/school; Eat lunch; Exercise
Every week: Play in the park; Exercise
Every six months: Go to the dentist; Take a vacation
Every year: Go to the dentist; Celebrate your birthday; Take a vacation

Exercício 2.2

1. parents 2. siblings 3. wife 4. children (e *kids* na América do Norte) 5. brother 6. sister 7. Jack / Aidan / Madeleine / Mason 8. niece 9. nephew 10. brother-in-law 11. sister-in-law 12. cousins

Exercício 2.3

As respostas variam.

Exercício 2.4

As respostas variam.

Exercício 2.5

1. gets up 2. makes 3. walk 4. arrives 5. finishes 6. picks up 7. eats 8. watches 9. puts 10. relax 11. goes

Exercício 2.6

1. plays 2. plays 3. eat 4. do 5. celebrate 6. go 7. works 8. walk 9. has 10. is

Exercício 2.7

1. /z/ 2. /s/ 3. /ɪz/ 4. /z/ 5. /z/ 6. /z/ 7. /z/ 8. /s/

Exercício 2.8

Várias respostas são possíveis.

Exercício 2.9

Várias respostas são possíveis. Certifique-se de usar a terceira pessoa do singular em duas respostas.

Exercício 2.10

1. does not 2. do not 3. does not 4. does not 5. do not 6. do not

Exercício 2.11

1. Charlie does not play hockey. / Charlie doesn't play hockey. 2. Cindy does not drive to work. / Cindy doesn't drive to work. 3. Jack does not play a musical instrument. / Jack doesn't play a musical instrument. 4. Joshua and Sybil do not go to college. / Joshua and Sybil don't go to college. 5. Sharon and her sister do not work at night. / Sharon and her sister don't work at night. 6. I do not exercise in the morning. / I don't exercise in the morning. 7. We do not finish work at the same time every day. / We don't finish work at the same time every day.

Exercício 2.12

1. Takako and Jun always eat breakfast. 2. Solomon often takes a shower in the morning. 3. They usually drive to work Monday through Friday. 4. I am hardly ever late for work. 5. She seldom walks to work. 6. Hildegard sometimes exercises before work. 7. Julius and his brother frequently take the bus to school. 8. You are occasionally late for school. 9. We hardly ever miss class. 10. Oscar is always tired by 9:00 P.M.

Exercício 2.13

As respostas variam.

Exercício 2.14

1. How often does Etta watch TV? 2. How often do Jay and Marcy go to the mall? 3. How often does Mom shop for groceries? 4. How often do you do your homework? 5. How often do they eat dinner at restaurants? 6. How often does your sister make your breakfast? 7. How often do we miss the bus? 8. How often does Adele visit her grandparents?

Exercício 2.15

1. PERGUNTA: How often does Cindy drive to work?
   RESPOSTA CURTA: Never.
2. PERGUNTA: How often does Jim have lunch at a restaurant?
   RESPOSTA CURTA: Often.
3. PERGUNTA: How often does Madeleine do her homework after dinner?
   RESPOSTA CURTA: Always.
4. PERGUNTA: How often do Cindy and Jim relax before going to bed?
   RESPOSTA CURTA: Always.
5. PERGUNTA: How often does Cindy take a walk in the park?
   RESPOSTA CURTA: Sometimes.

Exercício 2.16

1. When does your mother-in-law arrive? 2. What time do your children get home from school? 3. What do Peter, Paul, and Mary do on the weekends? 4. Where does Donna play hockey? 5. Which day do you sleep late? 6. How many employees does the company have? 7. How much time do we get for each break? 8. How long does summer vacation last?

Exercício 2.17

As respostas variam.

Exercício 2.18

1. Who wants vanilla ice cream for dessert? 2. Who needs the car tomorrow? 3. Who needs to sleep more than six hours a night? 4. Who takes a vacation every year? 5. Who gets paid on Fridays? 6. Who visits the zoo every year?

Exercício 2.19

As respostas variam.

Exercício 2.20

1. Do Marjorie and Tomas sing in the choir? 2. Do your parents go on vacation to Europe every year? 3. Does Davida have the same work schedule? 4. Does Michel play football?

Exercício 2.21

1. PERGUNTA: Do Felicity and her boyfriend go to an art museum every month?
RESPOSTA LONGA: Yes, they do go to an art museum every month.
RESPOSTA CURTA: Yes, they do. RESPOSTA RÁPIDA: Yes.

2. PERGUNTA: Do Alexandra and Petrov vacation in Thailand every winter?
RESPOSTA LONGA: No, they don't vacation in Thailand every winter.
RESPOSTA CURTA: No, they don't. RESPOSTA RÁPIDA: No.

3. PERGUNTA: Does Minzhi play on a tennis team?
RESPOSTA LONGA: Yes, she does play on a tennis team.
RESPOSTA CURTA: Yes, she does. RESPOSTA RÁPIDA: Yes.

4. PERGUNTA: Does Chun-Chieh attend music school?
RESPOSTA LONGA: No, he doesn't attend music school.
RESPOSTA CURTA: No, he doesn't. RESPOSTA RÁPIDA: No.

Exercício 2.22

1. d 2. e 3. f 4. a 5. g 6. c 7. b

Exercício 2.23

1. wakes up 2. hangs out 3. takes / out 4. gets up 5. dresses up 6. work out

Exercício 2.24

As respostas variam. Certifique-se de usar o guia na conversa de amostra.

Exercício 2.25

1. Ravi 2. He misses his family. 3. Peng. 4. He is getting a new education. / He is learning a new way of learning. / He is learning a new education system.

Exercício 2.26

Estas são respostas possíveis:

School: How to study, different topics studied in school, school teachers and administrators, private versus public schools, school uniforms

Work: Different jobs, getting a job, interviewing for a job, working at a large versus a small company, working for yourself, benefits at work, freelancing, how to work effectively, time management, being an effective boss

Hobbies: Different types of hobbies, hobby groups, time management for hobbies, outdoor hobbies, gaming

Exercício 2.27

Peng Gets an Education

Peng is learning a new education system. He moved to the United States six months ago. He is studying Business and Finance at a university. In China, he didn't go to his undergraduate classes. Instead, he read and studied the textbook. Peng passed all of the exams easily. He has great memorization skills. In the U.S, however, it is a different way of learning. In the university, you must attend classes. The professors talk about new ideas and discuss them with the students. They expect the students to have opinions about the topic. The exams are usually essay exams. Peng doesn't prepare for the exams by memorizing. Peng has a new way of studying. He studies the textbook and all of his class notes. He also discusses the topics with classmates. Peng practices writing for the essays, too. Peng works hard to pass the exams. For Peng, this new way of learning is difficult but also fun.

1. a. He must attend classes. b. He discusses new ideas in class with his professor and classmates. c. He must have opinions about the ideas discussed. d. The exams are essays.
2. a. He studies his notes from class. b. He discusses topics with classmates. c. He practices writing for essay exams.

Exercício 2.28

1. China 2. The United States 3. Business and finance 4. No 5. He memorized the textbooks. 6. No 7. Yes 8. A new education system: (1) a different way to learn and (2) a different way to study 9. Yes 10. Yes

Exercício 2.29

Os sujeitos estão sublinhados, e o verbos no simple present estão em negrito.

Ravi and his Family

Ravi **lives** far from his family in India. He **misses** his parents, siblings, and relatives. He moved to a new country for a job as a programmer at a computer company that **makes** software. Right now, the company is creating a new product. Ravi **works** on this product, so he is very busy. He **works** from 7:00 A.M. to 8:00 P.M. Monday through Friday. He usually works on Saturdays too. Sometimes, he even goes to work on Sundays. Ravi **wants** to call his parents, but the time difference is big. They are usually sleeping when he calls. Ravi **likes** his new job, but he misses his family very much.

Exercício 2.30

1. Incorrect / She wants ice cream for dessert. 2. Correct 3. Incorrect / The grocery store takes cash only. 4. Correct 5. Correct 6. Incorrect / We drive 10 miles to work every day. 7. Incorrect / They celebrate every holiday with a big festival. 8. Correct

Exercício 2.31

As respostas variam.

Exercício 2.32

Jennifer, Mr. Blumenthal, the White House, Whiting High School, Flint Bank, Queen Elizabeth, Nordstrom, Manhattan

Exercício 2.33

As respostas variam.

Exercício 2.34

As respostas variam.

Quiz

1. Habits / Weekly activities / Customs 2. Aunt 3. He / She / It 4. do not take / don't take 5. Hardly ever 6. This is / I want you to meet / I'd like you to meet 7. False; one arm is best. 8. How often 9. False; it's the *subject* of the passage. The primary point of the topic is the main idea. 10. True

Capítulo 3 Comida: Compras e Restaurantes

Exercício 3.1

1. d 2. c 3. a 4. b

Exercício 3.2

1. is 2. are 3. is 4. are 5. am

Exercício 3.3

1. taking 2. buying 3. choosing 4. drinking 5. stopping 6. showing

Exercício 3.4

1. are driving 2. is calling 3. is attending 4. is buying 5. is cooking 6. are saving 7. is selling 8. am making

Exercício 3.5

As respostas variam.

Exercício 3.6

1. is not 2. are not 3. is not 4. am not 5. are not 6. are not

Exercício 3.7

As respostas variam.

Exercício 3.8

1. Hiro is playing soccer for the summer.
   Hiro isn't playing soccer for the summer.
   Hiro's not playing soccer for the summer.
2. I am studying English these days.
   I am not studying English these days.
   I'm not studying English these days.
3. Ian and Catherine are arguing at this moment.
   Ian and Catherine aren't arguing at this moment.
   They're not arguing at this moment. (Nota: Use o pronome pessoal *they* para contrair o sujeito plural *Ian* and *Catherine*.)
4. My dog is chewing on a bone.
   My dog isn't chewing on a bone.
   My dog's not chewing on a bone.
5. Sara and I are talking on the phone.
   Sara and I aren't talking on the phone.
   We're not talking on the phone. (Nota: Use o pronome pessoal *we* para contrair o sujeito plural *Sara and I*.)

Exercício 3.9

As respostas variam.

Exercício 3.10

1. PERGUNTA: Is Miguel going to adult school for English?
   RESPOSTA LONGA: Yes, Miguel is going to adult school for English.
   RESPOSTA CURTA: Yes, he is. RESPOSTA RÁPIDA: Yes.
2. PERGUNTA: Is Sheila reading a book right now?
   RESPOSTA LONGA: No, she isn't reading a book right now. / No, she's not reading a book right now.
   RESPOSTA CURTA: No, she isn't. / No, she's not. RESPOSTA RÁPIDA: No.
3. PERGUNTA: Are Jeff and Henry working at the ice cream shop?
   RESPOSTA LONGA: No, they aren't working at the ice cream shop. / No, they're not working at the ice cream shop.
   RESPOSTA CURTA: No, they aren't. / No, they're not. RESPOSTA RÁPIDA: No.
4. PERGUNTA: Are you studying at the community college?
   RESPOSTA LONGA: Yes, I am studying at the community college. / Yes, I'm studying at the community college.
   RESPOSTA CURTA: Yes, I am. RESPOSTA RÁPIDA: Yes.

5. PERGUNTA: Is Bethany learning computer programming at school this year?
RESPOSTA LONGA: Yes, she is learning computer programming at school this year. / Yes, she's learning computer programming at school this year.
RESPOSTA CURTA: Yes, she is. RESPOSTA RÁPIDA: Yes.

Exercício 3.11

1. PERGUNTA: When is Miguel going to school?
RESPOSTA LONGA: He's going to school at night.
RESPOSTA CURTA: At night.
2. PERGUNTA: How many books is Sheila reading right now?
RESPOSTA LONGA: She's reading three books.
RESPOSTA CURTA: Three.
3. PERGUNTA: How often are Jeff and Henry working at the ice cream shop?
RESPOSTA LONGA: They're working at the ice cream shop every weekday.
RESPOSTA CURTA: Every weekday.
4. PERGUNTA: Why are you studying at the community college?
RESPOSTA LONGA: I'm studying at the community college because it's affordable.
RESPOSTA CURTA: Because it's affordable.
5. PERGUNTA: How is Bethany doing in the computer programming class?
RESPOSTA LONGA: She's doing very well.
RESPOSTA CURTA: Very well.

Exercício 3.12

1. PERGUNTA: Who is going to dinner with Rex? / Who is going to dinner? / Who is?
RESPOSTA LONGA: Lara is going to dinner with Rex.
RESPOSTA CURTA: Lara is.
RESPOSTA RÁPIDA: Lara.
2. PERGUNTA: Who is eating dinner at her sister's house? / Who is eating dinner? / Who is?
RESPOSTA LONGA: Margarita and her son are eating dinner at her sister's house.
RESPOSTA CURTA: Margarita and her son are.
RESPOSTA RÁPIDA: Margarita and her son.
3. PERGUNTA: Who is cooking Sunday dinner? / Who is cooking? / Who is?
RESPOSTA LONGA: Roshana's mother is cooking Sunday dinner.
RESPOSTA CURTA: Roshana's mother is.
RESPOSTA RÁPIDA: Roshana's mother.
4. PERGUNTA: Who is getting sandwiches at a deli? / Who is getting sandwiches? / Who is?
RESPOSTA LONGA: Lorraine and her friends are getting sandwiches at a deli.
RESPOSTA CURTA: Lorraine and her friends are.
RESPOSTA RÁPIDA: Lorraine and her friends.
5. PERGUNTA: Who is bringing food to the park? / Who is bringing food? / Who is?
RESPOSTA LONGA: Ludwig and Cy are bringing food to the park.
RESPOSTA CURTA: Ludwig and Cy are.
RESPOSTA RÁPIDA: Ludwig and Cy.

Exercício 3.13

1. **Count nouns:** pizzas / **Noncount nouns:** soda, potato chips (Nota: Pizza pode ser contável ou incontável, dependendo de como é usada. Nesta frase, estamos falando de pizzas inteiras, então é um substantivo contável. Se você tiver uma fatia da pizza, é incontável, mas você pode contar as fatias.)

2. **Noncount nouns:** coffee, tea, water, juice

3. **Count nouns:** airport, friends, store / **Noncount nouns:** luggage, clothes

4. **Noncount nouns:** tennis, news

5. **Count nouns:** apples, banana / **Noncount nouns:** chocolate, ice cream

Exercício 3.14

1. spoons 2. forks 3. knives 4. eggs 5. children 6. teeth 7. batches 8. recipes 9. potatoes 10. boysenberries 11. hens 12. loaves

Exercício 3.15

1. g, h 2. g, h 3. a, c, d 4. b, c 5. a, c, d 6. e 7. f 8. b

Exercício 3.16

1. Several / my 2. Five / the 3. Three / her 4. Every / this / two 5. My / five / the 6. That / many

Exercício 3.17

As respostas variam.

Exercício 3.18

1. How much 2. How many 3. How much 4. How much 5. How many 6. How many 7. How many 8. How much

Exercício 3.19

As respostas variam.

Exercício 3.20

1. an / the 2. a / The 3. a / the 4. a / The 5. an / the

Exercício 3.21

1. the 2. the 3. any 4. the 5. a

Exercício 3.22

As respostas variam. As respostas a seguir são referências:

1. Ou *a* ou *an;* precisa de um artigo 2. *The;* precisa de um artigo 3. *Some* para frases afirmativas; *any* em perguntas ou negativo; omita o artigo 4. *The* ou omita o artigo 5. *Some* em frases afirmativas; *any* em perguntas ou negativo; omita o artigo 6. *The* ou omita o artigo

Exercício 3.23

1. f 2. c 3. a 4. d 5. b 6. e

Exercício 3.24

1. is tidying up/ is cleaning up 2. is filling / up 3. is adding up 4. are eating out 5. are chipping in

Exercício 3.25

As respostas variam. Certifique-se de usar expressões educadas para pedir comida. Use phrasal verbs para comer em restaurantes. Use a conversa de amostra como guia.

Exercício 3.26

TOPIC: Sally

MAIN IDEA: She grows her food. / She grows the food she eats in her garden. / She eats food from her garden. (Ou algo semelhante)

Exercício 3.27

1. an outdoor market where farmers sell directly to consumers 2. vegetables that grow on a vine and climb 3. dino kale and Tuscan kale 4. foods with many nutrients 5. natural chemicals in plants

Exercício 3.28

As respostas variam.

Quiz

1. BE + verb-**ing** 2. Tire o *e* e adicione **-ing**. 3. Every day 4. does not eating 5. At the café. 6. Yes, she is. 7. Mixes 8. Salt 9. A teaspoon of 10. A orange

Capítulo 4 Andando pela Cidade

Exercício 4.1

1. A stop sign and a traffic light 2. A streetlight 3. A pedestrian 4. A parking lot 5. A pharmacy 6. The doughnut shop, the grocery store, the café, the bakery, the Chinese restaurant, and the Italian restaurant 7. A street and a road 8. A sidewalk 9. An intersection 10. Four blocks

Exercício 4.2

Exercício 4.3

1. b 2. d 3. e 4. a 5. c

Exercício 4.4

1. Cross the street. / Don't cross the street. 2. Go straight for two blocks. / Don't go straight for two blocks. 3. When you get to the hospital, go right. / When you get to the hospital, don't go right. 4. At the intersection, make a left. / At the intersection, don't make a left. 5. After you pass the movie theater, turn right. / After you pass the movie theater, don't turn right.

Exercício 4.5

1. Cross the street. / Don't cross the street. 2. Go straight / Don't go straight 3. go right / don't go right 4. make a left / don't make a left 5. turn right / don't turn right

Exercício 4.6

1. café *or* Chinese restaurant 2. office building 3. police station / doughnut shop 4. park *or* parking lot 5. The hospital *or* The bank *or* The hardware store *or* City Hall 6. parking lot 7. post office 8. Chinese restaurant

Exercício 4.7

1. on the corner of / and 2. next to *or* next door to 3. next to *or* next door to 4. between *or* in between / and 5. across from *or* across the street from 6. next to *or* next door to 7. across from *or* across the street from 8. across from *or* across the street from

Exercício 4.8

1. The parking lot 2. The doughnut shop 3. The pharmacy

Exercício 4.9

As respostas variam. Veja algumas sugestões.

1. Take a right out of the Chinese restaurant and walk to the intersection. Cross River Road. It's on your right after City Hall. 2. Take a left out of the Chinese restaurant. Go past the movie theater and make another left. It's just past the movie theater on the left. 3. Cross the street. Walk between the office building and the bank. It's behind the office building on the left.

Exercício 4.10

1. parking lot 2. fire station 3. Italian restaurant 4. office building 5. parking lots 6. trees 7. six/several/many/some 8. hardware store

Exercício 4.11

1. There are 2. there are 3. There is 4. there is 5. There are 6. there is 7. there is 8. There are

Exercício 4.12

1. There aren't 2. there isn't 3. There isn't 4. there aren't 5. There isn't 6. There aren't 7. there aren't 8. There isn't

Exercício 4.13

1. There is a bakery next to the post office. 2. There are two/a couple of parking lots in downtown Porter City. 3. There isn't a café on the corner of Main Street and River Road. 4. There is a library across from/across the street from a/the park. 5. There aren't two Indian restaurants in downtown Porter City. 6. There is a hospital across from/across the street from a/the bank. 7. There isn't a library on Main Street. 8. There are many/some/a few trees in the park.

Exercício 4.14

Veja algumas sugestões de respostas. Você também pode oferecer outras informações úteis com uma resposta curta.

1. No, there isn't. There is one on River Road. 2. Yes, there is. There's a grocery store on Broad Street. 3. Yes, there are. There is a parking lot on Main Street next to the hospital, and there is one behind the Chinese restaurant on Main. 4. No, there isn't. There is only one bank downtown. It's on the corner of Main and River. 5. Yes, there is. There's a department store next to the fire station.

Exercício 4.15

1. Are there / No, there aren't. 2. is there / No, there isn't. 3. Are there / Yes, there are. 4. Is there / Yes, there is. 5. Is there / Yes, there is.

Exercício 4.16

1. Where is there a police station downtown? 2. Where is there a place to get breakfast? 3. Where is there a café with Wi-Fi? 4. Where is there a place to donate clothes?

Exercício 4.17

Mapas serão diferentes.

Exercício 4.18

As respostas variam.

Exercício 4.19

As respostas variam.

Exercício 4.20

As respostas variam. Veja algumas sugestões:

1. Could you repeat that, please? 2. Sorry, I didn't catch that. Could you please repeat that?

Exercício 4.21

As respostas variam. Veja algumas sugestões:

1. So, I should go to the intersection, cross River Road, and the hotel is on the right?
2. You mean I take a right at the intersection, and it's on my right after the café?

Exercício 4.22

1 Pardon me. Do you know where the movie theater is?

7 Ok great! Thank you very much!

3 So, I should take a right and it will be on my right?

2 Yes. Walk down this street and take a left at the traffic light. You'll see it on the right.

4 No. Actually, you take a LEFT and it's on the right.

6 Just ½ a block.

5 Ah, ok. I take a left and it's on the right. How far down is it on the right?

8 Sure.

Exercício 4.23

As respostas variam.

Exercício 4.24

1. A bus station 2. A bus driver 3. A bus stop 4. A customer service agent 5. A ticket counter 6. A train station 7. A terminal 8. A ticket 9. A kiosk 10. A conductor 11. A schedule

Exercício 4.25

1. Oakland 11 2. Alameda 8 3. Berkeley 5 4. Alameda 31 5. Oakland 27 6. Oakland 11

Exercício 4.26

As respostas variam. Veja algumas possibilidades.

1. The Oakland 11 runs/comes every half hour until/till 9:30 A.M. 2. The Emeryville 3 runs/comes every hour/on the hour/every hour on the hour until/till 9:00 A.M. 3. The Berkeley 29 runs/comes every 10 minutes until /till 7:00 A.M. 4. The Alameda 31 runs/comes every half hour until/till 8:30 A.M.

Exercício 4.27

As respostas variam.

Exercício 4.28

1. b 2. d 3. e 4. c 5. f 6. g 7. a

Exercício 4.29

1. figure out *or* look up 2. pick / up 3. top off 4. figure out *or* look up 5. get around 6. ask around

Exercício 4.30

1. Josie 2. She likes Porter City because it's easy to get around.

Exercício 4.31

Veja um exemplo de como se parece uma leitura ativa.

Josie Gets Around Porter City

Josie enjoys living and working in Porter City. She lives on the outskirts, or the outer area, of the city. She works downtown in the financial district. The public transportation system is very convenient. Every week day, she takes the bus to work because it is too far to walk. She catches the bus at 8:00 A.M. At 6:15 P.M, she takes the bus back home, where she arrives at 7:00 P.M. Every Saturday, Josie walks to the grocery store to buy food for the week. On Sundays, she rides her bicycle to the park. Her neighborhood park is five blocks from her house. There are many activities to do in the park such as exercising, barbecuing, and relaxing. Right now, Josie is playing tennis in the park with her friend. Porter City is a nice place to live, and Josie likes Porter City because it is easy to get around.

Exercício 4.32

1. 8:00 A.M. 2. 7:00 P.M. 3. In the park 4. Yes 5. It's easy to get around.

Exercício 4.33

1. tax benefits and discounted tolls 2. drive to work with a family member, a friend, or a coworker 3. saves gas and decreases air pollution 4. the vanpool and company shuttles 5. space for bicyclists to ride alongside cars

Exercício 4.34

1. Subject: Jacob / Verb: gets / Object: a paycheck 2. Subject: Sandra / Verb: is walking / Object: her dog 3. Subject: Geraldo / Verb: likes / Object: movies 4. Subject: the bus / Verb: takes / Object: Audrey 5. Subject: Joseph / Verb: plays / Object: baseball 6. Subject: Mike / Verb: is taking / Object: a taxi 7. Subject: Tanaka / Verb: is studying / Object: economics 8. Subject: The Williams family / Verb: plans / Object: a vacation

Exercício 4.35

As respostas variam.

Exercício 4.36

As respostas variam.

Quiz

1. Imperative 2. There are 3. Behind 4. Near to 5. True 6. Simple present 7. Such as / For example / Like / Including 8. SVO 9. Make a right. / Turn right. / Go right. 10. Paraphrase

Capítulo 5 Recreação e Hobbies

Exercício 5.1

1. cooked 2. exercised 3. raked 4. walked 5. biked 6. worked 7. grilled 8. carried

Exercício 5.2

1. /**ɪd**/ 2. /**t**/ 3. /**t**/ 4. /**d**/ 5. /**ɪd**/ 6. /**t**/ 7. /**d**/ 8. /**d**/

Exercício 5.3

As respostas variam.

Exercício 5.4

1. swam 2. ran 3. drank 4. bought 5. slept 6. sang 7. forgot 8. made

Exercício 5.5

1. Denise and Kerry danced all night at the party. 2. Jeremy and his friends rode their motorcycles last weekend. 3. On Friday, she drove to the country. 4. Earlier this week, Matt moved in to a new apartment. 5. I hiked the mountain yesterday afternoon. 6. They enjoyed the weather this past weekend.

Exercício 5.6

1. did not cook 2. did not run 3. did not come 4. did not have 5. did not win 6. did not hike

Exercício 5.7

1. Vera did not like the movie. / Vera didn't like the movie. 2. Hilal and her mother did not go to the store. / Hilal and her mother didn't go to the store. 3. He did not understand the math class. / He didn't understand the math class. 4. I did not forget the concert tickets. / I didn't forget the concert tickets.

Exercício 5.8

1. c 2. e 3. a 4. d 5. b

Exercício 5.9

As respostas podem variar. Veja algumas respostas possíveis.

1. Raman went sailing over the weekend. 2. Tamara didn't go waterskiing last week. 3. This morning, my mom went shopping. 4. Last weekend, he didn't go hunting. 5. Gretel didn't go boating on Saturday. 6. Ulya went skiing all winter.

Exercício 5.10

1. PERGUNTA: Did Felicia go to the museum on Saturday?
RESPOSTA LONGA: Yes, she did go to the museum on Saturday. / Yes, she went to the museum on Saturday.
RESPOSTA CURTA: Yes, she did. RESPOSTA RÁPIDA: Yes.

2. PERGUNTA: Did Manny catch his flight to Hong Kong this morning?
RESPOSTA LONGA: Yes, he did catch his flight to Hong Kong this morning. / Yes, he caught his flight to Hong Kong this morning.
RESPOSTA CURTA: Yes, he did. RESPOSTA RÁPIDA: Yes.

3. PERGUNTA: Did Dr. Lane run the marathon last week?
RESPOSTA LONGA: No, Dr. Lane didn't run the marathon last week.
RESPOSTA CURTA: No, she didn't. RESPOSTA RÁPIDA: No.

4. PERGUNTA: Did you get the tickets for the musical?
RESPOSTA LONGA: Yes, I did get the tickets for the musical. / Yes, I got the tickets for the musical.
RESPOSTA CURTA: Yes, I did. RESPOSTA RÁPIDA: Yes.

5. PERGUNTA: Did Salvatore register for ballroom dancing lessons?
RESPOSTA LONGA: No, Salvatore didn't register for ballroom dancing lessons.
RESPOSTA CURTA: No, he didn't. RESPOSTA RÁPIDA: No.

Exercício 5.11

1. PERGUNTA: When did Eveline and Jack go to the symphony? / When did they go to the symphony? / When did they go?
   RESPOSTA LONGA: Eveline and Jack went to the symphony on Sunday evening. / They went to the symphony on Sunday evening.
   RESPOSTA CURTA: Sunday evening.
2. PERGUNTA: Who quilted a beautiful blanket for the raffle? / Who did?
   RESPOSTA LONGA: Ingrid and her mother quilted a beautiful blanket for the raffle.
   RESPOSTA CURTA: Ingrid and her mother.
3. PERGUNTA: What did her aunt bake for the picnic? / What did her aunt bake?
   RESPOSTA LONGA: Her aunt baked three delicious berry pies for the picnic. / Her aunt baked three delicious berry pies.
   RESPOSTA CURTA: Three delicious berry pies.
4. PERGUNTA: Where did Paul and Martin walk last spring? / Where did they walk last spring? / Where did they walk?
   RESPOSTA LONGA: Paul and Martin walked in Spain. / They walked in Spain.
   RESPOSTA CURTA: In Spain.
5. PERGUNTA: How long did the meditation group live in the Himalayas? / How long did the group live in the Himalayas? / How long did they live in the Himalayas? **Note:** Although *it* is the correct pronoun for *group*, most people will refer to the group as *they* because it is a group of people.
   RESPOSTA LONGA: The meditation group lived in the Himalayas for one month. / They lived in the Himalayas for one month.
   RESPOSTA CURTA: One month.

Exercício 5.12

1. was 2. was 3. was 4. were 5. was 6. were 7. was 8. was 9. were 10. was

Exercício 5.13

1. was 2. was 3. were 4. were 5. was 6. were 7. was 8. was 9. were 10. was

Exercício 5.14

1. wasn't 2. weren't 3. wasn't 4. weren't 5. weren't 6. weren't 7. wasn't 8. wasn't 9. weren't 10. wasn't

Exercício 5.15

1. Marion and Trudy weren't at the café this morning. 2. They weren't happy yesterday. 3. Cheyenne and I weren't bad students last year. 4. Lucy wasn't worried. 5. My computer wasn't broken. 6. We weren't hungry at lunch.

Exercício 5.16

As respostas variam.

Exercício 5.17

As respostas variam.

Exercício 5.18

As respostas variam.

Exercício 5.19

1. PERGUNTA: Were they the owners of the store?
   RESPOSTA LONGA: Yes, they were the owners of the store.
   RESPOSTA CURTA: Yes, they were. RESPOSTA RÁPIDA: Yes.
2. PERGUNTA: Was it a good movie?
   RESPOSTA LONGA: No, it was not a good movie. / No, it wasn't a good movie.
   RESPOSTA CURTA: No, it was not. / No, it wasn't. RESPOSTA RÁPIDA: No.
3. PERGUNTA: Were we at school at that time?
   RESPOSTA LONGA: Yes, we were at school at that time.
   RESPOSTA CURTA: Yes, we were. RESPOSTA RÁPIDA: Yes.
4. QUESTION: Was she a student at the art school last semester?
   RESPOSTA LONGA: Yes, she was a student at the art school last semester.
   RESPOSTA CURTA: Yes, she was. RESPOSTA RÁPIDA: Yes.
5. PERGUNTA: Were you happy yesterday afternoon?
   RESPOSTA LONGA: Yes, I was happy yesterday afternoon.
   RESPOSTA CURTA: Yes, I was. RESPOSTA RÁPIDA: Yes.

Exercício 5.20

1. PERGUNTA: When were Vivian and Marcelle there?
   RESPOSTA LONGA: They were there in the afternoon.
   RESPOSTA CURTA: In the afternoon.
2. PERGUNTA: Why was the car dead?
   RESPOSTA LONGA: It was dead because it ran out of gas.
   RESPOSTA CURTA: Because it ran out of gas.
3. PERGUNTA: How often were you at the beach?
   RESPOSTA LONGA: I was at the beach every weekend.
   RESPOSTA CURTA: Every weekend.
4. PERGUNTA: Where was he last week?
   RESPOSTA LONGA: He was on vacation.
   RESPOSTA CURTA: On vacation.
5. PERGUNTA: How was she?
   RESPOSTA LONGA: She was okay.
   RESPOSTA CURTA: Okay.
6. PERGUNTA: What was the problem?
   RESPOSTA LONGA: The problem was the printer ran out of paper.
   RESPOSTA CURTA: The printer ran out of paper.

Exercício 5.21

1. Verb: prefers / to go: Infinitive 2. Verb: hates / going to: Gerund 3. Verb: like / listening: Gerund 4. Verb: love / bungee jumping: Gerund 5. Verb: prefers / to take: Infinitive 6. Verb: hate / to wait: Infinitive

Exercício 5.22

1. a. to fish / b. fishing 2. a. scuba diving / b. to scuba dive 3. a. to snorkel / b. snorkeling 4. a. waterskiing / b. to waterski

Exercício 5.23

As respostas variam.

Exercício 5.24

1. Their 2. My 3. His 4. My / your 5. Her 6. Her / my 7. They / my 8. Our / our

Exercício 5.25

1. They took their daughter to the park last Saturday. 2. She swam for one hour yesterday afternoon in her pool. 3. They brought their guitars to the beach. 4. He painted a mural on his front yard fence.

Exercício 5.26

As respostas variam. Certifique-se de que o verbo esteja no simple past. Confirme se os pronomes pessoais estão certos (masculino/feminino), e verifique se os adjetivos possessivos são adequados.

Exercício 5.27

As respostas variam.

Exercício 5.28

1. d 2. c 3. a 4. g 5. f 6. e 7. b

Exercício 5.29

1. warms up 2. showed up 3. cools down 4. let / down 5. looks forward to 6. come down

Exercício 5.30

1. damaging / b 2. very tired / e 3. doesn't release negative feelings / c 4. not exciting to look at / a 5. not funny / d

Exercício 5.31

1. Khaled's adventures 2. His first adventure was skydiving.

Exercício 5.32

Khaled's First Adventure

On his first adventure, Khaled jumped out of an airplane. He graduated from college a month ago, and he is celebrating by doing new recreational activities. He works full time, so he planned exciting weekends for the summer. Last weekend, he went sky diving. He jumped out of an airplane and free-fell until he opened the parachute. His parachute worked perfectly, and Khaled landed safely. After he landed, he yelled, "Woooohoooooooo!" He loved it. It was scary but also exhilarating. He is very excited about his adventure next weekend – parasailing. But he won't forget his first skydiving adventure – free-falling from an airplane.

Exercício 5.33

1. To celebrate his graduation 2. One month ago 3. Skydiving 4. Yes 5. Parasailing

Exercício 5.34

Exclamation Point Interjections (!)	Question Mark Interjections (?)
No way!	Really?
Get out!	You did?
Wow!	Are you kidding me?
Nice!	What?
Woohoo!	
Yes!	
Rock on!	
That's amazing!	
Yay!	
Good for you!	
Right on!	

Exercício 5.35

As respostas variam.

Quiz

1. went camping 2. yesterday / last summer / all summer / on Friday 3. bought 4. saw 5. False 6. Did Anne-Marie have a good weekend? / Who had a good weekend? / Where did Anne-Marie go last weekend? / What did Anne-Marie do last weekend? 7. Like / Love / Hate / Prefer 8. Its 9. Exciting 10. True

Capítulo 6 Fazendo Amigos

Exercício 6.1

Em todos os exemplos as pessoas têm algo em comum.

Exercício 6.2

1. Look at all the sweaters the knitting club made! His is the green one. 2. My brother has a beautiful flower garden. It's much prettier than mine. 3. See that shiny new car over there? It's hers. 4. Their nature photographs are in this gallery. Theirs are the pictures of mountains and lakes. 5. Is this pencil yours? 6. Here are two coats. Are the coats theirs?

Exercício 6.3

1. Ours was the red house on the right. It's not ours any longer. We sold it. 2. Those shoes are hers. 3. The kids in the pool are mine. 4. The children eating popcorn are theirs.

Exercício 6.4

As respostas variam.

Exercício 6.5

1. hat, bicycle 2. this, that 3. pants, chocolate chip cookies 4. these, those

Exercício 6.6

1. These flowers smell nice. 2. Those bikes cost a lot of money. 3. This money is mine. 4. That house is Maddy's.

Exercício 6.7

As respostas variam.

Exercício 6.8

1. We live here. 2. Penelope studies there. 3. Gwen sings there. 4. He works here. 5. They often eat dinner there. 6. My parents live here.

Exercício 6.9

As respostas variam.

Exercício 6.10

1. Those 2. that 3. this 4. This 5. these 6. That 7. These 8. that

Exercício 6.11

1. We love these! 2. Those are Sherry's. 3. These are my kids. 4. Those are Jim's kids.

Exercício 6.12

As respostas variam.

Exercício 6.13

Do you wanna go together sometime? I'd be happy to show you around and give you some tips on the best yarns.

Exercício 6.14

As respostas variam. Veja algumas respostas possíveis.

1. Shradha: Hey, would you like to study for the test together this Friday afternoon? / Do you want to study for the test together this Friday afternoon? / Are you free Friday afternoon? Wanna study for the test together? 2. Christine: Do you want to hike a new trail Sunday morning? / Are you free Sunday morning? / Can you hike a new trail Sunday morning? 3. Margie: Would you and your son like to join us at the park Wednesday after school? 4. Seth: Are you busy after the conference today? Would you like to join me for dinner? / Are you interested in joining me for dinner after the conference today? 5. Henry: Are you free Saturday night? Can you come to a party at my house? / Are you free Saturday night? Do you want to come to a party at my house?

Exercício 6.15

As respostas variam. Veja o nível de formalidade.

1. Sugestão: esta situação é informal, então use linguagem informal. (*I won't be able to* e *must* são muito formais.) Exemplos de respostas: Sorry, but I can't. I'm babysitting my brother. / Bummer! I have to babysit my brother. / Oh, I can't go. I've got to babysit my brother. / I'd love to, but I'm supposed to babysit my brother.

2. Esta situação é mais formal, então use linguagem mais formal. **Nota:** *BE supposed to* não é a melhor resposta. Exemplos de respostas: I wish I could, but I won't be able to. I've got to attend a business meeting during lunch. / I'm sorry, but I have to attend a business meeting during lunch. / I'd love to, but I must attend a business meeting during lunch. / I'm afraid I can't. I have to attend a business meeting during lunch. / I can't make it. I've got to attend a business meeting during lunch.

Exercício 6.16

1. We have to have dinner with my parents Thursday evening.
   We have/We've got to have dinner with my parents Thursday evening.
   We must have dinner with my parents Thursday evening.
   We are/We're supposed to have dinner with my parents Thursday evening.

2. I have to walk my dogs after dinner.
   I have/I've got to walk my dogs after dinner.
   I must walk my dogs after dinner.
   I'm supposed to walk my dogs after dinner.

3. He has to finish his research paper this weekend.
   He has/He's got to finish his research paper this weekend.
   He must finish his research paper this weekend.
   He's supposed to finish his research paper this weekend.

4. They have to visit their sister that day.
   They have/They've got to visit their sister that day.
   They must visit their sister that day.
   They are/They're supposed to visit their sister that day.

5. She has to clean her house this afternoon.
   She has/She's got to clean her house this afternoon.
   She must clean her house this afternoon.
   She is/She's supposed to clean her house this afternoon.

6. I have to work on my résumé Wednesday evening.
   I have/I've got to work on my résumé Wednesday evening.
   I must work on my résumé Wednesday evening.
   I am/I'm supposed to work on my résumé Wednesday evening.

7. We have to do our homework tonight.
   We have/We've got to do our homework tonight.
   We must do our homework tonight.
   We are/We're supposed to do our homework tonight.

8. I have to meet with my supervisor that morning.
   I have/I've got to meet with my supervisor that morning.
   I must meet with my supervisor that morning.
   I am/I'm supposed to meet with my supervisor that morning.

Exercício 6.17

As respostas variam.

Exercício 6.18

As respostas variam. Veja os exemplos a seguir.

1. Christine: Do you want to hike a new trail Sunday morning?
   Julia: Oh, I'd love to, but I have plans on Sunday morning. Can we take a raincheck?
2. Margie: Would you and your son like to join us at the park Wednesday after school?
   Lynette: That would be great! We would love to join you.
3. Seth: Are you busy after the conference today? Would you like to join me for dinner?
   Howard: I can't. I have to finish a work project after the conference. But thank you for asking.
4. Henry: Are you free Saturday night? Can you come to a party at my house?
   Rishi: That sounds like fun. Can I bring my wife?

Exercício 6.19

Respostas possíveis:

1. Let's work on the art project Thursday evening. / Why don't we work on the art project Thursday evening? / Should we work on the art project Thursday evening? / Shall we work on the art project Thursday evening? 2. Let's play the game today. / Why don't we play the game today? / Should we play the game today? / Shall we play the game today? 3. Let's get together soon. / Why don't we get together soon? / Should we get together soon? / Shall we get together soon? 4. Let's eat lunch today. / Why don't we eat lunch today? / Should we eat lunch today? / Shall we eat lunch today?

Exercício 6.20

1. We will cook brunch for Leyla's birthday on Sunday. 2. Seamus might/may not do his presentation on Monday. 3. I might/may pass the test in math class. 4. My boss will give me a raise next year. 4. Professor Dunn might/may give a test in computer class next week.

Exercício 6.21

As respostas variam.

Exercício 6.22

1. He can't understand the math problem. 2. Janice is able to understand the math problem. 3. Paul isn't able to understand the math problem. 4. The Greggs family might/may be able to go camping. 5. Sheena and her daughter might/may not be able to go camping. 6. Preston and his son aren't able to go camping.

Exercício 6.23

As respostas variam, mas estas regras devem ser seguidas:

1. Deve-se usar *can* 2. Deve-se usar *can't* ou *cannot* 3. Deve-se usar *BE able to*; use a forma correta de BE (*am*, *is* ou *are*) 4. Deve-se usar *BE able to + not*; use a forma correta de BE (*am*, *is*, or *are*) 5. Deve-se usar *might* ou *may + BE able to*; use a forma correta de BE (*be*) 6. Deve-se usar *might* ou *may + not + BE able to*; use a forma correta de BE (*be*)

Exercício 6.24

1. eight-eight-eight / six-two-five /oh-oh-four-eight 2. five-oh-eight / seven-two-two / nine-five-four-six 3. nine-seven-eight / four-four-five / one-one-oh-five *or* eleven-oh-five 4. nine-one-nine / two-three-six / nine-eight-one-five

Exercício 6.25

Exercício verbal; sem respostas.

Exercício 6.26

1. c 2. d 3. a 4. n 5. b 6. m 7. e 8. l 9. k 10. f 11. j 12. h 13 g 14. i

Exercício 6.27

1. made up 2. passed up 3. are cheering up 4. call / back 5. backs up 6. called off 7. ended up 8. do / over

Exercício 6.28

As respostas variam.

Exercício 6.29

1. Mabel 2. She made a new friend, Angelita.

Exercício 6.30

Mabel and Her New Friend

Mabel made a new friend. Her name is Angelita. Mabel and Angelita work in the cafeteria of an office building. They both prepare food for lunch. Mabel is a new employee. She got the job a week ago. Angelita, on the other hand, has been working there for six months. Angelita helps Mabel with tasks. For example, she showed Mabel how to operate the meat cutter. Together, they are a good team. They work hard and finish their duties, or tasks, quickly. Their supervisor likes their productivity. He seems happy with their teamwork. They are happy to work together. They made a plan to go shopping together after work. Mabel is glad she made a new friend.

Exercício 6.31

1. At work. / Mabel made her new friend at work. / Mabel made her new friend at her new job. 2. Angelita. / Her name is Angelita. 3. In a cafeteria. / They work in a cafeteria. / They work in the cafeteria of an office building. 4. Angelita shows Mabel how to do tasks. / She shows Mabel how to do things. / She shows Mabel how to slice the meat. 5. They are going shopping after work. / Their plan is to go shopping after work. 6. Glad. / Mabel is glad about her new friend.

Exercício 6.32

1. **Subject:** Oscar / **Verb:** sounds / **Complement:** angry 2. **Subject:** Noreen and her cousin / **Verb:** feel / **Complement:** sad 3. **Subject:** My coworker / **Verb:** is / **Complement:** absent 4. **Subject:** The doctor / **Verb:** is / **Complement:** very kind 5. **Subject:** Making friends / **Verb:** is / **Complement:** easy 6. **Subject:** Those cookies / **Verb:** smell / **Complement:** delicious 7. **Subject:** My mother / **Verb:** seems / **Complement:** satisfied 8. **Subject:** Cecilia / **Verb:** became / **Complement:** a high school teacher

Exercício 6.33

1. angry / adj 2. sad / adj 3. absent / adj 4. kind / adj 5. easy / adj 6. delicious / adj 7. satisfied / adj 8. high school teacher / n

Exercício 6.34

As respostas variam.

Quiz

1. might / may 2. has / has got / is supposed 3. can't / isn't able to 4. this 5. Those 6. yours 7. there 8. here 9. hair 10. A postponed event

Capítulo 7 Saúde e Medicina

Exercício 7.1

1. have been taking 2. has been drinking 3. have been feeling 4. has been recovering 5. have been resting 6. has been eating 7. has been reading 8. has been feeling

Exercício 7.2

1. They've been feeling 2. He's been recovering / My father's been recovering 3. They've been resting 4. She's been eating / His sister's been eating 5. He's been reading / Sam's been reading 6. She's been feeling / Carolina's been feeling

Exercício 7.3

1. since yesterday 2. for a long time 3. all afternoon 4. the whole summer 5. since he got the flu 6. lately

Exercício 7.4

1. Kristi has been studying all night for her exam tomorrow. 2. Cathy and Ned have been meditating for 30 minutes. 3. Recently, we have/we've been waking up late. 4. Lately, you have/you've been eating a lot of fast food. 5. I have/I've been exercising hard the whole summer. 6. He has/He's been dieting since January.

Exercício 7.5

As respostas variam.

Exercício 7.6

1. has not been feeling 2. have not been singing 3. has not been shaving 4. have not been having 5. has not been suffering 6. has not been going

Exercício 7.7

1. Solange hasn't been feeling very well all day. She's been sleeping. 2. The performers haven't been singing traditional songs all semester. They've been singing new ones. 3. Mr. Foster hasn't been shaving his face. He's been growing a beard and mustache. 4. Lately, we haven't been having fun. We've been working too hard. 5. My daughter hasn't been suffering from allergies. She's been breathing easily. 6. Henrietta hasn't been going to church this past month. She's been recovering from a broken leg.

Exercício 7.8

1. They have not been coming to the sales meetings lately. / They haven't been coming to the sales meetings lately. 2. They have not been checking e-mail for two weeks. / They haven't been checking e-mail for two weeks. 3. I have not been going to the dog park since Monday. / I haven't been going to the dog park since Monday. 4. He has not been relaxing since he retired. / He hasn't been relaxing since he retired. 5. He has not been playing golf in Los Angeles for weeks. / He hasn't been playing golf in Los Angeles for weeks. 6. She has not been sleeping since she had the baby. / She hasn't been sleeping since she had the baby.

Exercício 7.9

1. PERGUNTA: Has he been recovering from his surgery?
   RESPOSTA LONGA: Yes, he has been recovering from his surgery.
   RESPOSTA CURTA: Yes, he has. / Yes, he has been. RESPOSTA RÁPIDA: Yes.
2. PERGUNTA: Has Jigar been enjoying his vacation so far?
   RESPOSTA LONGA: Yes, he has been enjoying his vacation so far.
   RESPOSTA CURTA: Yes, he has. / Yes, he has been. RESPOSTA RÁPIDA: Yes.
3. PERGUNTA: Have you been suffering from allergies in the past week?
   RESPOSTA LONGA: No, I haven't been suffering from allergies in the past week.
   RESPOSTA CURTA: No, I have not. / No, I haven't. / No, I haven't been. RESPOSTA RÁPIDA: No.
4. PERGUNTA: Have Joey and Carlos/they been playing baseball all spring?
   RESPOSTA LONGA: Yes, Joey and Carlos/they have been playing baseball all spring.
   RESPOSTA CURTA: Yes, they have. / Yes, they have been. RESPOSTA RÁPIDA: Yes.
5. PERGUNTA: Has Marion been taking her medicine since the doctor's visit?
   RESPOSTA LONGA: No, she hasn't been taking her medicine since the doctor's visit.
   RESPOSTA CURTA: No, she has not. / No, she hasn't. / No, she hasn't been. RESPOSTA RÁPIDA: No.
6. PERGUNTA: Has she been preparing dinner for an hour?
   RESPOSTA LONGA: Yes, she has been preparing dinner for an hour.
   RESPOSTA CURTA: Yes, she has. / Yes, she has been. RESPOSTA RÁPIDA: Yes.

Exercício 7.10

1. PERGUNTA: Where has Prisca been working with international professionals?
   RESPOSTA LONGA: She's been working with international professionals in Switzerland.
   RESPOSTA CURTA: In Switzerland.
2. PERGUNTA: How long have Danielle and Mike been planning a round-the-world trip?
   RESPOSTA LONGA: They've been planning a round-the-world trip for a month.
   RESPOSTA CURTA: For a month.
3. PERGUNTA: Why has Hailey been seeing her doctor every week?
   RESPOSTA LONGA: She's been seeing her doctor every week for back pain.
   RESPOSTA CURTA: For back pain.
4. PERGUNTA: How much have Eveline and Paul been saving for a new house?
   RESPOSTA LONGA: They've been saving half of their paychecks every month.
   RESPOSTA CURTA: Half of their paychecks every month.
5. PERGUNTA: How long has Michelle been teaching yoga in her new studio?
   RESPOSTA LONGA: She's been teaching yoga in her new studio since January.
   RESPOSTA CURTA: Since January.
6. PERGUNTA: Where has Gerard been visiting his mother?
   RESPOSTA LONGA: He's been visiting his mother in Florida.
   RESPOSTA CURTA: In Florida.

Exercício 7.11

1 / j	2 / g	3 / m	4 / k	5 / n
6 / b	7 / c	8 / a	9 / e	10 / d
11 / h	12 / o	13 / i	14 / l	15 / f

Exercício 7.12

1. Hair 2. Forehead 3. Sinus 4. Hand 5. Wrist 6. Elbow 7. Lungs 8. Eyes 9. Nose 10. Mouth 11. Throat 12. Heart 13. Thumb 14. Index finger 15. Middle finger 16. Ring finger 17. Pinkie 18. Stomach 19. Intestines 20. Thigh 21. Knee 22. Ankle 23. Foot

Exercício 7.13

1. A little pain 2. Kind of hurts 3. Really hurts 4. Severe pain

Exercício 7.14

1. You should drink more water every day.
You had better drink more water every day.
You ought to drink more water every day.
You might want to drink more water every day.

2. Melody should get eight hours of sleep every night.
Melody had better get eight hours of sleep every night.
Melody ought to get eight hours of sleep every night.
Melody might want to get eight hours of sleep every night.

3. They should pay the rent on time.
They had better pay the rent on time.
They ought to pay the rent on time.
They might want to pay the rent on time.

4. Fawn should do her homework every night.
Fawn had better do her homework every night.
Fawn ought to do her homework every night.
Fawn might want to do her homework every night.

5. He should take his antibiotics every day until they're gone.
He had better take his antibiotics every day until they're gone.
He ought to take his antibiotics every day until they're gone.
He might want to take his antibiotics every day until they're gone.

6. You should go to the dentist soon.
You had better go to the dentist soon.
You ought to go to the dentist soon.
You might want to go to the dentist soon.

7. I should talk to my supervisor about the problem.
I had better talk to my supervisor about the problem.
I ought to talk to my supervisor about the problem.
I might want to talk to my supervisor about the problem.

8. She should make an appointment with the doctor.
   She had better make an appointment with the doctor.
   She ought to make an appointment with the doctor.
   She might want to make an appointment with the doctor.

Exercício 7.15

1. had better / should / ought to 2. had better 3. should / ought to 4. might want to

Exercício 7.16

As respostas variam. Certifique-se de usar *to* com *ought* e *might want*.

Exercício 7.17

1. PERGUNTA: Should she clean the house *today*?
   RESPOSTA LONGA: Yes, she *should* clean the house today.
   RESPOSTA CURTA: Yes, she *should*. RESPOSTA RÁPIDA: Yes.
2. PERGUNTA: Should Trevor take this *job*?
   RESPOSTA LONGA: Yes, he *should* take this job.
   RESPOSTA CURTA: Yes, he *should*. RESPOSTA RÁPIDA: Yes.
3. PERGUNTA: Should Marlene and Joyce *eat* at the new *res*taurant?
   RESPOSTA LONGA: No, they *should*n't eat at the new restaurant.
   RESPOSTA CURTA: No, they *should*n't. / No, they should *not*. RESPOSTA RÁPIDA: No.
4. PERGUNTA: Should Cheryl join the *gym*?
   RESPOSTA LONGA: Yes, she *should* join the gym.
   RESPOSTA CURTA: Yes, she *should*. RESPOSTA RÁPIDA: Yes.
5. PERGUNTA: Should Bobby fix his *car*?
   RESPOSTA LONGA: No, he *should*n't fix his car.
   RESPOSTA CURTA: No, he *should*n't. / No, he should *not*. RESPOSTA RÁPIDA: No.
6. PERGUNTA: Should Jeanine color her *hair*?
   RESPOSTA LONGA: Yes, she *should* color her hair.
   RESPOSTA CURTA: Yes, she *should*. RESPOSTA RÁPIDA: Yes.

Exercício 7.18

As respostas variam.

Exercício 7.19

1. PERGUNTA: When should Myron take his medication?
   RESPOSTA LONGA: He should take his medication every morning.
   RESPOSTA CURTA: Every morning.
2. PERGUNTA: Where should Nick and Sara buy a house?
   RESPOSTA LONGA: They should buy a house in Peabody.
   RESPOSTA CURTA: In Peabody.

3. PERGUNTA: Which car should Peter and Jeanine buy?
   RESPOSTA LONGA: They should buy the red car.
   RESPOSTA CURTA: The red car.
4. PERGUNTA: When should David go to bed?
   RESPOSTA LONGA: He should go to bed now.
   RESPOSTA CURTA: Now.
5. PERGUNTA: What should Jackson study?
   RESPOSTA LONGA: He should study economics.
   RESPOSTA CURTA: Economics.
6. PERGUNTA: Where should Stacey move?
   RESPOSTA LONGA: She should move to California.
   RESPOSTA CURTA: To California.

Exercício 7.20

As respostas variam.

Exercício 7.21

1. Can I watch TV now? / Can I please watch TV now? / Can I watch TV now, please?
   May I watch TV now? / May I please watch TV now? / May I watch TV now, please?
2. Can I wear your necklace to the party? / Can I please wear your necklace to the party? / Can I wear your necklace to the party, please?
   May I wear your necklace to the party? / May I please wear your necklace to the party? / May I wear your necklace to the party, please?
3. Can I get a new pair of shoes, Mom? / Can I please get a new pair of shoes, Mom? / Can I get a new pair of shoes, please, Mom?
   May I get a new pair of shoes, Mom? / May I please get a new pair of shoes, Mom? / May I get a new pair of shoes, please, Mom?
4. Can I take a vacation in July? / Can I please take a vacation in July? / Can I take a vacation in July, please?
   May I take a vacation in July? / May I please take a vacation in July? / May I take a vacation in July, please?

Exercício 7.22

As respostas variam.

Exercício 7.23

1. d 2. f 3. i 4. g 5. b 6. l 7. a 8. e 9. m 10. c 11. j 12. k 13. h

Exercício 7.24

1. came down with / getting over it 2. are looking over / are making sure 3. is taking care of 4. crossed / out 5. ran out of / called around 6. took care of

Exercício 7.25

As respostas variam.

Exercício 7.26

1. Rohit 2. He has the flu.

Exercício 7.27

A seguir, um exemplo de leitura ativa. Há vários modos de marcar uma passagem.

Rohit's Illness

Rohit Malisetty was very sick. One Saturday, he woke up feeling awful. He had a sore throat, a headache, and a fever of 101°F. His body ached, and he couldn't stand up or walk around easily. He had to move very slowly because his body and head hurt so much. Sometimes, Rohit felt very hot. Other times, he got the chills and shivered. He took some aspirin and stayed in bed all day. However, the next day he felt worse. To make sure he was all right, Rohit called his doctor. The doctor asked Rohit some questions, and Rohit described his symptoms. The doctor confirmed that Rohit had the flu. He had never had the flu before. The doctor prescribed bed rest, lots of liquids, and a fever-reducing painkiller. Rohit followed the doctor's orders. Seven days later, he got over the flu. He was very sick, but he finally recovered.

Exercício 7.28

1. Rohit got sick. 2. He had a sore throat, a headache, body aches, a fever, and chills.

Exercício 7.29

1. He called the doctor. The doctor confirmed flu. The doctor prescribed bed rest, lots of liquids, and fever-reducing painkillers. 2. His fever was 101°F.

Exercício 7.30

1. He had the flu. 2. No. 3. Sore throat, headache, fever, chills, and body aches
4. He rested and took fever-reducing painkillers. 5. Seven days.

Exercício 7.31

Rohit Malisetty was very sick.

Exercício 7.32

There are 15 supporting sentences.

Exercício 7.33

He was very sick, but he finally recovered.

Quiz

1. ought / might want 2. yesterday / Friday 3. one week / two days 4. Severe pain 5. True 6. Can I borrow your pen, Joan? 7. came down with 8. Dizziness 9. First sentence 10. Middle of the paragraph

Capítulo 8 Compras e Vestuário

Exercício 8.1

1. is going to do 2. will have 3. are going to hit 4. is seeing 5. will hold 6. is going to be 7. will finish 8. will win 9. are going to clean 10. departs 11. is meeting 12. will pick up

Exercício 8.2

1. He's going to do /Jack's going to do 2. You'll have 3. You're going to hit 4. He's seeing / Fred's seeing 5. I'll hold 6. It's going to be 7. I'll finish 8. You'll win 9. We're going to clean 10. It departs / The 56 bus departs 11. He's/She's meeting 12. I'll pick up

Exercício 8.3

1. before class 2. None 3. None 4. this Tuesday morning 5. None 6. today 7. noon tomorrow 8. this year 9. this weekend 10. in a few minutes 11. later 12 this afternoon

Exercício 8.4

1. I will/I'll complete the report by Monday night. 2. The train/It arrives in an hour. 3. I will/I'll help you with homework after class. 4. Tomorrow night, we are/we're going to eat dinner at the new restaurant. 5. You will/You'll be famous someday soon. 6. Ella is/She is/She's meeting with her tutor tomorrow afternoon.

Exercício 8.5

As respostas variam.

Exercício 8.6

1. will not go 2. is not going to buy 3. will not write 4. is not going to work 5. will not read 6. are not going to subscribe

Exercício 8.7

1. She won't go to the mall this afternoon. 2. She's not going to buy any more clothes online. / She isn't going to buy any more clothes online. 3. He won't write on a chalkboard. 4. She's not going to work next week. / She isn't going to work next week. 5. He won't read the newspaper on his tablet. 6. We're not going to subscribe to any more fashion magazines. / We aren't going to subscribe to any more fashion magazines.

Exercício 8.8

1. She's not going to come to my party today. / She isn't going to come to my party today. 2. They won't spend money on food tonight. 3. I'm not going to practice English every day here. (**Lembre-se:** Não podemos contrair *am* e *not*.) 4. You won't attend the play at the theater tonight.

Exercício 8.9

1. PERGUNTA: Will they have a yard sale this Sunday?
   RESPOSTA LONGA: No, they will not/won't have a yard sale this Sunday. It's on Saturday.
   RESPOSTA CURTA: No, they will not/won't. It's on Saturday, RESPOSTA RÁPIDA: No. It's on Saturday.

2. PERGUNTA: Is Lee going to lease a new car next year?
   RESPOSTA LONGA: No, he's not/isn't going to lease a new car next year. He's going to buy a new car.
   RESPOSTA CURTA: No, he's not/isn't. He's going to buy a new car. RESPOSTA RÁPIDA: No. He's going to buy a new car.

3. PERGUNTA: Will you please show me some evening dresses?
   RESPOSTA LONGA: Yes, I will show you some evening dresses.
   RESPOSTA CURTA: Yes, I will. RESPOSTA RÁPIDA: Yes.

4. PERGUNTA: Are Liam and Shelby going to rent a boat this summer?
   RESPOSTA LONGA: Yes, they are/they're going to rent a boat this summer.
   RESPOSTA CURTA: Yes, they are. RESPOSTA RÁPIDA: Yes.

Exercício 8.10

1. PERGUNTA: Where will my brother fix her bicycle?
   RESPOSTA LONGA: He'll fix her bicycle in the garage.
   RESPOSTA CURTA: In the garage.

2. PERGUNTA: When will she do her homework?
   RESPOSTA LONGA: She'll do her homework after dinner.
   RESPOSTA CURTA: After dinner.

3. PERGUNTA: Which classes is Christian going to take this summer?
   RESPOSTA LONGA: He's going to take art and history.
   RESPOSTA CURTA: Art and history.

4. PERGUNTA: Why are Evie and Lorraine going to buy a new stove?
   RESPOSTA LONGA: They're going to buy a new stove because their stove is broken.
   RESPOSTA CURTA: Because their stove is broken.

Exercício 8.11

1. Can I help you look for something? 2. Can I help you with that luggage? 3. How may I help you, ma'am/sir? 4. Can I help you find something?

Exercício 8.12

As respostas variam. Veja algumas respostas possíveis:

1. How may I help you this afternoon? 2. Can I help you find something? / Can I help you look for something? 3. Can I help you find a train? / Can I help you with the schedule?

Exercício 8.13

As respostas variam. Veja algumas sugestões:

1. Excuse me. Can you help me, please? I can't find the restrooms. 2. Pardon me. Could you help me, please? I can't find my room key. 3. Excuse me. Can you help me, please? I can't decide what to order. 4. Pardon me. Could you help me, please? I can't make a copy.

Exercício 8.14

As respostas variam. Veja algumas respostas possíveis:

1. Excuse me. Can you help me, please? I can't find the price of this shirt. / Excuse me. Can you help me find the price of this shirt, please? 2. Pardon me. Could you help me, please? I can't read the train schedule. / Pardon me. Could you help me read the train schedule, please? 3. Excuse me. Can you help me, please? I can't find the library. / Excuse me. Can you help me find the library, please?

Exercício 8.15

1. a. Baseball cap b. T-shirt c. Shorts d. Socks e. Sneakers / Tennis shoes / Athletic shoes f. Sweatshirt / Hoodie g. Jeans / Pants / Trousers
2. a. Tank top b. Skirt c. Flip-flops d. Dress e. Belt f. Boots g. Shirt / Blouse / Top h. Sweater / Jumper i. High-heeled sandals j. High-heeled shoes
3. a. Coat / Raincoat / Trench coat b. Umbrella c. Rain boots / Galoshes / Wellies d. Gloves
4. a. Hood b. Winter jacket c. Hat d. Scarf e. Mittens

Exercício 8.16

1. c 2. i 3. e 4. g 5. a 6. h 7. d 8. f 9. b 10. j

Exercício 8.17

1. is going to send / back 2. is coming apart 3. will grow into 4. is trying / on 5. put on 6. pick out

Exercício 8.18

1. in / in 2. at 3. in 4. in 5. on / on 6. for / on 7. in 8. in

Exercício 8.19

1. it 2. him 3. her 4. them 5. you 6. it 7. me 8. us

Exercício 8.20

1. Jenny and Lori shopped for them. 2. She likes them. 3. My aunt got a good deal on it. 4. I like shopping with her. 5. I found a T-shirt for him. 6. How much money does it cost?

Exercício 8.21

As respostas variam.

Exercício 8.22

Respostas possíveis.

1. I think that dress is very pretty on you. 2. I think that outfit is too casual for the party. 3. I think your shoes are so lovely today! 4. I think that coat is quite trendy.

Exercício 8.23

1. trendier than 2. more/less casual than 3. wider than 4. more/less professional than 5. more/less beautiful than 6. more/less expensive than

Exercício 8.24

1. the trendiest 2. the most casual 3. the widest 4. the least professional 5. the most beautiful 6. the least expensive

Exercício 8.25

1. I think it's perfect. 2. It's too small. Maybe you could try a bigger size. 3. I think it's professional. 4. It's too loose. Maybe you could try a smaller size.

Exercício 8.26

As respostas variam.

Exercício 8.27

1. Julia 2. She bought a new pantsuit/outfit/suit.

Exercício 8.28

Julia's New Outfit

Julia went shopping and bought a new outfit. She just got a job as a secretary, so she needs new clothes. She's very excited about this outfit. It is her first pantsuit. She shopped around for a week. Finally, she found a store that carried pantsuits and was not expensive. Julia tried on many pantsuits. She picked out a navy blue one. It is the most professional-looking and the most comfortable. She bought a few blouses to wear with the suit—a white one, a tan one, and a green one. Julia also got a new pair of black shoes with flat heels. They were the most comfortable shoes she tried on. Julia is very happy with her purchase. She looks really good in her new pantsuit. She's glad she bought a new outfit.

Exercício 8.29

1. Julia bought a pantsuit, blouses, and shoes. 2. She is excited. 3. She got a new job as a secretary. 4. No, it wasn't expensive. 5. She shopped around for one week.

Exercício 8.30

Julia bought a new outfit.

Exercício 8.31

1. Yes 2. 13

Exercício 8.32

1. Julie went shopping and bought a new outfit. 2. She's glad she bought a new outfit.

Exercício 8.33

O parágrafo varia. Certifique-se de seguir as instruções com atenção e use o parágrafo sobre Julia como guia.

Quiz

1. are going to go 2. will help 3. am not going to fail / will not fail 4. leaves 5. are getting married / are going to get married 6. the fluffiest 7. the most talented 8. smarter than 9. 3 10. What do you think? / What do you think of . . . ?

Índice